教育部人文社会科学重点研究基地云南大学
西南边疆少数民族研究中心文库·反思民族志研究丛书
云南大学民族学一流学科建设经费资助

山中歌者
大理石龙白族村民的生活世界

SHANZHONG GEZHE
DALI SHILONG BAIZU CUNMIN DE SHENGHUO SHIJIE

董秀团　著

人民出版社

反思民族志研究丛书

主 编：何 明
副主编：高志英

中国知识生产的反思——"反思民族志丛书"总 序

何 明

在云南大学"211 工程"三期民族学重点学科建设中，我负责"云南少数民族调查研究基地"建设项目。2003 年开始在云南少数民族农村建设了 10 个调查研究基地（之后又有所增加），而该项目不仅要建设房屋及其相关设施设置等供师生进入农村进行田野调查时所需的生活和工作基础设施，而且要推进科学研究、人才培养等学科内涵建设，其中包括由作为"我者"的村民记录本村发生的事情的"村民日志"和作为"他者"的学者长期跟踪调查及民族志研究。"村民日志"和学者跟踪调查及民族志研究两项学术规划的目的，是推动中国民族学和人类学界从中国的田野经验回应后现代人类学及其反思民族志。

众所周知，中国学界自 20 世纪初引进民族学和人类学学科之后不久就出现了近半个世纪的国际学术交流"空窗期"，直到 21 世纪初期中国学界仍然延续着现代人类学及之前的理论方法，进化化、传播论、结构—功能主义在中国的阴影延长了半个多世纪。民族志研究主要受以实证主义认识论为基础的"科学民族志"影响而固化成马林诺夫斯基式民族志范式，设定学者的田野调查和撰写的民族志能够客观真实地呈现对象世界。

然而，国际的科学技术突飞猛进、哲学思潮不断更迭。爱因斯坦的相对论、海森堡的测不准定律等科学发现揭示了近代以来自然科学的局限性，德里达的解构主义、赛义德的"东方学"等后现代主义思潮则着力批判西方理性主义和殖民主义所形塑的意识形态、剥离"词"与"物"的"分离术"以及知识与权力、学术与政治的关系等。在此背景下，后现代人类学应运而生，对现代人类学及其科学民族志进行解构，对其所宣称的"客观性"进行"祛魅"，揭露田野调查和民族志文本写作过程中的权力关系、研究者的社会文化母体和个人观念意识等"主观性"的局限，强劲的"反思"旋风把马林诺夫斯基等人创立的现代人类学及其"科学民族志"拉下神坛。

后现代人类学所倡导的反思民族志与现代人类学的科学民族志的区别在什么地方呢？一言以蔽之，后者是本体论的民族志，前者是知识论的民族志。现代人类学承认"我者"与"他者"之间存在不同文化体系所形成的距离和隔阂，但认为这种距离和隔阂可以通过研究者深入研究对象的生活并参与观察、学习与掌握研究对象的语言等田野调查技术"钻进土著的心里"，从而缩小距离与消除隔阂，撰写出的民族志能够客观准确地呈现研究对象的真实世界。而后现代人类学则认为，"我者"与"他者"之间的距离根源于认识论，特别是近代以来西方剥离"词"与"物"关系的"分离术"，只采用一些技术或技巧根本无济于事，只有通过不断反思与批判西方近代以来形成的意识形态及"词"与"物"的"分离术"才能弥合与克服。因此，民族志的价值在于揭开民族志的知识生产面纱，揭露其中不平等的权力关系，批判西方与殖民地的支配与被支配关系及其意识形态。

为此，我们尝试用中国的田野故事与后现代人类学进行对话。组织撰写"村民日志"的目的是"释放被遮蔽或压抑的文化持有者的话语权，让其拥有自主的文化叙述与解释权利，形成独特的文化持有者的'单音位'文化撰写模式"①，故第一辑"村民日志"（共 10 部）于 2006 年出版时冠以"新实验民族志丛书"之名。该丛书组织老师们调查研究与撰写反思民族志，则是为呈现研究者与研究对象之间交互主体性的建构过程及其所达成的程度，反思中国学者研究中国的民族志知识生产。

如果说"村民日志"是文化持有者的"单音位""歌唱"，那么本套"反思民族志丛书"则力求为研究者和研究对象搭建起共同的"多音位"的"对唱"与"合唱"的舞台。我们坚信，我们能够为世界民族学和人类学的进步奉献中国经验和中国智慧。

是为序。

2019 年 10 月 6 日

于白沙河寓所

---

① 何明：《文化持有者的"单音位"文化撰写模式——村民同志的民族志实验意义》，《民族研究》2006 年第 5 期。

目　录

绪　论

　　石龙这个村名进入笔者的视野大约是 20 年前的事了。2000 年的春节，我第一次到石龙。那是跟随导师段炳昌教授到剑川进行民族调查，那次调查的主要田野点是下沐邑村 ①，到石龙只是我们行程中的匆匆一站，在石龙也只待了不到一天的时间，但冥冥之中似乎注定了一种无法言说的缘

建设中的云南大学少数民族调查研究基地石龙调查点

---

①　此次调查的成果主要为段炳昌、杨立权、董秀团主编的《云南民族村寨调查白族——剑川东岭乡下沐邑村》一书，云南大学出版社 2001 年版。

分。记得当天是相关部门安排我们到石宝山石钟寺石窟考察，同时让我们到石龙村看一下。现在想来，县里之所以怀着"既到石宝山，就该到石龙"的隐含心理安排我们那天的行程，也在最大程度上体现了石宝山和石龙村的密切关联，这不仅是一种地缘上的相依相存，更是文化上的血脉相通。石龙因石宝山而闻名，石宝山因石龙而更具吸引力。更巧的是，那天我们在石龙的停留过程中，县里随行人员推荐的访谈对象是李绚金老人，而他是 2004 年云南大学在石龙村建立"云南少数民族调查研究与小康社会建设示范基地"并开展村民日志记录工作后，成为我们最早聘请的两位记录员之一，为我们记录了十年之久，直至离世。

从初识石龙到如今，已二十余年。二十余年，在历史的长河中自然微不足道，但这二十余年，却能够引领我在某种程度上逐渐走近这个不一样的村寨，走进村民的生活世界，聆听这里的声音和故事，触摸这里的文化和脉搏。

一、认识石龙"生活世界"的三个向度

在本书中，笔者想要通过三个主要向度来认识石龙村的"生活世界"。"生活世界"这个概念是德国学者埃德蒙德·胡塞尔提出的，这是一个哲学术语和命题。色音认为，在胡塞尔看来，哲学的功能不是揭示科学世界，而是揭示先于任何科学而存在的、能被经验到的日常世界。[①]吕微也指出，胡塞尔"生活世界"最主要的含义是，"生活世界是先于人的科学世界并作为后者的前提和基础且容纳'再生活化'的后者于自身的、未分化的、主观相对的、日常意见（即直观经验）的'周围世界'

---

① 参见色音：《民俗学理论的多维透视——〈民俗文化与民俗生活〉评介》，载姜彬主编：《中国民间文化》1995 年第 1 集（总第 17 集），学林出版社 1995 年版，第 387 页。

和观念世界"①。高丙中在《民俗文化与民俗生活》中引入胡塞尔"生活世界"的概念，用以指称民俗之民的日常生活。②生活世界具有某种先验性，但是这种先验式的存在并非自我呈现，而是需要以某种途径被经验、感知、体悟。由于生活世界是一种由经验和感知建构、显影而呈现出的日常世界，因此它与民众的日常生活紧密联系，发生了深度融合，甚至也可以说，生活世界就是由民众日常民俗生活所构成，民众的民俗生活是生活世界的具体表现。本书中石龙村民的"生活世界"，也就是石龙村民日常生活与民俗文化的基本表现，并且这种生活世界更多是从个人和集体生活经验的沉淀当中获得意义的显现，不同的个体在经验感受、理解阐释等途径中一起为生活世界的"显影"贡献着自己特殊的力量。

本书中石龙村民的生活世界，是经由以下三个主要向度视野观照所呈现出来的。

（一）笔者自身的向度

从某种意义上说，此第一个向度代表的是笔者之于石龙而言的一种"外部视角"。笔者从真正到石龙开展相关工作的第一天开始，是以一个老师、一个学者的身份展示在村民面前的，在和石龙村民的十多年交往中，他们也是一直以"董老师"的称谓在称呼我，所以当我在观察和审视石龙村的文化和生活世界的时候，是无法从这样的学者身份中截然区别或者割裂开来的。在人类学的训练中，对异文化的观察有"主位"和"客位"之分，学科的田野调查规范中也常常提醒研究者尽量要规避"客位"而采取"主位"融入式视角。但笔者认为，无论如何，这只是一种理想而不可

---

① 吕微：《民间文学—民俗学研究中的"性质世界"、"意义世界"与"生活世界"——重新解读〈歌谣〉周刊的"两个目的"》，《民间文化论坛》2006 年第 3 期。

② 参见高丙中：《民俗文化与民俗生活》，中国社会科学出版社 1984 年版。

能完全实现。尽管所受的学科训练要求我尽量以"主位"的方式去体会研究对象的所思所想，但严格来讲，无论是何种程度的"主位"，都不可能是绝对意义上的。另外，笔者自认为与很多纯粹是"外来"的其他研究者不同的一点是，我自己与石龙绝大多数村民一样的白族身份，以及从小受到的白族文化的浸润。这在一定程度上，把我从学者的一端拉向更靠近村民的一端，在一定范围内，我与石龙村民是一样的，我们都是白族，我们拥有着很多因白族这一群体而生成的共享传统和共同话语。当然，笔者的家乡是在大理的洱海西岸，属于典型的坝区白族村落，同时笔者的家乡离大理古城仅有三公里，那里的文化受城市的辐射和冲击比较明显，呈现出太多与石龙这样的山区白族村寨不一样的地方，一个最明显的事实就是我其实从小就没有穿过白族服装，这说明在我小的时候，家乡的白族服饰汉化现象已经比较凸显。加之，笔者在进入大学后就离开了家乡，从此生活在昆明，在大学和研究生期间乃至毕业成为大学教师后，接受的是比较系统的汉文化和相关专业学科的专门训练，因而也已经不能等同于一直生活在洱海边村子里的白族村民，笔者对石龙村的审视，更多的是一种学者视野。但不管怎么说，我在以学者的身份去感受石龙的生活世界的同时，也常常会出现身份的穿梭和交叉，在内心深处不由自主地将自己参与并认识到的石龙生活世界与大理洱海边的或者更为整体的白族文化系统进行参照对比。

所以，笔者是在学科训练的影响以及自身成长经验和对白族文化的理解的双重交叉视角下，去审视石龙这个村寨以及其民俗文化和生活世界的。由此，笔者眼中和笔下对石龙村民生活世界的呈现，既不会完全等同于当地人，也可能和其他的研究者不一样，必定会打上个人的色彩或烙印。或许我对石龙村民生活世界的呈现和理解，可能是在与大理洱海坝区白族的比较参照中得出的某些印象，也可能是学科约束下试图以更富学理性的逻辑去阐释所看到的文化背后的意义的一种努力。

（二）石龙村日志记录员的向度

这是第二个向度。村民自己记录村寨日志，这是云南大学从 2004 年开始的一项尝试性工作。2004 年，云南大学"民族学"学科开展了"云南少数民族调查研究与小康社会建设示范基地"项目建设，主要是在云南省的代表性民族中每个民族选择一个村寨建立调查研究基地并开展相关的调查和研究。笔者承担了白族子项目的建设工作。经过多方的咨询和前期调研，最终项目组将白族的调查研究基地选定在石龙村进行建设。项目建设的各项内容中有一项重要工作就是在村中聘请村民记录村寨日志。具体而言是在每个基地即每个村寨中，聘请具有一定文化素养、汉语听说读写能力较强的当地民族知识分子参与调查研究基地的工作，在接受一定的简单培训之后，负责每天对村民活动和村寨大小事宜进行记录，形成村民日志。

记录员李绚金老人　　　　　　　　　　记录员张瑞鹏

记录员张吉昌　　　　　　　　记录员张海珠

白族调查研究基地首先聘请了一位村民张瑞鹏①作为日志记录员，经过简单培训后，张瑞鹏于 2004 年 5 月开始对石龙村的生产生活进行记录。之后，又聘请了李绚金老人作为日志记录员，李绚金的记录从 2004 年 8 月开始进行。李绚金老人于 2013 年 5 月初去世，其日志记录到 2013 年 4 月下旬。从 2013 年 5 月中开始则由其女婿张吉昌接手记录。张瑞鹏的日志记录到 2014 年 8 月，后面由张海珠从 2014 年 10 月开始接手记录。从 2004 年至今，四位记录员的日志累计近 300 万字。日志记录员通过村民当地人的身份和眼光来观察和记录村中的文化事象，来展现石龙村民的生活状态和生活文化，为我们提供了宝贵的田野资料。

在村寨中直接聘请村民记录日志的做法，无疑是一种把话语权还给"文化持有者"的积极尝试。该项目的总负责人何明教授曾这样评价村民

---

① 石龙村有两个张瑞鹏，按照年龄，日志记录员被村民称为大张瑞鹏，另一位是小张瑞鹏。后文中不注明的均指大张瑞鹏。

日志在实验民族志文本中的意义："'村民日志'是一种'单音位'的文化叙述模式，但这种'单音位'的主体不再是人类学家，而是文化持有者，这就实现了民族志撰写模式由人类学家独立叙述的'单音位'，到由人类学家与文化持有者共同叙述的'多音位'，再到文化持有者独立叙述的'单音位'这样一个否定之否定的过程"①。

　　笔者将村民日志界定为部分地体现和代表了村民的"主位"视角。首先，村民自己记录村中的大事小事，这确实是很好地体现"文化持有者"的"主位"式发声的一种尝试。正是为了达到这样的目标，所以村民日志主要采用实录方式。在此项工作开展之初，我们就提出了尽量采用"主位"式描述并保持日志原有风貌和记录员特点的目标宗旨。我们曾与日志记录员进行过简单的交流，尽力让日志记录员理解此项工作的重要性和价值，然后，对每天的记录需要关注的重点进行了概括，我们主要提出的是四个方面：生计活动、年节与娱乐、人生大事、人员流动。当然，这四个方面只是从大的框架上提示日志记录员可以从这些方面去记录，但并不是说只能记录这些，而且也没有要求必须要将内容填充到对应的模块，我们充分给予记录员个人选择记录内容和记录对象的自由，也充分尊重其选择，在面对同一事件的时候，也充分尊重不同日志记录员的不同体验和视角，以及不同的理解和阐释。总之，说到底，记录村寨日常生活的做法从起源上就是一种学术视角，不论学者如何强调，都没有办法完全回避主观性介入其中的事实。另外，日志记录员具有既普通又特殊的村民身份，所以其代表和呈现的是部分的"主位"视角。日志记录员本身都是石龙土生土长的白族村民，也是所有普通村民中的一员。日志记录员都成长于石龙村寨，也都和所有的村民个体一样不可避免地深受村落文化系统的熏陶、制约和影响。但他们之所以能够成为日志记录员，还是有着一些特殊的因

---

① 何明：《文化持有者的"单音位"文化撰写模式——"村民日志"的民族志实验意义》，《民族研究》2006 年第 5 期。

素，比如，首先要具备较高的汉文表达和写作的水平，这是完成日志记录的最基本的前提，因为村民日志是以汉字来记录的。这既与此项工作的实验民族志学术研究性质相关，也与白族长期以来使用汉文来作为书写工具有关。南诏国有一种利用汉字来记白蛮语音、或将汉字笔画略做增减而成的一种表意记音文字，即白文。南诏时期一些城镇建筑遗址内发现了许多白文有字瓦，大理国时期的《白古通记》一书也是用白文写成。南诏大理国的一些写本佛经、碑文上也有白文。元明时期邓川的《段信苴宝摩岩碑》、杨黼的《山花碑》等也是使用白文。直到现在，民间还有一些汉字记白音的白文流存。但此种白文的流传、使用范围都比较有限，整个白族文化的书写一直以来还是以汉文作为最重要、流传最广的载体。所以石龙的村民在记录日志时也是使用汉字。日志记录员在进行书写的时候，自身还存在一个语言使用中的转换问题，有的东西可能对于自己的白语文化系统来说是熟稔的，但是用汉语来写作则是另外一回事了。比如，石龙有大量的白曲，但是日志记录员往往较少去记录这些文本。为什么？这其中，语言的障碍是一个主要原因，越是这样讲究格律的精炼表达，越是难于恰当地翻译为汉语。总的来说，日志记录员需要具备一定的汉文水平，否则无法自如地运用汉字进行书写和记录。我们在石龙村前后共聘请了4位村民日志记录员，李绚金是大理师范中师毕业，这是石龙村老一辈中最高学历的人，张瑞鹏是初中毕业，张吉昌是剑川县职业高中毕业，张海珠是高中毕业（这在石龙村的女性中也算是高学历了，因为真正考上中专、大学的可能也就不会回村居住了，而在村中的女性则大多只具有初中以下学历）。基本上，他们都属于在村中学历较高的人。除了相对比较高的汉文水平，日志记录员一般还具有比较特殊的身份，从某种意义上说，他们是村民，但又不是最普通的村民。比如，李绚金曾任职于石宝山文管所，也当过小学老师、校长；张瑞鹏十多年连续担任石龙村副主任兼文书；张吉昌是石龙村乡村医生，也是石龙村卫生室所长；张海珠长期在石龙小学担任代课老师。因而，日志记录员们虽然长期不离乡土，却与普通的村民还是有所不同，从事的主要工作相对更加脱离农业生产和体力劳动。其实，说到底，任何一个个体既是所属群体的一部分，但又不可能在完全意义上代表着整体中的每一个人，同一群体中的个体存在差异也是自然的事，所以，且不论这些村民日志记录员本身相对特殊，就算他们不是特殊的，而是最普通的一员，也不可能完全代表整体。因而，笔者说他们的日志记录是"部分"地代表和呈现着村民的"主位"视角。当然，这里的"部分"并非对半式的划分，如果一定要明确的话，此"部分"可以被认为是绝大部分，其特殊的一面在村寨共有传统面前可能也没有那么突出了。

日志记录员既代表着普通村民的一员，又是具有一定特殊性的个体，他们的发声，从总体上来说能代表绝大多数村民的状况，也能比较客观、如实地再现村寨生活世界的场景，进而呈现村民共享的传统和地方性知识。当然，由于个体的特殊性，这些日志记录员本身所见、所思、所感会有所不同，这些都会映射到其记录中，不同的记录者的记录中也会体现出此种特殊性和差异性的存在。因而，不同的日志记录员笔下呈现的村民日志和生活世界，既呈现出共性的一面，也同样打上了日志记录员不同选择和个人风格的烙印。

（三）普通村民声音、行为和实践中所呈现的石龙

第二向度中的日志记录员毕竟是我们经过挑选的人员，至少在某个方面能够称之为"民俗精英"。陈泳超提出了"民俗精英"的概念，用以指"对于某项特定的民俗具有明显的话语权和支配力，并且实际引领着该民俗的整合与变异走向的个人及其组合"[①]。这些日志记录员，有的如李绚金是能够称之为"知识分子"那样的人；有的如张瑞鹏，是游走于基层政治话语

[①]　陈泳超：《背过身去的大娘娘：地方民间传说生息的动力学研究》，北京大学出版社2015年版，第155页。

体系和民间传统民俗文化之间的特殊个体，他既是村委会副主任兼文书，也是村里乡戏的戏师傅，是婚丧或者其他集体活动的重要参与者；再如张吉昌，职高毕业，长期在村中担任村医，在村中有一定的威望；又如张海珠，是石龙女性村民中为数不多的高中毕业者，曾在村中小学代课，家中经济条件较好，其家庭参与村中集体事宜的积极性和主动性较高①。那么，这些"民俗精英"眼中和笔下的石龙有着什么样的独特性？他们的视角与普通村民有何异同？那些更多数的普通村民，他们如何在实践着自身的文化和逻辑，而这种实践本身又是如何在记录员的笔下得以呈现？

在第三个向度中，我们看到的是石龙村民以现实操演和行为实践所呈现出来的石龙。这里，既有笔者和调查组员在田野调查参与观察中获得的资料，也有石龙村民访谈口述的材料，有村民自身的讲述和理解，更有从村民的行为、活动当中呈现出来的文化事实，亦即一种"实践的文化"，或者可以说实践的过程和事实本身就是一种文化的显现。在这个向度的观照下，笔者会认为村民的生活实践本身就是其民俗生活世界得以呈现的一种方式，实践本身也就是生活。因此，此向度也包括了日志记录员笔下对村落实践活动的直描。笔者将日志记录员笔下直描的部分也作为村民视野这个向度，既是对上述日志记录员本身是"部分"代表和体现村民主位视角的回应，也是认为此种直描能够在一定程度上再现或复原活动的原生场景这一观念的体现。虽然前面已经说到不同的日志记录员在面对同一活动场景或实践场景的时候，所看到的和所想到的可能会有所不同，但是笔者相信我们在进行这项工作的时候，所有的日志记录员基于最起码的职业道德，是在如实地记录着发生的一切，生活本身就是如此，记录的事实也当是如此。这或许也是日志记录员在面对日复一日、年复一年重复上演的生活和实践时产生记录的"疲倦感"的原因所在。因为生活实践本身具有重复性，记录员又是在实录，自然就会在不断的重复上演中产生一种审视的

---

① 张海珠的婆婆长期担任石龙村妇女主任，她们的家庭整体热衷于参与村中的集体活动。

疲惫。但如果反过来看，这就成为笔者将日志中的实录呈现场景也作为一种村民视角的支撑原因。有时，这样的村民视角当然也会辅以村民的口述资料来进一步补充和佐证。它们之间形成互补、交叉和融合。

（四）三个向度视野的交融互动

上述的三个向度彼此之间的距离并非遥不可及，它们之间也并非泾渭分明、非此即彼。从第一个向度来说，笔者虽然不是石龙村民，但我毕竟也是白族的一员，而当我们在讨论石龙这个村寨的时候，其最突出的文化特质仍然是通过"白族"这一族别身份和族属认同的符号来得以体现的。不论是前面讲到的本主崇拜、多元信仰，还是村人引以为豪且外界又尤其关注的白曲演唱、霸王鞭、乡戏、洞经音乐等文化元素，都与白族的文化传统勾连甚密，或者说也就是白族传统文化的一个有机组成部分。从这个意义上说，笔者的第一向度视角也是不能完全脱离"白族"的族属身份和文化视阈的。自然，也就与后两个向度之间有所联系。第二向度与第三向度之间的关系就更为密切了。不论是跳出农门具有"公家人"身份的，还是更多被纳入教育、医疗、基层行政管理等体系范围内的，村民日志记录员从本质上仍然属于真正意义上的"石龙村人"。或许在村民的眼中会对他们有不一样的看法，有时甚至也不乏几分羡慕，但总体而言，他们并没有被划分到另外的一类，他们仍然是石龙的村民。所有的婚丧嫁娶、民俗往来、仪式活动，他们也是如同其他村民一样参与、实践，并无例外。加之前述，普通村民的实践行为也在很大程度上由他们记录和书写描绘，因而，这两个向度之间具有密切联系和交叉。

正是由于三个向度之间存在的紧密联系和交融，三个向度之间也就具有了一种深度的互动。三个向度之间也会相互影响，不同的视角呈现会成为另一端进一步塑造自我的参照和依据。这里让我们举个小小的例子。2004年，我们进入石龙村选址建立云南大学白族调查研究基地的时候，整个村中还没有一家使用太阳能热水器。云南大学调查研究基地工作站的白族民居式建筑在 2005 年建成后，工作站中安装了太阳能热水器，也许就是由于调研基地工作站的示范效应，在随后的几年中，有村民也开始安装太阳能热水器，到了现在，凡是起房盖屋的人家，多数人家就会安装太阳能，因为村民体会到了太阳能给生活带来的便利。也就是说，笔者作为一个外来者，虽然石龙村民给我的反馈是在十多年的相处中已经把我当成石龙村的人，但毕竟事实上我们之间的区别也是明显的，我们在观察石龙人和石龙人的文化的时候，石龙人又何尝不是在观察和"看"我们，这是一种双向的凝视。此外，当我作为外来者进入石龙的时候，与更多数量的村民相比，我和我的组员是特殊的"那一个"，在这种特殊的显现中，我成为更多被关注的对象，而我身上所有的特质也会被放大，成为村民眼里最容易被捕捉的东西。再者，我是来自省会昆明的云南省最高学府云南大学的老师，

2004 年石龙村落一角

是研究者，这些身份都会成为村民在与我的交往中被考虑的因素，所以，很难说这样的身份特征不会影响到村民与我的交往过程以及在此过程中他们对自身的显现，或许他们也会在对我的审视中考量哪些是可以给我这样的外来者看的，哪些是可以与我言说的，而哪些则是不能的。

在这三个向度的交织下，本书想要展示和讨论的问题有，作为一种被视为能充分发挥文化持有者主位视角的"发声"模式，村民日志的书写者是如何叙述的？村民日志是否能真正表达其"主位"民族志的阐述立场？在不同向度的展开和往来交织中，怎样去理解和认识作为"文化持有者"的村民享有、传承和呈现"地方性知识"的过程？面对同一文化事象，学者、村民怀着怎样不同的认识？甚至同样是村民，人们理解同一事件和文化事象的角度又有着怎样的异同？这些"地方性知识"被呈现的过程中，经过了什么样的选择？而经过了选择的"地方性知识"能够在多大程度上代表着一个地方或者一个村寨的地方性知识系统和整体？最后，不论有着什么样的前提，也不论经由什么样的人和什么样的途径，石龙这个村子的村民如何在经验、感受、实践着自我及外界，当这一容纳了村民自身的生活世界呈现于我们面前时，又是一种怎样的图景？

二、深山中的别有洞天

（一）藏在深山的村子

在剑川石宝山的腹地，石宝山景区公路蜿蜒盘曲，顺着道路穿过整座山之后，眼前竟豁然开朗、别有洞天。原来，在这里，隐藏着一个小盆地，周围群山环抱，盆地间坐落着一个不算小的山村——石龙。在石宝山的腹地，在绵延群山的怀抱里，为何会有这样一个远离喧嚣却又引人关注的村寨，孤独、宁静而又倔强地生生不息？她有着怎样诱人探寻的历史和故事？

石龙村隶属于大理州剑川县沙溪镇，位于剑川县西南部，距镇政府所在地沙溪寺登街约 20 公里，距剑川县城约 30 公里，东距石宝山景区约 2 公里。通过山间的小路能通往沙溪、羊岑各地，但长期以来，地理和区位相对封闭，贯穿石宝山景区的公路是村民与外界联通的主要道路。村寨周围群山环抱，林木密布，景色宜人。

中华人民共和国成立前，石龙村并不隶属沙溪，而是属于弥沙区。中华人民共和国成立后，有两三年的时间石龙先是被划归马登，之后又属于羊岑，再后来，大约到 1957、1958 年的时候才划归沙溪。这种行政区划的变动，具体原因可能难以说清，但是有一点似乎得以体现出来，这与石龙地处几个区域交界地带，同时又具有相对独立的地理格局，没有形成与任何一个地方的过度依赖和亲密关系应该是有很大关系的。在 1984 年以前，石龙村称为石龙大队，属于沙溪。当时的生产队就相当于现在的一个村民小组。1984 年以后，改称石龙乡，1988 年以后，又改称石龙村。同时，1988 年沙溪改称乡，到 2000 年，沙溪乡改为沙溪镇。石龙村下辖两个自然村，三个村民小组，其中一二组聚集而居，均为白族，三组则为散居于村子南边和西边山上的彝族和傈僳族，平均海拔 2628 米。三组离一二组距离走路需 2 小时以上。

2017 年，全村农户 288 户、总人口 1179 人，其中白族 228 户、共939 人，占总人口的 79.64%，彝族 52 户、312 人，傈僳族 8 户、28 人。全村土地面积 41123 亩，其中，森林面积 29437 亩，草地面积 2800 亩，荒地面积 7362 亩，耕地面积 1524 亩，土壤以红壤、黄棕壤为主。全村年经济总收入 1024 万元，农民人均年纯收入 6541 元。

石龙村依山顺势，应该说从周围山上汇集而来的水资源不算少，村中的水源主要有：南边箐子中的马母场，西边的青龙，西边的十分水，西北边的架石龙。另外还有一些小溪、小河。这些水源一年四季都不干涸。但是由于仅仅依靠周围的山林和小河小溪贮存自然之水和天然降水，在一些干旱的年份，石龙村民也会遭遇旱情。位于村东的石龙水库，最大的功用是为沙溪坝子的一些村落提供灌溉用水。该水库 1958 年建成，后来又重修过。水库位于村子的东边，而石龙的地形是西高东低，且村中的耕地多集中于水库之西，所以村中的用水并不依靠该水库。

村民的收入主要依靠传统种植业，村中主要种植的农作物有芸豆、苞谷、洋芋、地参等。石龙村的海拔较高，地处山区，过去村民们曾种植稗子，但产量不高。原本在石龙水库处有一片较平坦的田地种植稻谷，修建水库后就没法种植了。曾经有一段时间，村民与一些公司签订协议，种植山葵菜①，也曾种植附子皮等中草药，但这些都没有能成为主要的产业。山葵菜则因销量不佳，也就不再种植。养殖业方面，家家基本都饲养生猪，少数人家饲养山羊和牛，这些牛主要是耕牛，是传统农耕依赖的重要助手。

野生菌采集业是石龙村经济收入中的一项重要补充，石龙村周围的山上生长着大量的野生菌，如松茸、花鸡枞、牛肝菌、马蜂菌、香菌、羊肚菌、白风菌、半边菌、青头菌、见手青、青蛙菌、扫把菌、猴头菇、喇叭菌、鸡蛋黄、黑菌等，此外还有其他许多叫不出名的菌子，村民将之统称为"杂菌"。每年农历的五到十月，很多村民将上山采菌子作为最主要的工作之一，每天天不亮就上山，到午后返回，将采到的菌子交给村中的二道商贩。松茸是村民们最主要的采集菌种，此外就是牛肝菌。有时运气好，加上菌子高价，则一天可以卖得几百元甚至上千元，所获无几的时候也有，但村民都会心怀憧憬，希望有所收获。

村民中，部分年轻人外出务工。目前，全村劳务输出有 200 来人。虽然进入 20 世纪以后，历届村干部都有将旅游服务业作为中心产业来抓的想法，隔三差五也可看到旅游团队或人群来到石龙村，但总体来看旅游服务业还不太景气，收入总量较小。目前仅有 2 家农家餐馆，4 家农家客栈，旅游黄金期间有零散农户到石宝山经营地方小吃，卖炸洋芋、凉粉等。2021 年村中最具标志性的事件可能就是坐落于水库边的喜林苑宾馆

---

① 山葵菜为制作芥末的主要原料，主要用于生鱼片的蘸料。曾经有一段时间，可能是受外界影响，剑川等地出现一些虹鳟鱼山庄，流行吃生鱼片。当然，公司收购山葵菜后制作芥末并不只是为了当地人食用。

的建成，但这一大事件到底能为石龙的村民带来怎样的旅游带动效应，又能在何种程度上让村民参与并受益，目前还不得而知。

石龙村素有重视教育的传统，中华人民共和国成立前，村中有私塾。村中现有一所六年制完全小学——石龙小学，成立于 1950 年。虽是山区村落，村民接受文化教育程度普遍不高，但在石龙却可看到读书习文的传统。村中有一习惯，每年春节张贴的对联，都由家中的小孩书写，尽管笔法稚嫩，却显示了一个家庭崇尚诗文的风习和理想。

相对封闭的地理位置使得石龙村保持了较多白族传统的文化事象，衣食住行、节日仪礼、婚姻家庭，在不断发展变化的同时也承袭着传统的特质。文艺方面，形成了独具特色的石龙风貌。石龙霸王鞭被誉为"当地一绝"，保留着与其他地方不同的套路，此外，白族调、本子曲、滇戏、洞经古乐、念佛会、本主崇拜等在这里也有较为完好地保留。为我们研究白

老年女性霸王鞭队

族文化提供了一个极好的范本。

（二）从挂纸坪到石龙

石龙是一个引人遐想的名字，一条石头的龙？当想要对村名进行深究和探寻的时候，才发现原来这里面还颇有曲折。尽管缺乏相关的文献记载，但民间的口述史却以自己的方式形塑着后人对于石龙的认知。从村民代代口碑相传中，我们可以看到石龙村的早期历史和村名几易的过程。

据村中一些老人讲述，明末清初的时候就已经有了石龙这个村子。还有一些老人认为石龙村的历史可上溯到元末明初。然而，关于这些说法还没有更多的历史资料可供考证。

现在，石龙的村民们有一个共识就是，石龙村民都是外地移民的后裔。除了个别人认为自己的祖先来自南京应天府以外，较一致的说法是祖先来自鹤庆松桂。松桂位于鹤庆县中西部，是茶马古道上重要的交通枢纽。关于石龙村民中流传的先祖来自鹤庆松桂这一说法，目前可做出两种可能的推测。

一种可能是，石龙村民为元代创建宝相寺的建庙人或守庙人的后裔。关于石宝山的开发，可知宝相寺是元末鹤庆知府高惠直首创的。高惠直于元代至元年间建盖了宝相寺，碑在宝相寺通明阁门口，该碑于 1997 年出土。并且，元代整个剑川都归属鹤庆路管辖。所以，"石龙村董姓、张姓等说从鹤庆搬来也很有可能，也许是建庙人后裔或是守庙人后裔发展起来，村中曾挖出火葬墓碑。从保存的独特的霸王鞭舞蹈看，应有一定道理！"①村中挖出的火葬墓碑是元时遗物，李绚金老师也赞同将村寨的历史上溯至元末明初的说法。而村中流传的霸王鞭舞蹈，独具特色和古风，带有刚健之气，似有军士习武痕迹，与大理洱海等地颇有不同，却与元代蒙古铁骑的尚武之风颇为契合。

---

① 剑川县旅游保护建设管理委员会董增旭语。2019 年 12 月 12 日对董增旭的访谈。

　　另一种可能是，石龙村民为明代汉族移民进入白族地区后向周边推移的结果。松桂街存有建于明代的国公庙，供奉的是明将傅友德。松桂西部马耳山风吹岭南还有明洪武十五年明将傅友德破元右丞普颜笃于佛光寨的遗址。从《民国鹤庆县志》《康熙鹤庆府志·埂祀志》等史志记载中可看到，明代傅友德率军征大理，军队驻扎于松川也就是今天说的松桂，在他死后，松桂人还为他建了"颍川侯庙"即国公庙，并立他为本主。明代傅友德大军平定大理一带元军之后，曾有数次的大规模移民进入，或许汉族移民进入大理包括鹤庆松桂一带后，对原有居民的生活空间造成了一定的挤压，让他们往周边地区包括石宝山附近的石龙等地拓展。又或者是明代移民进入松桂等地后进一步向周边包括石龙推移。总而言之，这都说明了石龙村民口述史中流传的来自鹤庆松桂的说法不完全是空穴来风，应该说还是有此可能性的。由于明朝之前就存在对石宝山一带经营的基础，再加上明代以来移民的进入，促成了松桂一带居民搬至石龙就有了更大的可能性。

　　"石龙"这个名字是村名三易以后的结果。最初村名叫"挂纸坪"，村中广泛流传一个传说，讲的是石龙这个地方原来无人居住，约在明末清初的时候，石宝山的金顶寺（一说宝相寺）做会，经幡被吹到石龙水库处，派人来找时，发现这里有一块小坝子，十分宜居，于是就从鹤庆松桂搬迁移民到了这里，因而村名就叫"挂纸坪"。此后，又出现了"蕨市坪"之名。原来，在白语中，"挂"和"蕨"是同一个音，"纸"和"市"也是同一个音，而且"挂纸坪"地处山区，山上多产蕨菜，故又称"挂纸坪"为"蕨市坪"。那么，村子的名字又是怎样从"蕨市坪"变成了"石龙"呢？据说村中一个颇有威望的人张耀彩去沙溪做客，记账先生在挂礼的时候把"蕨市"写成了"绝世"，张耀彩看到后觉得很不吉利，更觉得这是对村子的一种侮辱，就想给村子改个名字。他看到村中有许多的小石头从东往西延伸，远远看过去就像一条石头的龙，龙头在入村的山神庙，龙腰在现在石龙小学的位置，龙尾在村西的山神庙，所以就把村子的名字改成了"石龙"。

第一章 靠山吃山：村民与山林的关系

俗话说："靠山吃山，靠水吃水"，对于作为山村的石龙来说，"靠山吃山"真正成了村民数百年来日常生活的基本实践形式，村民、村寨与山林之间形成了密切的关联。山林及其相关的生活实践也成为石龙村民生活世界中最鲜明的特色所在。

一、山林与生计

对于地处山区、群山环抱的石龙村来说，每一个村民的生计与生活都与这山林发生着最直接的联系。在此部分，我想要探寻石龙村民及其村落文化与周围自然生态之间的关联，并讨论在此种生态熏陶下的白族村民，其民族性格和文化特质与坝区村寨的差异。石龙村民与山林的密切依存关系是我这个成长于大理洱海边的人所不具备和拥有的一种生活经验和记忆，但也正因如此，我更能最直观地感受到村民与山林之间的这种亲密关系。在我的记忆中，对于山的感受更多的就是大理坝子中巍峨绵延的苍山，高耸于大理坝子的西部。作为生活于洱海西岸白族村寨中的我来说，对洱海的亲密感更甚于苍山，儿时在洱海边洗衣、游泳、玩耍的情景成了一辈子不会忘却的记忆。而对于苍山，则不论是实际上的距离还是心理上的距离都要遥远一些，挺拔的苍山在我的心目中显得有些神秘，也更加令人敬畏。对于苍山最深刻的记忆就是每年清明节的时候，必会跟着家中的大人到山上上坟，我们小孩子会去寻找凤仙花，还会去找一种我已经叫不出名的美丽小花，花瓣带着点紫白色，一株一朵独自开放。看到了这朵小花，我们会兴奋地去用手指挖其根茎，然后会挖到藏在泥土里的一颗小果实，果实只有大拇指盖那么大，圆圆的，颜色同样是白中带着些淡紫。洗净后，可以看到果实晶莹剔透，咬上一口，凉滋滋的感觉，带有几分粘性。又或者去采一些杜鹃花、白豆花。许是每年才有一次到这大山中疯玩的机会，我对这种记忆尤为深刻。也记得很小的时候，妈妈和她的伙伴们会到山上捞松毛，回来的时候，可能会给我带一种汉语称为"火把果"或"火棘果"的红果子，树枝上有刺，但是成串的红色小果子密密麻麻地缀满树枝，一颗一颗地揪下来吃，可以吃很久，味道有点酸涩。但是除此之外，苍山在我的心目中还是神秘更多于亲近。有时在洱海边的家中、田地里，一抬头，看见面前傲然挺立的苍山的时候，我总会遐想在那山顶上会不会住着神仙或者武林高手。所以，当我到了石龙的时候，立刻就感受到了生活在这里的村民与山林之间密切的依赖和交融关系，这与我在洱海边感受到的自己与山林的关系是很不相同的。他们的生活与山林发生着太多的交集，以至于从某种意义上说，山林就是他们的生活世界的一个组成部分。

（一）山林提供的生活保障

说到村民与山林的关系，首先是山林从生计的角度为村民提供了生活的保障。

从今天的情况来看，石龙村是一个以耕种为主要生计方式的村寨，这似乎与很多白族村寨没有多大的不同。但与坝区村寨拥有较多平坦的可耕地不同，石龙村所处盆地范围较小，可耕地面积有限。历史上的石龙村长期处于地薄、产单、量少的状态，由特殊的自然环境和经济资源条件所决定，村民们尽管长年累月地在土地上艰辛劳作，但粮食作物单一，耕种的主要是杂粮和薯类，产量也较低。由于海拔较高，气候寒冷，长期以来石龙人栽种的主要粮食是稗子，因稗子耐寒，在这里也可以成熟出穗。村民会去山上砍细细的竹子，捆成扫把，去甸南、沙溪或剑川换回一些大米、蚕豆叶或蚕豆尖，在逢年过节或者生病时掺进稗子米里吃。因此，对于那时的石龙人来说，平时只能全吃稗子，只有特殊的时刻才能吃上掺了米的稗子。至今，每当提起往事，那些年纪较长拥有对过去生活的记忆的石龙人都唏嘘不已："沙溪坝子里的人以前最看不起我们石龙人，挖苦石龙人吃稗子。"

在广种薄收的年代里，尽管石龙人不得不接受着每日以稗子为食的生活，但是后进的生产方式却连这种最基本的生存需求可能都无法满足。所以，村民们还需要从山林中获取补给。在夏季的时候，去森林中采摘野生菌和野菜作为饮食结构的辅助成为一种较好的选择，但是当时此类野生植物食材的获取仅只能作为饮食的补充，不可能为村民带来交换的空间也很难带来经济结构和产业的变化。还有一种可能性是到山上打猎以补充食源。石龙村周围的山林中生活着大量的野生动物，有白腹锦鸡、野鸡、画眉、燕子、山雀、野猪、蛐蛐、青蛙、蛤蟆、麂子、黑熊等200多个种类的动物，近两年来石宝山的猴子有时会跑到石龙村的山中，冬天水库中还有野鸭。另外还有竹叶青蛇、黑蛇、飞蛇、飞鼠等。尽管对野生动物的猎取早已被禁止，山上的动物也因生态变化呈减少趋势，但各方面的资料还是显示出山林作业以及打猎活动应该是石龙村民过去生计中的重要补充。

张瑞鹏在村民日志中记载了一件事，从中可看到过去村民是有捕杀野生动物的情况的，在天保工程实施以来这种情况才被明文禁止。

> 彝族社员罗二弟家两头黄牛，放养在山中，被黑熊咬死。小黄牛已经被它吃完，母牛还有一部分残余。原因是自国家实行天保以来不单单对天然林保护，而且对野生动物也保护，不准捕杀野生动物。因此，人们不敢捕杀它。造成人民群众的财产损失，严重影响生产生活。此事反映到村委会，村委会向县林业局反映，森林公安来现场查看，但没有作出处理结果。①

---

① 引自云南大学聘请的村民日志记录员张瑞鹏2006年8月31日所记日志。

　　另一方面的例证就是石龙村民中至今保留着对山神和猎神的信仰。在石龙村，东南西北四面各有一个山神庙，位于村子的东南西北四个方位上山的路旁或者出入村子的路口处，其作用是保护村子，防止豺、狼、虎、豹、熊、蛇一类的野兽进到村子里来，同时也防止村中的家畜牲口走出村子而丢失。每个山神庙中都供着山神和土地。山神和土地的摆放位置是山神居右，土地居左，山神骑虎，土地坐平台。每个山神庙的附近有一个猎神的坛，东南西北四面共有四个。山神庙的体量很小，里面的山神土地塑像也不大，猎神所在更是非常简陋，通常是在山神庙的附近找一块干净的地方垒上几块石头、围搭几个瓦片，或找一棵树作为祭祀猎神的场所，有的猎神坛边会摆上一张简易的木制或竹制的弓作为猎神的象征和标识。村民认为那里就是猎神的所在，通常不是这个村子的人是不太容易找得到猎神坛位置的。记得我们第一次在山上看到猎神坛，就是在当时的驻村天保

山神土地

员赵春旺的带领下才找到其所在之处。当然在村民的心目中，山神土地庙随便什么时候去祭祀都可以，但有个讲究，因山神管的是山上的动物，所以要用荤菜来祭，而土地管的是地里的庄稼，所以要用素菜来祭。村民在祭山神和土地的时候通常会顺便祭祀一下猎神，祭猎神要用些肉和饼。他们认为如果不祭祀猎神的话，人往山上过的时候就容易受惊。

家庭联产承包责任制实施以后，石龙人逐渐开始开荒，同时县里农科站也来指导和培训农业技术，从1988年起，随着产业结构的逐步调整，两三年之间，石龙村民基本不再种稗子，曾经作为主食的稗子在石龙几乎销声匿迹。村民不再吃稗子米，改种芸豆和苞谷，收获卖掉后再去买大米。芸豆和苞谷地实行轮种耕种制度，每两年换一次，换着在不同的地上耕种，由村里统一划片、安排和指导村民种植。这一变化被石龙人简洁地称为"水改旱"。再后来，石龙村也曾尝试过山蓿菜、地参、草药种植等多元化的耕作图景，但这些在村民农耕结构配比中都没有能够超越芸豆、苞谷等成为最主要的农作物。

谈到石龙人的经济生活，砍伐木材是一个不能也不该回避的话题。20世纪70年代末80年代初，砍伐林木成为石龙村比较重要的生计依托。尽管在后来生态保护的语境下，这已经成为一种违法的行为，长期的"天保"工程的实施，已经在每一个村民的心里划了一道界限，也筑起了一道屏障。再者，在大多数石龙人的记忆中，这样的话题已是过去时态。但没人能否认的是，就是这样一种经济方式，一度在石龙村的经济版图上占据着重要的地位。并且山林伐木问题事实上是石龙村生态环境和生态系统中最重要的影响因素。张吉昌在村民日志中追溯了这段历史及其变迁的过程。

据说60、70年代红旗林业局对石龙村西面的山场大面积采伐，所挖的林区公路至今存在，但是70年代末至80年代石龙村四面森林覆盖率为80%以上，到90年代初石龙水库旁的那几座山上50厘米以上的云南松还到处可见，因为1988年以前石龙村的主要经济来源是乱砍滥伐，但仅是人背人扛的，砍伐没那么严重。自1989年开始，村民们就改变了人背人扛的方法，开始用黄牛拉、马匹驮，由于石龙村借着石宝山的景区的光，80年代就通了公路，于是1988年开始有村民就购买了手扶拖拉机（张四全为全村首个购买拖拉机的，是石龙村的第一位驾驶员）。因为那个年代菌子也没有那么值钱，产业单调，没大面积改种，仅以种植稗子为主，直至1995年开始种植玉米、芸豆，近年还增加了种植地参等。1988年至1998年期间虽然国家对林木的保护相当重视，但是石龙人毕竟挨山吃山、乱砍滥伐特别严重，10年间将石龙四面八方的山上所有10厘米以上的云南松砍伐完。在这10年期间没几人考上大学，木材值钱，随便上山砍伐就比机关单位收入多是主要原因。1998年国家开始实施天然林保护工程，对森林的保护力度加大，乱砍滥伐的现象陆续减少，但是大树已去、小树待长，至今万亩的乡有林上面上百年松树没有几棵了，有几棵也是坟地旁边的称之为山神树，不敢偷砍而已。虽然现在的森林植被覆盖率在65％以上，但尽是小童松栗木而已。从天保工程实施后，村民们也意识到靠木材生活也不是长远之计，因此，对子女就读也开始重视起来，出去务工的也陆续出现，虽然多年的木材泛滥已造成不可挽回的损失，但现在保护还来得及，又再这样下去20年后，水资源丰富的石龙村不知会变成什么样子：虽说石龙自古以来有相当严格的村规条约，但是实际上最近这10多年来那些条约制度也变成了废话，在金钱利益的驱动下，山上的林木不断流失。[①]

按照石龙人的描述，木材砍伐作为一种群体行为是在家庭联产承包责任制实施之后出现的，也就是"1982年包产到户以后，1984年左右，人们开始去砍。因为包产到户以前，要出工，如不出工，工分少，分到粮食少；包产到户后，时间自由，就可以随意上山砍木料"。因为"那几年主产是稗子，种芸豆只有小部分，而且主要是作为蔬菜来吃。种苞谷的也极

[①]　引自云南大学聘请的村民日志记录员张吉昌2013年11月2日所记日志。

少，因为那时还没有地膜覆盖，种上之后产量低。由于海拔高、气候冷，稻谷无法成熟，主要是栽种稗子米，也就是小米，主粮也是小米，经济收入全部靠上山砍木材"。

说到伐木，村民们大多也比较坦然，村民们承认这是违法的事，但又都表示，过去伐木是生活所迫，是没有办法的办法。"当时有《森林法》了，也宣传不准私自上山砍伐，但大部分一是为了生活，二是为了赚钱，就你说你的，我砍我的。村里也就口头说说罢了，那时候乡里、县里也还管得不严。"伐木是一件重体力活，在家庭的劳动分工中，一般是由男性去砍，女性不去。而男性伐木者的劳动生活图景一般是这样的："几乎家家都会养一头骡子，早上起来先喂骡子，一般是喂给它蚕豆糠或者蚕豆。砍木柴的斧头比较特别，要到沙溪街铁匠铺买，每把大概40元钱，大约可以用四五年。有时会遇到红旗林业局的人把工具没收了，就要重新去买。除了没收工具，有时还会罚款，他们会把骡子或马牵到羊岑，我们交了罚金后才放回来。罚金最低100元，最多1000元。当时也有一个护林员是村里人，对本村人不大干预，若是甸头等地的外村人来这边山林砍，就会制止，有时会喊上本村人一起去制止。"

那个时候，砍回来的木材主要是用于建房，除了本村用的一部分外，多数卖到沙溪和甸南。村里人这样回忆：

1986年公路修通以前，都是人背，用自制的背板背木坊到甸南去卖，一次可以背四匹坊，小孩背一两匹。晚饭后从村里出发，拿着电筒走五六个小时的路，走几步歇一下，就是背着歇，不拿下来，一直走，太累了。到了甸南，天还没亮，就去人家大门底下休息一会，等到天亮才背到公路旁边摆起来卖。根据人家的需要，有的买一两匹，也有的多一点。甸南有人会做格子门，村里没人会做，遇着做格子门的，有时一次会买十多匹。一匹坊可以卖七八毛钱，卖了后去吃点饭，一毛钱的饭，两毛钱的菜，肉要四毛。那时候村里人相当困难，这样的饭菜吃得起的也还是少数，很多人只是带点稗子粑粑，要点开水，这样就过晌午了。有时候会遇到林业站的人检查，没收了木板。如果今天卖了三几块钱，就买一升米，有三斤六两，就回去了。如果只卖掉一两匹，只能买点青白菜回去。如果背出去的没卖掉，就寄在甸南挨近公路的人家里，第二天再出去卖。

据村民回忆，大约是 1986 年 1 月，公路修完，村里的群众都高兴得很，运木料和木板都方便，张四全在修路时就去培训，等公路一通就买了手扶拖拉机开始开。后来大约有四五家是开手扶拖拉机的，他们不去砍，在本村收购后，拉到外面去。当时石宝山山门岗亭还没有设立，还没有人查、管。有些是沙溪坝子的赶着马来村里买，再拉回去驮到洱源牛街去卖。

村民们感叹："我们石龙人当时的生活就靠卖木料和木板。""砍木料一般一天能得三四十元。这个主要看三个方面，第一是体力，第二是技术，看是否能砍得又快又好，第三是要看骡子的脚力。体力好、技术好，砍得多，或者砍到大木料，一天能有七八十元。"在当时的石龙村，出现了这样的情况："1986 年以前没有出去务工的。村里能干的、气力大的男人就背板子。"当时石龙小学的老师每月工资仅为 20 元，而有的村民去砍伐木头每天能赚 80 多元，甚至高达 100 多元，如此一来，其他的职业就被村民不屑一顾。然而，此种过度依赖林木又缺乏长远保护的经济行为并不正常，也超出了山林自身能承受的范围，所以必然是不可能长久的。随着国家天然林保护工程进入实施阶段，石龙人赖以生活的伐木业在国家政策和法律规约面前也只能停歇下来。

1998 年，国家开始实施"天保"工程，1999 年，开始实施"退耕还林"工程。石龙村所在的剑川县，地处云岭老君山山脉，毗邻"三江并流景观保护区"，故被列入云南省第一批 6 个"天保"工程之一。"天保"工作人员进驻石龙村是在 2000 年，首位进驻石龙村的驻村天保员赵春旺，在后来他实际上成了石龙人的朋友，石龙村也成了他的半个家。多年后虽然他已经离开了石龙，却仍保持着跟石龙人的交往。在"天保"

工作人员来的第一年，因还不熟悉，村民便不敢砍木，一段时间后，熟悉了一些，部分人又开始活动，当然，一旦被抓到，也是要受到重罚的。时过境迁，伐木从多数村民赖以生存的主业，变成了少数人的偶尔为之，这表明自从 1999 年之后，伐木业在石龙就失去了其主流经济的地位。正如石龙人自己所说的那样："亏本的生意不能做，亏本的农业不能做，但做农业不用担心罚款、被抓，而上山则天天担心，一出门就担心被抓着。"当然，偷砍偷伐或者偷运偷卖的情况在很长时期中并未完全禁绝，极少数村民还是愿意铤而走险。村民心照不宣地知道村里有哪些人主要是以倒运木材为生。但是对于绝大多数的村民而言，并没有这样去冒险的勇气。①

对于石龙村从依赖山林伐木为生到保护森林禁止乱砍滥伐的转变，李绚金如是记录：

> 改革开放前石龙村民主要依靠森林为生活来源，男人们天天在山上砍料出售维持生活，男人们不仅砍伐木材，而且用双手解板出售，然卖盐的喝淡汤，而自己的住所破破烂烂，好的料好的木板都流向坝区，而现在木材要进口，村民搞建设都向外地或彝族购买木材，而人们把上山砍料解板的活计改为种田打工，有了钱向外购买。石龙占有石字，四山都是石头，但为保护石宝山景区的自然面貌，石龙村封闭了石场，建设用的石料全部由羊岑进口。说明石龙的民生有了很大改善。②

> 以前，村民靠出售木料吃饭，现在建房用木料也要到外地购买。张吉昌打算建新房。今天请李子方去沙坪购买建房用柱子一排。居住在山上，反而从大理买木料回来。③

虽然砍伐是不可能了，但是石龙人与山林的联系在林木这个角度中依

---

① 以上关于生计和经济的一些论述参考引用了 2009 年石龙社会文化变迁专题调查中黄静华承担和撰写的相关内容。

② 引自云南大学聘请的村民日志记录员李绚金 2010 年 4 月 21 日所记日志。

③ 引自云南大学聘请的村民日志记录员张瑞鹏 2014 年 3 月 19 日所记日志。

然是存在的。每次到石龙的时候，都会看到有人家建盖起了几间木楞房，这些用于偏房、柴房、圈房的非主体建筑其木料往往就是自家从山上砍来的。

石龙村的木楞房

居住在石龙村西山地名桑木箐的彝族人杨军，家庭人口5人。现有住房3间，其中1间厨房，1间中堂房（又名客房、休闲房），1间宿舍。住房不够，需要建住房砍伐木材120根，木材运到家中，被本村民小组沙四海举报，镇林业站"天保"人员立即来到他家，看到他无审批手续砍伐木材如实，对他进行处罚，因为建房自用，从轻处罚，罚款1千元，事情已经20多天，今天才解决。[1]

---

[1]　引自云南大学聘请的村民日志记录员张瑞鹏 2013 年 6 月 19 日所记日志。

　　另外，长期以来，村民日常生火做饭和取暖都需要烧柴。石龙由于气候寒冷，火塘成为村民家中取暖的重要方式，特别是在冬季的时候，家家户户火塘中的火都是常燃不熄的。走进石龙人的家中，你会看到家家户户必有火塘，火塘上架着铁三角，可能在烧着开水，可能老人在烤茶煨茶，也可能在煮着吃食，或者就是在火塘边、炭火里烤着几个苞谷和洋芋，这种场景非常普遍。除了固定的火塘，每家会备有移动式的大小火盆，可搬动到家中各处取暖。现在石龙村民用电已经很普及，也有不少村民煮饭采用电饭煲、电磁炉等现代化的工具和设备，但是火塘仍是家庭生活中不可缺少的一部分。那个燃着炭火的火塘或火盆好像已经成为冬季里村民家中最温暖的符号和风景，有的老人甚至一年四季都要依赖这个火盆，因为石龙海拔较高，即使是在夏季，早晚时候和下雨的日子里气候都还是比较寒冷。比如夏天村民上山去采菌子，遇上阴雨的日子，回到家中的时候往往又湿又冷，这时候，围到火塘边吃上一口热饭，喝上一口热汤，就成了村民们心目中最大的幸福。在寒冷的日子走进石龙村民的家中，主人家或招呼客人在火塘边坐下，或在客人落座的地方马上搬来移动式小火盆，那一瞬间，温暖就伴随着火盆的气息升腾起来，萦绕屋内。所以，村民们也还保留着每年砍烧柴、捞松毛的传统。

　　前些年，按照林业管理部门的要求，允许村民在每年春节过年前的一个月上山砍烧柴、捞松毛，以供自家使用。现在由于村民用电的增加，使用的烧柴和松毛数量都在减少，所以林业部门也并不再硬性规定一定要在这个时间了，据村民讲，可以随时去砍，只要是自家使用的就行。捞松毛则还多数是在冬季，因为这个时候松毛都掉落了，便于捞取。松毛的用处很多，由于易燃，烧火做饭、点燃火塘都需要松毛引火。有时是仪式活动中需要引火驱邪之类，那也要用到松毛来点火。松毛还可用于积肥，干净暖和的松毛垫到畜圈里会给家畜提供好的休息环境，过一段时间，一天一天撒进圈里被家畜的屎尿浸过的松毛又可以挖出来，撒到田地里，就成了最好的肥料。

村民有的捞松毛作为牲畜窝草，一是保证牲畜睡觉温暖干燥柔软，有利健康，二是积肥，踩烂的松毛和粪便掺和一起是最好基肥，作为农民为了种田，捞足一年牲畜用松毛至关重要。入冬后松毛脱落取之不尽，人们就地取材作为农作物基肥的原料。①

第一次进入石龙村的人，肯定都会被村口道路两旁或空旷场地堆放的一堆堆圆锥形的松毛所吸引，你会惊诧于石龙人垒松毛的技巧之高超，那么滑、那么细的松毛，竟然可以堆放成那么高的圆锥状，常常都要高达五六米，而更妙的是，圆锥体状的松毛，保证了即使下大雨松毛堆都能够外湿里干，用时从下部掏一些出来，都是干燥易燃的，而且松毛堆亦不会变形或坍塌。这其中，也可看到石龙村民的生活智慧。

人们在生活生产中不断总结经验同时发挥智慧。例如，松毛捞回家不是乱堆放，因为一是卫生，二是防火，松毛是易燃之物，因而在

村中的松毛堆

① 引自云南大学聘请的村民日志记录员李绚金 2006 年 11 月 28 日所记日志。

离住房一定距离的地方找一适当的地点把松毛堆成一个圆锥体（高一般 5—6 米，直径 4 米左右），雨季雨水从锥尖顺流而下，雨再大也只能表面而过，表皮湿但里面是干的，虽然松毛堆放在露天地里，但一年四季都可用着干燥的松毛。①

一个一个的圆锥体垛在那儿，莫名地让人产生了一种可亲可爱之感。一堆堆的松毛，已经成为石龙村最具标志性的物质景观。

由于建设的需要，原来堆积松毛的地方被征用，于是原来比较分散的松毛堆，现在集中在公路沿线和水沟边，全村 190 多户，每家一堆，不少于 190 堆，站在高处放眼望去，那一堆堆圆锥形的松毛增添了石龙的景色，我们不妨称这为石龙的微型金字塔，因为细心观察，无疑是石龙的特色。②

甚至这松毛堆也成了石龙男女谈情说爱的好地方。这恐怕也是石龙村

雪中的松毛堆

---

① 引自云南大学聘请的村民日志记录员李绚金 2006 年 11 月 28 日所记日志。
② 引自云南大学聘请的村民日志记录员李绚金 2008 年 1 月 7 日所记日志。

的一大特色吧。而松毛堆这一最具山林特质的物质载体，也在无声地诉说着石龙人和山林之间的密切关系。

　　石龙村人少村小，村庄与外界距离偏远，从古至今谈情说爱、婚姻嫁娶主要是在村内，虽然没有像样的谈情说爱的场所，但是话说回来，谈情说爱者的场所场地很生态很安静，很多人选的是村边松毛堆旁或树木底下，所以松毛堆却成为了谈情说爱者的说悄悄话宝地及偷情者们的临时避难所，到目前通信发达，啥都开放的年代，松毛堆依然是谈情说爱者约会的好去处。①

　　另外，村民种芸豆需要砍细木棍作为芸豆杆，因为芸豆的茎需要缠绕在木棍上才能直立生长，所以为了这项产业的种植，林业部门也允许村民去砍一定的木棍来当作芸豆杆。时间同样是冬季为多，因为这时刚好可为下一年的耕种做好准备工作。这些都仍然反映出石龙村民的生产和生活离不开山林支撑这一事实。

　　相对来说，居于山上的彝族村民更有条件获取木材资源，所以会出现白族村民向彝族村民购买烧柴、芸豆杆、建房用的木材椽子等情况，当然，彝族村民也并非都是以砍木材出售来获利，甚至有时候彝族村民要进行建设也要从外地购买木材，特别是一些较大体量的木材。

　　彝族村民从丽江运回几大件方料。石龙村自古以来就是靠木材生活，而今搞一点建设就到外地进

种芸豆用的芸豆杆

---

① 引自云南大学聘请的村民日志记录员张吉昌 2014 年 11 月 15 日所记日志。

口木材。①

　　不论是过去的砍伐林木，还是持续至今的捞松毛、采菌等活动，都是不同的历史时期石龙人和山林关系的最直接映射。虽然村民早已不再以砍伐这一粗暴的方式在使用着山林树木，石龙的村民依然在山林的滋养下持续着自身的生活。

（二）山林涵养水源

　　石龙村民与山林密切关联的另一方面表现于水源和对水的使用。

　　石龙村周边少有大江大河流过，村寨周边，特别是村西（因石龙地形西高东低）山林的存在就成为石龙村水资源的重要保障。由于地处山区，山泉遍布，降雨较多，石龙村对这些水资源的利用十分充分。村中主要的水源有：南边箐子中的马母场；西边的青龙潭、十分水；西北的架石龙。另外，村中还有一些水量较小的小溪、小河蜿蜒流过，灌溉用水和村民生活水主要依靠森林涵养的

山上流下的溪水

---

① 引自云南大学聘请的村民日志记录员李绚金 2010 年 12 月 9 日所记日志。

流经村中的小河

水源和天然降水。根据村中老人回忆，在 20 世纪 80 年代村中人畜饮水工程建成之前，村民生活用水多直接使用流经村中的几条小河的河水。农业灌溉用水则由各家自己开挖引水沟将河水引入田中，实行大水漫灌。由于地处山区，该村对地下水的利用非常有限。

李绚金在村民日志中记录了玉溪其中的情况。

最近阅读《石宝山诗联选萃》一书，其中《和玉溪》一首："面壁三年后，拈花一笑时；头头都是宝，奚以宝相为。"注："和玉溪：源自石龙村，流经宝相寺入海尾河。此诗选自杨石甫《金华馆诗草》。"《石宝山诗联选萃》一书选载杨石甫诗十四首，《和玉溪》是其中一首。杨石甫，名宝山，号甘峰，石甫是他的字，大理喜州人。清诸生。杜文秀起义时避居剑川 10 余年，著有《金华馆诗草》二卷。

据考，和玉溪发源于石龙村西南大箐（或大谷）的青龙塘。此地山高谷深，森林茂密，古树深深，自古以来的水源树神圣不可侵犯。周边的人民是绝对不敢动一草一木。水从岩壁上喷薄而下，几百米外都听到哗哗声。人们只是远眺不敢临近。然而世事沧桑，周边的树林都被砍伐，但无人过问。此溪流流经石龙坝，又流经石宝山，在海云居北面注入山洞，经一山出注桃源河再入海尾河。

此溪在石龙村头，水量可运动六座水碓，五座水磨。清朝在村东南凿一山洞，一半水分流到沙溪沙坪，浇灌上万亩良田。1956 年，政府在石龙建设石龙水库，水源主供沙溪沙坪、甸头、寺登等三村数千亩良田，同时也供甸南桃源和明洞哨部分农田。

依据文献，宝相寺大佛地谷的小溪，从公元 2010 年正名为和玉溪。①

从史志材料和当地老人的回忆来看，近百年来石龙水资源的总体分布并没有太大的变化，这与山林的存在和涵养作用是分不开的。长期以来，对于水资源，石龙村并没有设置专人负责管理，完全凭借村民的自觉来维持水的干净卫生，进而保障人畜饮水安全。因为村民大多沿着河岸建屋居住，河水依据地势自高向低依次流经各家门口，各家都依靠同一条河水来提供生活水源，所以河水的清洁卫生与各家的利益息息相关，挑水洗菜洗衣都是靠这些长流的河水，大家并不需要过多约束就都很自觉地爱护水源，同时也就没有必要由专人负责水的管理了。在很大程度上，村规民约的约定俗成在发挥着隐形的规范和约束作用。一旦发现有人故意污染水源，村民会依据村规民约的有关规定，给予其严厉处罚，并且从此村里人会孤立破坏水源的人，如果这个人家里发生红、白事时是不会有人帮忙的。由于这种处罚的严厉性和水在村民生活中的重要作用，数百年来石龙村的村民都自觉地保持着水源的清洁，没有发生过饮水中毒等恶性事件。②

---

① 引自云南大学聘请的村民日志记录员李绚金 2010 年 5 月 8 日所记日志。

② 关于生态的一些论述参考引用了 2009 年石龙社会文化变迁专题调查中黄红山承担和撰写的相关内容。

村民在流经村中的沟渠中洗衣

　　20 世纪 90 年代初，村中开始修建自来水。1993 年底，全村大多数人家的自来水基本接通。自从自来水管架设开通之后，村民主要使用自来水，对村寨中沟渠的保护意识反倒没有以前那么突出了。这与村寨人口的增长和生活习惯的改变有关。对于自来水的管理，自来水修好之后的几年，由村委会干部负责管理。因为村干部日常工作繁杂，所以对自来水的管理比较松懈。在村民代表的建议下，村委会认识到饮用水对村民生活的重要性，于是决定由专人负责自来水的管理。自 2003 年 5 月起，村民张定全和村委会签订了协议书，承担起管理自来水的各项事务。据张定全介绍，他负责自来水的日常管理和维护，并收取每月的水费。其日常管理工作一般包括清理蓄水池、维护自来水管道、故障的排除等。收取的水费，除每年向村委会交纳 400 元外，剩余部分归张定全所有，作为酬金。村中的水费是按各家的人口数量计算的，而非按每家的用水数量收取。早期每口人每月收取水费 0.2 元，后来升至每人每月 1—2 元。从 2020 年 3 月开始，相关部门在村中各家各户安装了水表，开始按实际用水量收取水费，每立方 0.4 元。

农业灌溉用水方面，过去多由各家各自开挖引水沟将河水引入田间。每到农忙时节，村民用水比较集中，对水的利用比较混乱，有时也会发生争水、抢水现象。更重要的是，由于地势较高的地方不便引水灌溉，所以村民只好种上那些产量很低但较为耐旱、耐寒的作物，比如稗子等，这极大地影响了农作物产量。20 世纪 90 年代以后，随着一系列水利设施的修建，石龙村的生产用水条件有了明显的改善。2000 年，州里拨款在村中修建了水泥筑起的引水沟，石龙村有了两条由西向东便于灌溉农田的引水沟。水沟深 40 厘米，宽 60 厘米，其中位于南面的一条长 1000 米，位于北面的一条长 200 米。

2013 年以后，依托新农村建设、美丽乡村建设以及村里争取到的各种建设项目，人畜饮水工程和灌溉引水工程都得到修缮。

由于山林承担着涵养水源的重任，关乎着石龙村民的生活，因而传统上，石龙的村规民约中，对山林的保护和对涵养水源问题的重视都有着鲜明的体现。

在石龙本主庙原大殿走廊右边的猪头神马头神

本主庙中的乡规碑

后立有一块乡规碑。碑立于清道光二十一年（1841 年），高 95 厘米，宽 80 厘米。由于立碑的年代久远，碑文中的有些字现在已经辨认不出来了。这块乡规碑碑头横刻着"乡规碑记"四个大字，碑前有序。正文有六条：敦孝悌以重人伦；笃宗族以昭雍睦；训子弟以禁非为；息诬告以全善良；联保甲以弭盗贼；解雠忿以重生命。这六条内容多取自清康熙九年（1670 年）颁布的《圣谕十六条》。后面还有保护山场、水源、童子松、禁止赌博等内容的六条碑文。

2003 年，石龙村规民约中的第 6、7、8 条涉及林木和田地保护。

6. 严禁私自砍伐国家、集体或他人林木；

7. 严禁毁林开荒；

8. 严禁损害庄稼和在农作物田地中放牧。①

到 2014 年，村委会重新修订了村规民约，其中也有多条涉及山林水源保护问题。

请不要伤害水源树，给自己、给儿孙留点水喝，严禁毁林开荒，偷砍滥伐，保护生态资源。青山常在，野生菌资源才会常有。

从我做起，从小事做起，积极参与清洁家园、清洁田园、清洁水源的"三清洁"活动。共创干净卫生、村容整洁、优美文明的人居环境。

节约用水，自来水只用于人畜饮水，严禁用于生产用水。

严禁大牲畜滥放，如滥放造成庄稼损失，按作物经济价值赔偿对方。②

这些村规民约在很长时期内，发挥着重要的维持和约束之作用。若是谁对水源林有破坏，乡规民约对他会有很严厉的处分。很多村民对过去偶尔出现的违背事件记忆犹新、津津乐道。现在村中的老人还记得约在

---

① 见石龙村老村委会墙壁宣传语。

② 见石龙村村委会写于云南大学调查研究基地外墙的宣传语。

1952—1953 年村民李灿根和张德昌挖了村西大长箐（现在村子自来水蓄水池一带）的一棵水源树，当时刚好在修老村公所，所以就罚他们两个人修了村公所的大门和照壁。还有的人在水源青龙潭那里砍了水源树，就被罚用金银纸钱把砍掉的树根烧掉，据说当时总共用了好几大筐的纸钱，同时还在观音庙东处罚修了一个用石板砌成的渡槽。

> 青龙塘是石龙的主要水源，自古以来谁也不敢砍伐龙塘周边的水源树，过去谁砍伐一棵树，就会受到严惩，罚肇事人用纸币把树根烧尽，这严厉的乡规有力地保护了水源树。①

从这些对过往的叙述和记忆中可以看到，山林水源保护一直是石龙村民集体关注的重大问题，也是村民总体上的一种共识。

现在如果对水源林和水源树有破坏，则一般会由林业管理部门出面进行惩罚。

> 过去为保护水源树，村老们制定管理办法，谁犯谁承担。石龙主要水源是青龙塘，那里有森林，千年古树谁也不敢动，如谁砍倒一棵，就叫他用金银纸把根烧掉，这看起来似乎微不足道，可是一棵树根谁也烧不掉，可以说这是严惩。因而自古以来水源树相对保护得好。可是最近几年没有人认真管理，不说大树被砍光，连童树也生成一棵被砍一棵。水源树的破坏对石龙以至沙溪西片造成威胁。最近有人管，例如，昨天县公安局来把罗卫珍的儿子（彝族）请到村委会，最后罚款 2000 元才放他回家。②

当有人不顾生态环境做出砍伐水源树的恶劣行为时，多数村民特别是一些老人是不能理解和痛心疾首的。也许这也正是老人们热衷于描述当年违规者所受惩罚之严厉的原因所在。

> 自来水管理员张定全惊呼，石龙人不上三年可能喝不上水。因为

---

① 引自云南大学聘请的村民日志记录员李绚金 2011 年 12 月 27 日所记日志。
② 引自云南大学聘请的村民日志记录员李绚金 2013 年 1 月 22 日所记日志。

最近几年特别 2010 年水源树几乎被砍尽伐绝。彝族、石龙人、羊岑人，沙溪人大家都集中在石龙山林，特别是水源树一棵也不留，能成材的不必说，不成材的砍成烧柴，几十年甚至上百年的古树也砍尽伐绝，泉水一天天减少，如继续这样下去连根都被挖走，山水干涸是迟早的问题，因为乱砍滥伐大有蔓延之势，你们听天天夜晚都有运料车出入石龙村。他说的话是对的，但又有什么用呢？①

有村民反映，人畜饮水的水源处青龙潭，有人砍伐了一棵水源树，村林管员和村干部对此事十分重视，马上分头着手明察暗访，最后调查结果是三组卢某砍伐。于是李根繁村主任就立马打电话给卢某，查对事实，可卢某一口否认，就此村干部准备上交森林公安立案侦查。对石龙村来讲四面环山，森林植被面积比较好，水资源历来丰富，但是由于这几年累累发生森林火灾加之偷砍盗伐累累不止，使森林受到严重的破坏，致使山泉水量减少，甚至有些山谷的山泉已经消失。村干部也对水量减少之事做了保护措施，加大打击非法偷砍盗伐力度，但是有个别村民就是见眼前不为下一代着想，继续偷盗森木。②

由于很大程度上要依靠这些山林和水源生产生活，当发生干旱的时候，村民会举行求雨仪式，而此仪式举行的场域正是山林中的龙潭。这里的山林和龙潭具有实际和象征的双重意义，实际层面，这里确实是山林中的水源地，而从象征层面而言，龙潭被视为具有神性和灵力的龙之居所，正是主雨水的超自然存在。

在这久旱不雨危机四伏的情况下，人们只能"病久乱投医"，按旧俗进行求雨。首先由佛会和老协倡议，由一组、二组组长张万和和李元生 2 人向村干部请示，村干部口头支持并拨 100 元经费作为求雨

---

① 引自云南大学聘请的村民日志记录员李绚金 2010 年 11 月 25 日所记日志。
② 引自云南大学聘请的村民日志记录员张吉昌 2013 年 9 月 15 日所记日志。

使用。于是由组长2人为头，买了8斤猪肉，粉丝、洋芋等菜蔬，并于前晚煮好肉，煎好甘蓝等祭品，发动老协和佛会会员能去的都去，到上午10点人们陆续集中，最后有30个男的、11个女的去，包括做午饭的4个女青年。最老的是李根瑞72岁，60—70岁男性7人，女性6人，其余的年龄都在50—60岁。人到齐后，分为两组，因为石龙有不少龙塘，但最有影响的有两个——一个是大箐古龙塘，一个是在羊岑方向的降神龙塘。相传这两个龙王素来相仇，虽在一地区中仅隔一山，但如两塘水合在一起就会发生大暴雨，几天几夜不停，会成水灾，因而降神龙塘虽有沟渠流向石龙，但因上述原因一般不让两水汇合，所以实质上降神龙塘水流到羊岑。前年石宝山宾馆出资把水用自来水管架到石宝山山门，而青龙塘水架接到石钟寺，但只用了部分水。民间传说，很早以前弥沙玉石河有个妇女叫高福媛，有天她一个人回玉石河（中隔一架山），走到青龙塘对门，因一个人感到寂寞，边走边唱白族调，待上坡时她回头一看，后面有个穿白衣白裤的小伙子，她走得慢他也慢，她走得快他也快，跟在后面，当走到山腰时，在一棵树旁，回头一看，小伙不见了，于是她惊了一身汗，回家后就病倒了。她家人请医问卜，巫师说是她被石龙的青龙王抓去了，于是她家派了几个妇女到青龙塘供龙王，请求龙王给以脱身，在供龙王时有个妇女拿锅盖在龙塘打水，忽然有一支长满长毛的大手从龙塘伸出，把此女惊倒。回家后她和高福媛都不治而亡。后来在高福媛看到白衣小伙消逝的树旁又生出一棵树，再后来两树中间有一粗枝将两树连在一起生长，俗称傈子傈母树。树高20米以上，直径都在70厘米左右。由于树高枝繁，过路人常在其下乘凉避雨。在乱砍滥伐时此树已毁。神话归神话，毕竟青龙在沙溪石龙等地区享有很高的威望，因此，过去不管是石龙或沙溪天旱求雨都以青龙为主，而一般不敢把二龙之水汇合，因怕水灾。而今天旱情太重，希望有大雨降下，所以我们分成两伙，一伙到青龙塘18人，其余19人到降神塘，供品一块熟猪肉，一块豆腐，一个鸡蛋，一碗斋饭，茶酒气，香烛，鞭炮，先祭龙，大家虔诚跪拜、祷祝，请龙王大发慈悲，赐降雨水拯救万民，然后分别在两地大吹大擂，青龙边两对大小钹、锣，降神塘边一个鼓，一只唢呐，还有箫等，同时在龙塘放入铜钱，专门带二把铜壶放入龙塘，放入青蛙等动物，意思先恳求后激怒龙王降雨。由于降神龙塘水沟已废，只有水管接出来，到二水汇合处，由于一是封闭钢管，一是自流水，虽一起流向村里，但实质二水并未掺和，因此，专从降神龙塘带一瓶水和青龙水混合。两伙人在合口处彝族罗卫珍家吃午饭，饭后举行简单的文艺活动。由董觉松演霸王鞭，姜路宝伴奏，由张室顺、张小五、张福祥、张福美等几位老妇人跳霸王鞭舞，张阿五老妈演巫舞，彝族罗卫珍二儿和媳妇跳彝族舞，李根瑞老人唱白族调，内容是人民实在可怜，恳求龙王降雨，普渡众生。下午5点，大家回家。[①]

在这里的描述中，龙潭有龙王掌管，龙王则既具备神性又像人类那样具有喜怒好恶。这是石龙村民将对生产生活具有重要作用的山林和水源神圣化的表现。支撑此种神圣化行为的内在动因当然还是村民对山林和水源的敬畏之心。

二、采菌的日子

如果要从石龙村的生活文化系统中选择出一些具有标志性的符号，估计野生菌也是不会被遗忘的。石龙村民与山林的密切关系，也通过采集野生菌的活动而得以呈现。菌子同样是一个充满了灵性的物质符号，勾连着

---

① 引自云南大学聘请的村民日志记录员李绚金 2005 年 6 月 11 日所记日志。见董秀团主编：《石龙新语——剑川县沙溪镇石龙村白族村民日记》，中国社会科学出版社 2009 年版，第 323—324 页。

石龙村民的生活与山林。菌子以及围绕之产生的活动是村民依托山林而展现的生活世界的重要组成部分。

（一）自然的馈赠

石龙村平均海拔在 2500 米以上，年平均气温 10℃ 左右，降水充沛，四周环山，树木成林，特别适合野生菌子的生长。每年 6 月菌子开始生长，偶尔一年，5 月的时候就会有村民在山上采到几朵菌子，这样就会揭开那年菌子采集的序幕。菌子的集中生长期为 8、9 月，生长则一直持续到 11 月。不同菌种生长时期稍有差异，但也不脱离这个大的时间段。持续半年左右的采菌时光，无疑是石龙人一年生活中最富特色的时间构成。每年的采菌时节，因这可爱的菌子，山林和村中的路口、中心地，都会看

野生菌交易

到村民和很多外来人口聚集在一起交易的情景。这样的喧闹在8、9月达到高潮，又渐渐平息，而那些平息的日子，似乎也在酝酿着来年那又一次的喧闹。在这周期性的喧嚣中，生命的流动特质愈加凸显，整个山村似乎更加地灵动鲜活。

地理环境和周边高山环抱的自然状况，似乎阻隔了石龙与周围村寨的天然交流，但也给了村民最大的馈赠。这里周围几座山都盛产野生菌，特别是松茸、牛肝菌等。

> 石龙四面环山，东面是石钟山，南面是鹅金山，西面大松茸地，北面寺岭即石宝山。这四个地方盛产松茸。东石钟山石窟一带，沙溪从东上山，石龙从西上山，会合石钟山，产期在8—10月。南鹅金山弥沙人从南上山，石龙人从北上山，会合鹅金山，西大松茸地，弥沙即玉石河人从西上山，石龙人从东上山，会合大松茸地。所谓大松茸地即到处都生产松茸，而且产量多的意思。北是寺岭，羊岑、桃源人从北方上山，石龙人从南上山会合石宝山，主要指金顶寺和宝相寺一带。这个地方最早产松茸，产期在5个月左右。假如松茸从6月1日始产，那里会延续到11月1日止，只有寺岭有这个条件。有人估计，每天从四面八方到这里找松茸的不下500人，150天每天500人，一年共有75000人次到寺岭采松茸，如每人平均收入20元，那么共收入150万元，至少是这个数字。①

> 近日北风菌新长出一批，而且价格也很贵，50元／公斤，好些村民一天能采到2—5斤，能卖个好价钱，松茸也长出一批，不过价格却下降了，松茸价格从昨天的350元／公斤下降到今天的300元／公斤，而且据买菌的村民们说，这个价格还有下滑的趋势，只要菌子能长出来，不管价格是上升还是下降，村民们都能有一个好的收入，

---

① 引自云南大学聘请的村民日志记录员李绚金2006年6月25日所记日志。见董秀团主编：《石龙新语——剑川县沙溪镇石龙村白族村民日记》，中国社会科学出版社2009年版，第323—324页。

这山上的菌子可是村民们的福气呀！村民们不用下任何成本，天上只要下几场雨，太阳又出来几天，就会有一批菌子长出，村民们又多了一笔收入。①

尤其是石宝山，离村最近，又盛产松茸，给村民带来了无尽的资源。很多村民都表示，石宝山，名副其实，确实是给村民带来庇护和财富的一座"宝山"。村中的口述故事中，有不少是关于石宝山和宝相寺的，也有鹤庆人与剑川人争夺这座宝山的归属权，最终剑川人智胜的诸种说法流传。

因为松茸价格涨到每公斤300元以上，很多村民不愿放过黄金时间都上山采摘松茸和各种杂菌。不是吗？早上5点就有人摸黑或打手电上山，到中午出售第一批收获的菌子后又继续第二次上山。几个商店关门，村里几乎成空巷。有趣的是松茸不仅讲究季节，而且更讲究海拔。例如，夏至节令就在2500米左右的气候带开始产松茸，具体的说就是先在石宝山产松茸，然后逐步提高到大松茸地和后井箐等地，那里海拔在3000米左右，这样产到立秋，产地又逐渐下降，一直到霜降2500米的气候带还产松茸，于是回到石宝山地区。而实际上石宝山地区产松茸，开始在那里，结束在那里，即从夏至到霜降石宝山地区即海拔2500米的气候带产松茸。具体地说，夏至到霜降石宝山地带产松茸，桃源乡、羊岑乡、沙溪乡三个乡的村民从四面八方集中在石宝山采摘松茸。时间之长，产量之多令人惊奇。石宝山不仅是全国重点风景名胜区，而且是附近居民的聚宝盆，她养活着众多的民众，实在是石宝山！②

这里菌子的种类繁多，可食用者达二三十种。多数的菌子是有名字的，也有很多是叫不出名的。叫得出名字的有松茸、牛肝菌、桂花菌、

---

① 引自云南大学聘请的村民日志记录员张海珠2018年8月30日所记日志。

② 引自云南大学聘请的村民日志记录员李绚金2006年8月25日所记日志。

羊肚菌、北风菌、青杆菌、火炭菌、干巴菌、虎掌菌、半边菌、鸡枞菌、羊血菌、两面红、红葱、黄落伞、白落伞、见手青等，还有很多是叫不出名字的，村民的地方性知识中统一将此类归为"杂菌"。不论是否能准确叫出其名，很多村民却在传统的经验和浸润中似乎已于无形间习得了对于这些菌子的认知能力，看到的时候就能够轻易判定出"能吃的"和"不能吃的"这样两类。大部分村民都能依靠生活经验就辨别出菌子有毒或无毒。村民们掌握的具体方法是：有毒的菌子颜色鲜艳，味道有股刺鼻的腥味，而且有毒的菌子一旦下到锅里，再放点蒜的话，蒜就会变成青黑色。有时也有人会采到有毒的菌子，但对于此种难以辨别确认的菌子，村民们也不会轻易食用。所以，在调查中也并未听到有村民食用菌子而中毒的事件发生。即便是周围的十里八乡，此种事件也是极少发生的。

北风菌

火炭菌

再如野生蘑菇也受到村民们的喜爱，每一年的雨季村民们都忙着到山上采菌子，一般村民们都只卖价格较贵的几种菌子，如松茸、北冈菌、牛肝菌、桂花菌、半边菌、火瓜菌等，对于价格便宜的其他杂菌，村民们也会一并收回家，拿回家后把菌子晒干或烤干，干了之后包装在密封的塑料袋中（一定要在不透气的物体里面，不然会坏掉的），村民们等到山上没有菌子，又想吃菌子时，把菌子拿出来煮熟，洗干净，清洗之后可以根据个人口味搭配其他食物吃，味道很好。本村的村民都认得山上哪些菌子能吃，哪些菌子有毒，哪些菌子好吃，哪些菌子不好吃，凡是本村人，没有一个不知道的。①

作为生长在洱海边的白族一员，小时候的生活经历中缺乏与山林的亲密接触，因而我对野生菌的认知和辨识能力是非常有限的。小时候，偶尔妈妈去街上卖菜的时候，会买回来一些看上去黄黑黄黑的菌子，手一摸，就留下一个黑印子，我对此颇感好奇，问家中的大人，回答说这种菌名叫"见手青"，因为手一摸就变青变黑的缘故而得此名。虽然卖相不佳，但炒出来却十分鲜美，而我对菌子的认识很多年都仅限于这一种菌。后来到石龙调查，才发现菌子的种类很多很多，有些是我从未吃过、从未见过的。我小时候记忆中最为美味的"见手青"，在石龙并不是菌子中最被看重的，甚至在村里交易的名单上几乎都看不见它的身影。

一直很好奇这么多种类的菌子是如何区分的，在采访过村民后得知，当地人对菌子的认知和相关知识的建立，最初是从菌子的形状、颜色、习性等属性切入并进行分类区别的。比如，虎掌菌是因为长得像虎掌，半边菌（黄虎掌菌）则是呈半个扇贝的形状，见手青是碰到手就会变色的，两面红是菌子上下两面都是红色的，北风菌则是因为生长较晚，白露到霜降北风已起的季节才开始大肆生长而得名，诸如此类，不一而足。白语中将松茸归称为"鸡枞"，各种与此相关的菌子则通过在前面加限定词来命名和区分。比如松茸就被称为"松皮鸡枞"，汉语鸡枞在白语中称为高脚鸡枞或者真鸡枞，青干菌白语称为花鸡枞，马脖菌叫青鸡枞。还有村民告诉我们，松茸之所以得名是因为松茸总是生长在松树根部雨水充足的地方。

---

① 引自云南大学聘请的村民日志记录员张海珠 2016 年 8 月 2 日所记日志。

但实际上，这一解释已经纳入汉语影响的痕迹，因为在白语中，松茸也是统归为"鸡枞"一类的。

　　石龙人文化低，给各种植物取名也据形取名，例如，给各种菌类取名也和各地有所差异。最贵重的松茸它的外观像松树皮，石龙就称之为"松皮鸡枞"；红白相间那一种称"花鸡枞"；个子很矮棕色的一种称为"矮脚鸡枞"。还有一种和北风菌相似，味道也很好，颜色呈青色，所以称之为"青鸡枞"。此菌很好吃，但不是到处都产，而只产在沙溪和石龙交界处，不可思议的是它不是遍地产，而是产在"几门可"里。在白族地区，人死后，如果亡者的生辰八字和死亡时间、出葬时间相克，是不能直接下葬的。人们挖一坑，把棺材安在里面，上盖松枝等，待到吉日再把死者棺木迁移到坟山正式安葬。而暂时寄葬的这个坑，就叫做"几门可"。此坑可以供多名亡者重复使用。青鸡枞就生长在"几门可"里。还有牛肝菌形象像水牛的蹄子，石龙人称之为"嗯公哉"，即是牛蹄子。①

张吉昌也在村民日志中记录了各种菌的白语名：

　　青干菌：白语厚该注　　　黄落伞：白语歌勒无

　　火碳菌：白语干奔珊　　　白落伞：白语王资珊

　　小黄菌：白语无珊资　　　松茸：白语该注

　　见手青：白语锅呆签　　　北风菌：白语古资珊

　　牛肝菌：白语额姑哉　　　桂花菌：白语桂花菌

　　黑干巴：白语灰趄珊②

　　从命名上来说，已经体现了当地菌子种类的丰富性。然而，这里的野生菌不仅品种丰富，而且品质优良，似乎具有更加得天独厚的生长条件。以松茸为例，不仅外观出众，卖价也总是比别处要高10%左右。

---

① 引自云南大学聘请的村民日志记录员李绚金2006年7月27日所记日志。

② 引自云南大学聘请的村民日志记录员张吉昌2014年8月20日所记日志。

石龙村野生菌品种多，有知名的、不知名的，如松茸、牛肝菌、北风菌、桂花菌、青肝菌、见手青、鸡脚菌等十多种。不但品种多，而且品质好，做菌子生意的老板，喜欢收购石龙的菌子。①

（二）又到采菌时

翻开村民日志，采菌是一个常常出现的高频词，甚至在大半年的时间中，这是每天必会出现的词汇。通常是在每年的 6 月开始，一直到 11 月。这期间，采菌几乎成为绝大多数村民每天都要从事的基本劳动。每年 7—9 月是村民采野生菌收入的最佳时机，村里除了老人与儿童，其他人基本全都上山采野生菌。在放假季节，甚至不少中小学生都要跟着大人到山上采菌。

村民们上山采菌，不分天气阴晴，可以说几无间断。大部分人每天早上四五点钟就出发上山，最晚的也 7 点钟左右已经出门，下山时间则在 12 点至下午 3 点之间，在山上采菌徒步的时间一般都在 5 小时以上，所以上山必须带一些副食或冷食充饥，午饭一般是下午回到家的两三点间才吃。吃过午饭，有的村民会再次上山采菌，直到天黑才回来。一天要赶两趟，自然就是为了能抓住时机多采多售以增加收入。一切均以采菌为中心活计，其他的则能推则推，能省则省。

在村民日志中，村民抓紧时机去采菌的相关描述非常之多，兹举几例。

上山采摘野生菌是中心农活。石龙四面高山环抱，到处都生长着松茸、北风菌等，但时至秋风随着气温的变化，菌类产量逐步下降。最近是高山脚即田野周围山麓到处生长，村民每天都采摘两趟，你走了我又来，满山遍野都是人，正如张松华说："菌少了，你来我往，一颗针也可找出来。"可见找菌子增收是压倒一切的农活。②

---

① 引自云南大学聘请的村民日志记录员张瑞鹏 2010 年 8 月 12 日所记日志。
② 引自云南大学聘请的村民日志记录员李绚金 2008 年 9 月 22 日所记日志。

主要生计活动还是上山捡集野生菌。目前野生菌产量较多的品种是松茸，其他品种逐日减少，牛肝菌基本已无。松茸产量较多且价钱也比上月上升，每公斤升到180元。村民上山捡松茸，每天收入不低于50元，张珍宝等户每天收入达400多元，一天的收入相当于种1亩地一年的农业收入。①

村民们投入秋收，今年的采菌生涯基本结束，只有个别人山上采菌，村民们纷纷表示今年的菌比较多，松茸价格虽然不贵且比较稳定。大部分人采菌的收入比较可观。80%的农户收入在1—2万元之间，10%的收入在2—3万元之间，5%的收入在1万元以下，5%收入在3万元以上。在石花村，采菌的收入对于每一个家庭都是一笔可观的收入，大部分村民表示一年的芸豆玉米和附子等所有粮食的收入加起来也比不上采菌的收入，菌子也恰恰是在村民农闲时采摘，所以在芸豆除草结束后立即山上采菌，因为如果等到收割完芸豆玉米那么山上的菌子就剩下不多了，野生菌采摘给村民带来了多少的财富啊！②

松茸价格从昨天的220元／公斤下降到今天的200元／公斤，牛肝菌从昨天的15元／公斤上升到今天的18元／公斤，牛肝菌数量明显增加，各种杂菌也开始猛涨，采不到松茸的村民可以去采别的杂菌，特别是后山的牛肝菌特别大，质量非常好，只不过是距离本村很远，步行要走2个多小时，而且速度要快，村民们如果要去较远的山上采菌的话，村民们都会选择后半夜就起来射电筒走到目的地，有车的村民们当然选择坐车，只不过车子只能开到彝族村落那里，车子待在那里，只能步行往前走，很多村民到目的地天都没亮，大家射电筒采松茸。③

入秋以来前段时间雨水不多，而后期雨水增多，菌类也相对增

---

① 引自云南大学聘请的村民日志记录员张瑞鹏2010年9月24日所记日志。
② 引自云南大学聘请的村民日志记录员张海珠2018年11月1日所记日志。
③ 引自云南大学聘请的村民日志记录员张海珠2018年7月22日所记日志。

产。不仅增产，价也从 300 元增到 900 元每公斤。这对石龙来说应说是增产增收双丰收。李玉凤找到一朵松茸一次卖着 400 多元，200—300 元收入不下 10 人，100—200 元可能 20—30 个，有的村民年届半百，按石龙风俗应皈依佛会成会员，但菌价吸引人，他们本应九皇会皈依佛会，但为找菌子延伸到春节才入会，例如张坤宝夫妇等。①

村民多上山采菌，不管天晴、天阴都阻止不了。因为采松茸关键是季节，过了季节，就没有松茸，没有松茸就没有经济收入，所以村民们都抓紧时间。②

昨晚整晚下雨，雨哗啦啦地下个不停。早上起来雨还是下个不停，大部分村民都在家休息，一部分村民早上起来吃了早点后，还是冒着大雨走出家门，穿上雨衣、雨裤，这么大的雨都未阻止得了村民们去采菌子的决心，真是难呀！其实下雨天松茸容易找到的，因为雨水会把松茸头上的各种绒毛或者泥土都冲走，所以更容易采到松茸，就是太冷了。③

今天星期五，是沙溪街子天，村民去赶街的人只有 11 人，赶街的人少原因是山上松茸采回来卖得好价钱，所以人们不失时机地上山采松茸，在无特殊需要下，不去赶街，狠抓经济收入。④

前面已述，石龙周围群山所产菌种是很多样化的，但相对来说，松茸和牛肝菌是村民采集的重点。这两种菌也是每年采菌季节中交易的主要对象。对不同种类菌子的采集，并不完全是一个偶然的过程，也并非全凭运气。这其中，也反映出村民对各种菌子习性的认识，也同样充满了村民的生活经验和智慧。村民在与大自然的相处中，逐渐掌握了大自然的脾气，也知道在什么时候、什么地方去采什么菌子可能会更加适合。

---

① 引自云南大学聘请的村民日志记录员李绚金 2011 年 10 月 4 日所记日志。
② 引自云南大学聘请的村民日志记录员张瑞鹏 2006 年 9 月 10 日所记日志。
③ 引自云南大学聘请的村民日志记录员张海珠 2017 年 7 月 24 日所记日志。
④ 引自云南大学聘请的村民日志记录员张瑞鹏 2006 年 9 月 1 日所记日志。

　　近日牛肝菌数量很多，而且价格也稳定，不管是远近山上都有，相对于采松茸来讲，采牛肝菌是很容易找的，因为牛肝菌颜色鲜艳，而且是在地面上生长，而且长得很大，但很多松茸是在地底下长大的，大部分松茸只要头露在外面一点就能能挖出一级品的一朵松茸，很多村民都选择去采牛肝菌和其他杂菌。①

　　采菌的季节，感觉村民的整个生活重心都被这个独特"物"所牵引。只要不是十分着急的事情，只要可以安排开，村民都不会放弃上山采菌的机会。有的村民甚至一天要去两次。有的会把其他的活计安排在下午再干，早上一定要上山。每次暑假调查，都会恰逢采菌时节，我们都会根据这个季节的特点调整调查的策略，早上去访问那些老人，即便这样，也还经常会扑空。那些比较年老的村民，尤其是女性，我们原本以为是不可能再去山上采菌的了，没想到还是经常被告知老人上山采菌去了。那些正当年纪、体力允许的人就更不用说了。记得我们多次访问张明玉，请她给我们讲故事，而张明玉和其丈夫张万鸿就是典型的每天几乎都要上山采菌的例子。所以我们访问张明玉，基本都是利用晚上的时间。

　　采菌的日子，天尚未亮就要上山，下午的两三点才返回，这样的生活当然要忙碌得多，却也是村民最充实、最有所期待的日子。村民日志记录员张海珠记录了自己上山采菌为主要内容的一天，这大约可以反映石龙妇女在采菌季节忙碌的采菌生活。

　　今天我想写我的一天（也是绝大多数村民的一天）。昨晚睡觉时上好今早的起床闹钟，早上5点30闹铃一响，赶紧起床，随便做点吃的作为早点，吃后准备好今天要背的竹筐，在竹筐里准备好雨衣，午饭（一盒饼干），一件毛衣（冷的时候再穿），手机先用塑料袋装好，再放到竹筐里，此时已是6点20，天刚亮，但是还有点看不清楚。不管了，赶紧出门。由于近日松茸数量急剧减少，而且价格也只有

① 引自云南大学聘请的村民日志记录员张海珠2018年7月30日所记日志。

130元/公斤，我没有去采松茸，而是去采桂花菌。近日是桂花菌生长旺盛期，很多村民都去采桂花菌，由于雨水多，桂花菌数量极多，但桂花菌由于只是一小朵一小朵，所以去采的村民必须要有耐心，认真地采集。我采到正午时分，肚子好饿，拿出来饼干把它吃光。我想再有一盒牛奶就好了，可惜我没带。到下午3点40我返回到家。今天我的劳动成果，桂花菌4.2斤，价格共42元。回到家赶紧吃午饭，午饭后看了半个小时的电视，之后又到附子田里去除草，一直到傍晚才回家吃晚饭。晚饭后看看电视，洗洗脸、脚，准备睡觉。我的一天很累也很充实，有过收获的喜悦，也有辛勤的付出。①

就连专门到村中出售鲜猪肉的沙溪锡荣、二妹夫妇也将前来出售的时间固定在了采菌时节。在每年的这个季节，他们也是一天不落地入村卖肉。这个季节村民早出晚归采菌非常辛苦，同时也因为采菌带来了额外的经济收入，会经常性地买肉食来改善生活。

采菌子的时候，村民喜欢背上一个背篓，拿一根棍子，带上各种雨具及一些充饥食物。采摘的时候，一般是见到就会采下来，除非是特别特别小的菌子，会做一个标记，第二天或几天之后再过来采摘，菌子生长的速度很快，一晚上就可以长一大截。之前采摘过的地方，只要根没有被破坏掉，都会再长出新的菌子。菌子采过之后菌根需要再用松针之类的盖住。

石龙村民喜欢互助式的劳作，特别是亲戚朋友之间，不论是育玉米、收玉米、玉米脱粒，还是种芸豆、芸豆脱壳，都喜欢今天你帮我，明天我帮你。亲戚朋友一群人一起劳作，甚至是耕地的耕牛，也会几家几户凑在一起共同轮流喂养，可能唯一例外的就是采菌了。村民上山采菌都是各去各的，从来不会三五成群、呼朋引伴地上山。当然，自家人（比如夫妻同往）或者是自家的小孩放假跟着大人去则另当别论。即使由于出发时间太

---

① 引自云南大学聘请的村民日志记录员张海珠2016年8月7日所记日志。

早，出发之时或者上山途中仍天色未明，几个人或许会作伴上山，但到了山上也总是会分开去寻找菌子所在。因为各人有各人的路线，用村民自己的话说，每个人都有自己的秘密采菌地，如果你的秘密采菌地被别人发现，那就意味着把自己钱包里的钱分给别人了。所以即使满山是人也都是东躲西闪的，怕别人发现，村民们对此自然也是心照不宣。这也是村民们上山采菌总是喜欢独自前往而不喜欢成群结队的原因。

昨天松茸涨到每公斤1200元，张富贵的妻子，平时一天找着七八元，最多一天也只10元钱，她已怀孕（40岁左右怀头胎）爬山很吃力，早上她说给富贵我有一块私人松茸地，别人不知道，你和我去找好吗？而富贵不相信也不愿意去，于是她早上一人去找，她到山上一看松茸长出一撮，足有一公斤多，她回家后李春禄向她购买，一次给她850元，而张富贵认为太多了而硬性拿回春禄50元。①

村民们主要任务就是采菌子。村民们天还没有亮就起床，随便吃点东西，在竹筐里藏点粑粑或米饭、塑料一大块或雨衣，背着竹筐去采菌子了。等到天亮的时候，所有去采菌的人几乎都走了，一直到下午2点以后，采菌的人才陆续返回家，有的人找了一天，一无所获，有的人能采到很多，能卖到100元或200元。要说采菌呀，是要讲究经验和技巧的，不是说你去采菌，就一定能采到值钱的松茸，你必须要总结经验，必须记住松茸生长的具体位置，你采到一朵就把位置记起，以后隔三差五的来这个地方来找，很有可能就采到了。有些采菌王都有自己的秘密采菌地（别人不知道的），大家都知道的蘑菇生长地，由于大家都去采，小蘑菇都被村民采去，小蘑菇又便宜又小，但村民还是毫不留情地把它采去，因为自己不采就将被别人采去。真是可惜了，如果村民们都等蘑菇长大了以后再采，那该多好呀！②

---

① 引自云南大学聘请的村民日志记录员李绚金2008年10月13日所记日志。
② 引自云南大学聘请的村民日志记录员张海珠2015年10月4日所记日志。

村民们主要以上山采松茸为主, 今日松茸价格500元/公斤, 昨夜一直下雨到早上起来的时候雨还在不停地下, 尽管如此, 村民们还是不肯在家休息, 只有少部分劳动力在家休息, 大部分还是冒着雨去采菌, 采到松茸还好, 放空回家的村民们那真是太不划算了, 采松茸不是说你努力了、认真了就能采到 (因为松茸长得太隐蔽了, 一大节都在土里, 很难采到), 你如果没有采菌经验的话, 是很难采到松茸的。村民们每采到一朵松茸, 就千万不能让人家知道, 因为下一次你要到你采到松茸的原地长, 你就又有可能采到了, 如果你有秘密基地 (别人不知道这个地点会长松茸, 只有你一个人知道), 那么只要这个地点上的松茸长出来, 那就是你的了, 村民中很会采松茸的这些人都有秘密基地, 而像我这样完全没有采菌经验的人, 采到菌子的可能性就很小了。由于松茸数量还少, 有些人只能放空回家, 而有些村民却采到很多, 今天本村采到松茸最多的是张小正, 共采到850元。①

在村民长期的生活实践中, 菌子似乎也成了有生命的交往对象, 而不仅仅是一株植物那么简单。它们就像一个个富有灵性的小精灵, 不断地被村民赋予生命力和神圣性。在村民中流传着一些关于菌子的民间叙事。一个是说菌子会移动, 这有点像东北地区流传的人参娃娃会跑的说法。菌子会移动, 意思就是说今年菌子长在这儿, 明年就可能长在其他地方去了。但根据调查得知, 菌子并不是随意生长, 而是往往有一些相对固定的生长地, 去年生长的地方, 今年也会生长。因此, 出现这种说法或许是因为有村民在采菌子的时候不小心破坏了菌子的根部, 导致菌子无法再生长出来所致。当然, 菌子会移动的说法, 似乎也增加了此物种在村民心目中的神圣性, 如果不精心呵护, 菌子是会跑的, 这样的意识对规约村民采菌行为事实上发挥了一定的作用。

___

① 引自云南大学聘请的村民日志记录员张海珠2018年6月30日所记日志。

还有一个说法是，特别大的或样子奇怪的菌子不好，不能采摘。调查时听到村民说如果遇到特别大的菌子，村民是不敢采的，采回家来不吉利，特别忌讳重于二斤八两的。说以前有一个村民曾采回家去，结果他老婆死掉了。当然这种说法我们也只是从个别村民那里听到，也有很多村民表示自己并不知有此类说法。

在人与菌的关系日益密切，菌子在村民的生计和生活中地位日益凸显的背景下，光是内心对菌子的敬畏可能已经不够，采菌还应该遵循着一定的道德公约，以保障可持续发展。

> 村委计划保护松茸，规劝村民上山采松茸时不要把童松茸采掉，童松茸不值钱，但一长高就是成黄金价。但很多村民出于私心，只要看到松茸不管大小一采就一干二净，每年不成级的童松茸至少要浪费掉几百公斤，以每公斤 300 元计，那损失不下 10 万元，这太可惜，成级才采摘无形中全村增 10 万元以上。但松茸是老天爷的恩赐遍地生长，任何人何时都可幸遇，遇到了就不丢了，于是你也采我也采，大家都不留情，只求满足个人私欲，却是丢掉了金子。此问题是个人私心也就是觉悟问题，搞得好是一善举。值得一提的是，童松茸往往还不露面，有的人就挖，他们把产地挖成荒坡，一成荒坡就不再生松茸，再生长至少也要 10 年、20 年的休养恢复生态，因此，乱挖产地是一种很危险自杀行为。村委应加强宣传普及，使村民养成成级才取、不乱挖的良好习惯，为子孙后代造点福。[①]

但是，在缺乏一种调节机制的情况下，村民们只能遵循着趋利导向而忽略甚至忘却了最根本的可持续发展原则，这种情况村民们也是心知肚明，却没有更好的办法来解决。

> 松茸数量很少，就算是找到一两朵，大部分都还比较小，刚长出来就被村民们摘掉，太可惜了。本来是可以长成很大一朵成为一级品

---

① 引自云南大学聘请的村民日志记录员李绚金 2009 年 7 月 7 日所记日志。

的，能卖个好价钱，可惜大部分松茸都被浪费掉，不值钱了，但是村民们才不管呢。只要发现松茸长出来了就采，因为很多松茸地是大家拥有的，你也知道这块地长松茸，我也知道这块地长松茸，如果我发现一朵松茸未采的话，下一个过来的人马上就会采走，就这样很多松茸就被消灭在萌芽状态。不知浪费了多少松茸，浪费了多少金钱，只有私人松茸地长出来的松茸，才能养成很大的一朵朵，也就是说别人不知道，只有主人家知道的松茸地，很多松茸是在地下长大的，一出头就是一个一级品了，因此，大家都知道松茸地，被糟蹋得一塌糊涂。①

当然，驱利之下无节制的采菌这一现象，是伴随着野生菌的市场价值在现代生活日益得以凸显的过程中而逐渐形成的。或者也可以说，采菌成为村民每一年中近半年生活里不可或缺的劳动生计，这是在菌子的交易在石龙村渐成气候之后才形成的一种习惯。在过去，菌子只供自家食用的年代，村民们是不肯投入这么大的精力来采菌的。在过去的艰难岁月中，野生菌的最大功用就是给那些靠山吃山的村民提供一些辅助的菜蔬。只有在社会发展，山村和城市的交通和物流被勾连、距离被急剧缩短后，这些野生菌才得以走出山野，成为更多城里人青睐的桌上美味。

由于居住山区，山上野生菌很多，村民上山捡野生菌出售的历史源远流长，新中国成立后，就有人上山捡松茸背到县城街或沙溪街上出售，或者兑换成粮食，这一风俗一直传承到现在。现在不必到村外去出售，在村里就有很多人收购。并且从原先只卖松茸，逐步增加为好多种，松茸鲜卖，杂菌烤干卖。前几年烤干片的只有三五家，现在家家户户自产自烤。谁都想增加产值，提高经济效益。烤出干片不愁卖不出去，销路极广，外面做生意的经常来村收购，两天不来三天

① 引自云南大学聘请的村民日志记录员张海珠 2017 年 7 月 14 日所记日志。

来。出售干片很方便。①

李绚金也在村民日志中这样记录：

上午，村民多数上山采菌，下午做收玉米和芸豆的扫尾工作。松茸的价格每公斤 400—800 元不等，北风菌每公斤 20 元。从这些数据，我（李绚金）回忆起了 40 年前有关松茸的故事。1956 年，我读初二，同一院子中的张锡青和我同年生，他读初一。后来，他应征参加西藏平乱，立了大功一次，升为排级干部。在一次战斗中，不幸因炸毁敌人碉堡而身负重伤，后转到大理 60 医院抢救，终因伤势太重不治身亡。后葬在丽江烈士陵园。同班金玉君小我一岁，1957 年，我和金玉一起考取大理师范。当时的教师待遇低、地位低，多数人不屑一顾，当时我们大理师范的学生自嘲为"大理稀饭"，因此，金认为前途渺小，生活艰苦，不听劝告公然自动退学，回家干捉鱼等副业，每月收入几百元，也算可观，他的家庭也逐渐富裕起来，现在他还健在，是有名气的个体户。当年，这两人一个是我的同班同学，一个是我的同院同龄人，性格也相投。为分担家长的负担，我们三人决定利用暑假在石龙采摘松茸，运到县城出售。一放假，我三人就投入劳动，由我在家采摘，他二人运到县城出售。我一天可采摘 40 公斤左右，第二天把它分为两份，他们二人每人背一份。当时的价格是每公斤 0.3 元，一人大约背 20 公斤，可收入 6 元左右。我们三人苦战了约一个月，除去生活开销，每人分得 75 元。这在当时是不小的收入，因为当时一个月的伙食费才 6—8 元，当然吃的质量不高。

7 月 14 日金玉要回家过节，于是 7 月 13 日那天，我们三人每人背一背松茸到县城出售，但由于供过于求，松茸便成了贱货，一直到太阳落山才售完。我们分了钱，金玉是城东桥头村人，几步就可到家，锡青和我要徒步走 30 公里，当时没有车路，但初生牛犊不怕

---

① 引自云南大学聘请的村民日志记录员张瑞鹏 2013 年 8 月 9 日所记日志。

虎，我们二人毅然上路。当我们走到剑川坝和桃源交界处"甸角菁"即现在剑川红砖厂处时，乌云密布，伸手不见五指，如果继续走，还有 10 多公里山路，确实是一件难事。恰好那里有一块玉米地，旁边有一刺棚，于是我们二人决定在此暂住一晚，天亮再走。刺棚上方有盖，可遮风雨，两旁围有刺，我们找来杂草和灌木，烧了一堆火，空旷无人的山野上，我们听到了狼的嚎叫，看到狼的眼睛像蓝色的灯泡不断闪烁。我们拿着木棒以防狼从后面侵入，这样，过了一两个小时，我俩实在太困，于是我们二人轮流睡，幸好狼没有侵犯我们，我俩一宵平安。回忆起来，深感过去的岁月之艰难。①

在这些菌类当中，松茸是当之无愧的王者。当然，在以前，松茸也不过是一种有着不太一样的松香气的普通菌类而已。有些人对于此种特殊的味道刚开始并不适应。甚至，在村民的分类中，松茸也叫"鸡枞"，而还有多种菌是在鸡枞之前加限定词，说明松茸在村民眼里与其他的一些菌也并没有太多的差别。松茸的地位凸显，一方面与整个交通和城乡的联系有关，另一方面，也与松茸不断被推向外界有关。

今天中午石龙西面山上"大松茸地"山神庙左下方起山火，东面是石宝山景区，中间仅隔石龙小坝子，如果山火蔓延不仅会给国家带来大的损失，同时会威胁到石宝山风景名胜区的安全。一发现山火村委会一方面发动群众积极灭火，一方面向各级政府告急。截止到下午 4 点县镇领导已到位，同时发动青壮年参加救火，同时组织后勤，买了 100 多市斤猪肉组织人做晚饭，支援救火人员。

所谓"大松茸地"即是满山遍野产甲级松茸（比县内各地产的贵 10—20%）。每年到那里采摘松茸的有弥沙、羊岑、石龙等地成千上万人。以笔者计算，如这一地区受火灾，大约 10 年后才可恢复生长，

---

① 引自云南大学聘请的村民日志记录员李绚金 2005 年 11 月 1 日所记日志。见董秀团主编：《石龙新语——剑川县沙溪镇石龙村白族村民日记》，中国社会科学出版社 2009 年版，第 390—391 页。

一年以百万计，10 年就是千万计的损失。

"大松茸地"这地方是弥沙和石龙的山界处，西南属弥沙，东是石龙的地界，那里盛产进贡松茸。封建王朝专从云南进贡松茸，产量多且优。1990 年，芒种过后，夏至未到（松茸产期一般在夏至），二社张福宝早饭后带着驮骡，想到后山砍点料，谁承想，走到"大松茸地"时鲜松茸遍地生长，于是他采摘一驮松茸回家。正好甸南某某某驾拖拉机到村买废货，他一见松茸就想到朋友万松，他是外贸局长，正要搞这项贸易，于是他以每公斤 20 元收购。张福宝一天收入 1000 多元。当时轰动大理报记者，专程到石龙采访。后来出口日本等国，价钱从 10 多元每公斤上升到 1000 元每公斤，一般价也在每公斤 200—300 元。如在最近几年，张福宝一天找 100 公斤松茸，以 300 元计，一天就可收入 3 万多元。而现在菌源紧张，多找几两也很困难，这里仅作为故事说说罢了。①

也就是说，在过去的很长时间中，松茸和其他的菌类一样并不值钱。后来随着国外对松茸的认可不断升温，其价值才逐渐体现出来，迎来了一个华丽的转身。李绚金的日志中对松茸的过往和后来的"国际化"有这样的记录：

村民上山采松茸的主要季节时间为农历六月至九月，共 4 个多月的时间。据老一辈讲，改革开放前，由于当地的生活比较困难，上山采松茸的人也几乎没有，偶尔去的那些人，上山就用大篾筐背几十公斤回来，然后用草串成一公斤左右的串串，背到集市上去卖，卖价好的可以卖五角一串，行情不行的一两角一串。那个年代自己吃的也很少，由于生活条件差，肉、油在多数家庭是相当金贵，以当地人的饮食习惯，吃菌子必需要配大量的肉油，因此就很少有人吃，怕费肉费油。改革开放后松茸逐步流入市场，深受城里人的欢迎，特别是日本、韩国等国家的

---

① 引自云南大学聘请的村民日志记录员李绚金 2006 年 5 月 8 日所记日志。

购买，松茸日渐值钱，直至90年代中期松茸价格飙升至每公斤三四千元，至最近三五年价格才基本稳定，虽然价格波动大，但是没以前那样的疯狂了。从中华人民共和国成立前到现在，石龙人其实没有真正对松茸的口感、营养价值、吃法有多大的了解，因为以前是没怎么吃，而现在贵了又舍不得吃，所以没人真正了解吃松茸的价值在哪里。①

而松茸的交易也从以前的大致估价再到后来分级定价、称斤称两，这种日益精细化的操作方式自然也与松茸价值的提升有关。

以前村民们卖松茸不是用秤称，而是讨价还价，买松茸的人给你一个价格，你觉得便宜了的话你就可以不卖，又继续卖给别人，直到双方都满意才成交，而如今都用秤称，无论卖给哪一个买松茸的人价格都一样。②

村民们主要以上山采菌为主，以前卖松茸不是用秤称，而是讲商贩给出一个价格，村民们说再贵一点，自己也出一个价格，二人讨价还价，商贩给不出卖家所讲的价格，生意就做不成了，村民们又接着卖给另一个商贩，这样卖来卖去，你摸一下我摸一下，很多松茸就被摸坏了。（松茸的验级是很严格的，松茸杆摸起来不硬的话，人家就说是虫菌，也就是说这个松茸里有虫，价格就变得很低了，因为验为二级品了），现在好了，卖松茸全用秤称也就不存在买方和卖方做不成生意了。③

村民中的很多人可能没有走出过大理，却大多知道日本、韩国人喜欢吃松茸的说法。在石龙村调查的时候，多次听到村民提起的一个情况就是，听说日本人、韩国人特别是日本人很喜欢并看重松茸，因为他们认为松茸中含有的某种物质具有防治癌症的特殊功效，加上石龙的松茸品质好，所以，这些国家特别喜欢进口我们的松茸。

---

① 引自云南大学聘请的村民日志记录员张吉昌2013年8月30日所记日志。

② 引自云南大学聘请的村民日志记录员张海珠2016年7月26日所记日志。

③ 引自云南大学聘请的村民日志记录员张海珠2017年10月8日所记日志。

松茸

松茸价格在每公斤500—600元，北风菌每公斤15—20元，价格可观。村民说，猪肉每公斤10—12元，而菌价是它的几倍。那是因为，当前人类追求高质量生活，野生食用菌倍受欢迎。据历史记载和科学化验证明，食用野生菌是在无公害无污染，在那深山峡谷中，纳万物之精髓，吸日月大地之精气，含有较高的营养价值和药用价值，现举若干例给以说明。

松茸：以出口日本为主，在古代是地方百姓向皇帝进贡的珍品。确实是山珍，它含有松茸醇，对癌细胞有较强的抑制作用。食后有强身、益胃、治疗糖尿病和癌症的功效。

黄牛肝菌：因全体呈黄色故得名。具有美容养颜、防治感冒之作用。同时也是治妇女白带病及不孕症的良药。价格每公斤15—20元。而有趣的是，改革开放前牛肝菌在石龙是贱物，人们上山一看到它不是一脚就是一棒。然而，天生我材必有用，经科学家一化验，身价一提几百倍，谁承想现在已成为出口珍品。①

牛肝菌

————————

① 引自云南大学聘请的村民日志记录员李绚金 2006 年 9 月 13 日所记日志。

也是因为这样的外部市场，所以松茸的价格一再飙升，价格最高时每公斤达到千元甚至以上。而出口方面如果一旦出现变动，也就会直接影响松茸的价格。

> 据说出口日本的松茸，有农药残留超标，而农药残留超标的货是剑川产的，所以近日来松茸价大跌，开头每公斤 600 元跌到现在每公斤 50 元，大大减少群众经济收入。关于松茸中有农药残留的问题，不知是日本人无中生有故意找麻烦压价还是真有此事，石龙村出产的货绝对没有农药残留，因为松茸是野生，谁上山看见当时就采掉，不留在山上，不可能有农药残留，但价格低是现实，群众没有办法。鉴于松茸价低，近日来很多村民上山不找松茸而去找牛肝菌，原因是找牛肝菌比找松茸收入高，更划算。①

这样的利润空间也催生了大量以野生菌特别是松茸的收购和中间商卖为生计的村民，特别是在松茸量少价高的时候，中间商的利润空间会达到最高点。除了本村村民，还有沙溪、羊岑等地的人到村里进行此种收购的活动。他们的主要工作是等着上山采菌的村民在中午的时候回到村中，将采集而归的松茸和牛肝菌等出售给自己，然后他们经过这样的集中后又会在下午的时候将松茸等菌运往县城的交售点，以赚取其中的差价。也就是说村民不会单独到县城出售，而一般要经过这些中间商之手。

> 石龙的李宝生、张茂根、姜寿六、张春胜、李生宝、张海龙、张四春、李元生、董二楞、张塔宝、张四代、姜福宝、张国宝、张柱宝、张瑞繁、张四德、李生龙、张增虎、张灿青等大约 30 个中青年，菌市伊始就分别到明涧哨、石宝山、羊岑、弥沙和石龙交界处收购松茸和牛肝菌。因为石龙四面高山围绕，各种菌子产量很高，而且山上仍居住着几十户彝族和傈僳族，这些居民坐山吃山，找菌很方便，菌类在其经济收入中占较大比例。但他们离村远，不便出

---

① 引自云南大学聘请的村民日志记录员张瑞鹏 2009 年 8 月 4 日所记日志。

售，石龙的青年抓住这一特点，自动到山上收购。当然那不是市场，而是零星销售，价钱比较便宜。石龙人上山收购有利可图，同时也方便了山民售菌。两厢情愿，此种方式经久不衰。例如，张国宝每天驮一驮食用品，到山上可兑换，可各折各价，既销售了商品又收购了菌子，多方得益，何乐而不为。又如收菌子的人为山民回村购买生活用品，然后山民把菌子卖给他们，既方便了双方，同时也亲密了民族关系。①

话松茸收购。过去的不说，就眼前的松茸价格每公斤500元，令人十分美慕，因为虽然松茸生长在高寒山区，山区路险上山采菌也不是易事，来回山路几十里确实也是够苦的，但在无边的山峦中到处都生长松茸，问题是它生在哪里，有时从这山跑到那山，累死累活也一无收获，有时在人不在意的地方能找到松茸，有人一天能找到一两千元，有人放空。不管丰收或薄收，松茸的价确实吸引人。为此有95%的劳力上山采摘，用血汗来增收，还有虽是强劳力，但不会找松茸的村民，他们分为：1.如张灿青、张瑞繁他们有交通工具，可以在石龙收购后交到县城，可能他们的油水较多。2.在村里各路口设点收购，如张海龙、李生宝、李春宝、李春禄、李四德、张福正等人收购又转售给张灿青等人。3.到山上一直到后山弥沙地界收购，那天不亮起来，来回30公里以上山路非常辛苦，他们所收也同样转售给到县交易的人，如张灿青等。此三种人虽不上山但他们的收入很可观。②

前几天有部分村民上山采菌了，虽然有个别村民已经少量的采到了菌子，包括松茸、牛肝菌、红葱等。但是真正采到菌子卖到钱

---

① 引自云南大学聘请的村民日志记录员李绚金2005年8月28日所记日志。见董秀团主编：《石龙新语——剑川县沙溪镇石龙村白族村民日记》，中国社会科学出版社2009年版，第362—363页。

② 引自云南大学聘请的村民日志记录员李绚金2009年7月5日所记日志。

开了今年菌子市场的是村民李金伍。李金伍到昨天已是第三天上山
采菌了，前两天处于放空状态，昨天采了 2 公斤的一级松茸菌，以
每公斤 300 元的价格卖给了姜寿禄。姜寿禄是本村二组村民，已在
村做了十几年的菌子生意，规模也在不断的扩大中。从当初到小哨
购买在村卖，转为在村收购和别人合伙到县城销售，前半年开始自
己购买了微型面包车，市场已发展到明涧哨、羊岑、沙溪等各地。
今年还将在外务工，每月工资 5000 元以上的儿子也叫回来参加收购
鲜菌。据了解姜寿禄 2013 年做菌子生意，纯利润为 6.8 万元，2014
年纯利润为 4 万多元，这两年是他做菌子生意 10 多年来利润最多的
两年。①

收购菌子

① 引自云南大学聘请的村民日志记录员张吉昌 2015 年 7 月 30 日所记日志。

村中的购菌商人从 80 年代末，全由外地人来村收购，到现在每年都有增新手，共有 25 家 30 余人常年做菌生意，菌多价格好时 10 余人还临时收菌，全村做菌生意的总共有 50—60 人之多。其中张四春、张灿青、姜寿禄 3 人既在村中收购还从其他人手中二次收购，然后运往县城销售。这些收购商从中得到比较理想的收入。上山收购在村卖的一道收购商整个产菌季节约 5 个月，收入不低于 2 万元每年，直接到县城销售的收入不低于 3 万元每年。其中姜寿禄就是其中最明显的收益人之一，做了几年的菌生意，盖起了漂亮的新房，买了生活用车，虽然本村至目前没高档车，但是购买了几万元的面包车作为生意车，在村中已是不错的了。①

有些中间商为了抢得先机，甚至不等村民将采到的菌子拿回村中出售，而是提前到村民上山下山的一些必经之地等候，就为了在村民下山时把菌子首先抢到手中。

村民的松茸及牛肝菌销售（松茸及牛肝菌为主产菌），从六七十年代至 80 年代中期用草串成串背到沙溪街几角钱一串，发展到现在村中的收购商到农户家中查户口一样抢购，甚至到村民下山高峰期时下午 1—3 点，村中的收购商到各个下山必经路上你争我抢的抢购。就此采菌采得好的那些村民在采菌季节既有高收入又得到了收购村民的尊重。②

有时，为了菌子的价格或者为了抢购到菌子，村民与商贩、中间商之间可能也会发生矛盾和冲突。

采摘松茸和野生菌在村民生计中仍然是压倒一切的活动，但各种菌类的产量已减少 50% 左右。因雨少天气热燥，有些菌子生出来后也被晒干而消失。这种情况严重危及村民收入，不少村民都十分忧

---

① 引自云南大学聘请的村民日志记录员张吉昌 2015 年 8 月 10 日所记日志。
② 引自云南大学聘请的村民日志记录员张吉昌 2015 年 8 月 10 日所记日志。

愁，因为菌类的收入在村民年收入中占很大的比重。唯有牛肝菌的产量基本稳定。为一朵松茸的价格，一个沙溪人和石龙的一个村民发生了争吵，很多人劝架，否则可能会大打出手。①

李元生和李宝生是村里买卖松茸的生意人，每年采松茸的季节，他们都去四面的山上买山民采得的松茸，然后拿回村里卖，从中获取一定的利润。昨天他俩去沙坪村山界上买松茸，遇到沙坪村中买松茸的人，不让他俩买，双方发生口角，他俩被沙坪人殴打，松茸也被抢去。回来后到派出所报案，民警来村中调查解决。②

为了一朵松茸的价格，会大打出手，这在以前是不可想象也是不可能出现的。可是，当松茸成了金钱的象征的时候，这样的问题即便会出现也不是那么不可思议了。这从侧面反映出来的一个事实就是，松茸的身价已经今非昔比了。

这样的争斗中体现了松茸身价的攀升，当然，既然是做生意，自然存在风险，中间商在获取高额回报的同时，也要承担起那些隐含着的、普通村民不能承受的风险，换句话来说，中间商也并非稳赚不赔。

要说买菌，村内买菌的村民有张瑞繁和儿子张继，姜寿禄夫妇，张继萍夫妇，张花玉，张银丝，张宝康，张海峰和姜寿明等，村民们都是卖给自家亲戚的多，买菌都是本村内村民们买，没有外来人员买，这些人买好后又到剑川县去卖给买菌老板。买菌是要讲经验的，本村村民张海峰和姜寿明二人今天才开始买菌，由于二人没有经验，而且心慈手软，二人一直在亏损，大家都知道松菌一级品和二级品之间的差距是很大的，一级品要几百元每公斤，然而二级品只要

① 引自云南大学聘请的村民日志记录员李绚金 2004 年 8 月 15 日所记日志。见董秀团主编：《石龙新语——剑川县沙溪镇石龙村白族村民日记》，中国社会科学出版社 2009 年版，第 116 页。

② 引自云南大学聘请的村民日志记录员张瑞鹏 2005 年 10 月 31 日所记日志。见董秀团主编：《石龙新语——剑川县沙溪镇石龙村白族村民日记》，中国社会科学出版社 2009 年版，第 641 页。

50 元 / 公斤。买菌子的人在验级别的时候，把二级品验成一级品几朵，那不就亏了吗？①

看来，中间商的赚与赔不仅与菌子本身价格的变动有关，而且也与商人对菌子质量的把握以及利润空间的评估相关。所以，在石龙，菌子尤其是新鲜采摘回来的松茸和牛肝菌等，在出售时还要考虑等级分类问题。从等级方面来说，主要分为精品（即一级菌）、二级、三级、大四级、小四级。实际操作中，大部分是只分三级，并没有那么细致的划分。对菌子进行归类和等级划分主要就是中间商的一项工作内容，他们在把鲜菌收购回来之后就对鲜菌进行等级分类。精品菌是指菌子大小在 7 公分以上，并且没有开伞，是一朵一朵的，这样的菌子在转卖时的价格或将是原来收购的 2—3 倍，比如松茸收购价在 250 元，而精品松茸再转卖时价格或许会将近 1000 元。二级菌是质量没有精品菌高并且似乎要开伞的那些鲜菌，菌帽要大一点。三级菌是已经开伞的碗状的鲜菌，此类菌子是因为有虫子才会开伞，因此售价也不太好。据调查得知，一般品种的菌子，一级鲜菌售价大致为 200 元左右，二级鲜菌售价大致 100 元左右，而三级鲜菌售价则只有四五十元左右。

中间商会在每天的下午 5 点前把收购的松茸交售到县城收购站。时间非常紧张，尤其是松茸不能放置太久，更不能过夜，否则颜色品貌大变，价格也会直线下降。这些到达县城的松茸，又会以最快的速度经过包装等处理后被发往各地包括国外。在那些高档餐厅的餐桌上，碳烤松茸成了昂贵的美味。我记得一位曾到日本访学的老师跟我们讲过一个小故事：

> 我到了日本后，有一天，一位日本的同事请我和我的朋友去吃饭。日本同事说那天会请我们吃一种美味，松茸。我们去了后，上了很多小碟小碗，吃了不少其他的东西。最后，当天的主角上桌了，一小盘松茸，但是里面只有两片松茸。日本同事让我和朋友一人吃了一片松茸。她自己没吃。

---

① 引自云南大学聘请的村民日志记录员张海珠 2018 年 9 月 16 日所记日志。

我不知道这位老师的叙述中是否有夸大的成分，不过从这个小故事可以看出，在日本的高档餐厅里，松茸确实可能价格不菲，是一种比较珍贵的食材。以前在石龙村民看来，松茸不过也就是野生菌中的一种而已。而当这种山乡与城市的距离被缩短之后，松茸在村民心目中的地位也悄然发生变化，特别是在价高的时候，即使采到了松茸，村民自然也是舍不得留下自己吃了。

当然，各种叫不出名但在村民的经验里却是"能吃的"杂菌，在这近半年的时间里倒是常常会出现在每家每户的餐桌上，野生的菌子天生具有一种奇异的清香，当它和村民家里自己腌制的火腿相配的时候，菌子的天然香味会在与火腿那经由时间沉淀的咸香的交织中达到升华，成为不可多得的舌尖美味。有时，村民会把菌子炖到各种汤里，汤马上也会变得格外鲜美。村民还会将菌子烤干之后，用辣椒油炸出来，是很美味的吃法。或者干脆就是添加各种佐料凉拌一下。当然，这些都属于村民的一种生活经验，到底哪种菌可以凉拌或可以生吃，他们都了然于胸。

野生菌的采集在村中不仅催生了采菌人、中间商，而且还出现了一种新的小型加工业，就是烤干片。在野生菌大肆生长、产量较高的日子里，鲜菌的价格可能反而降低，这时村民也会选择将鲜菌烤干，等待合适的时机再出售。当然，也有一种情况，就是将那些品相稍差的菌子拿去烤干，比如一些已经开伞的，或者是生虫的、在采摘中有折断的，等等。村民会将这样的菌子稍微清理干净，这个过程不能用水，只能是用小刀将泥巴等轻轻刮落。然后把菌子拿在手里，用刀将菌子切成大致一厘米的厚度，叫开片。这些切片放到一个铁丝的筛网里再置于火塘边烤干，后来量大了就用一种自制的烤箱，可架多层铁丝筛网，同时烤制。送进烤箱的菌子大约需要4—8个小时才能烤干，当然还要根据烤箱大小来掌握时间和温度。开火之后火不能间断，一旦间断烤出来的菌子就不好看了，会影响卖出价格。菌子烤干之后就放进袋子里做防潮处理，然后卖给收购者，如果没卖完，就会存放起来，如果中间受潮了，就会放到通风的柜子里通通风，然后再装起来，不影响来年再卖的价格，大概五公斤鲜菌才能烤出一公斤干菌。烤干的菌子价格自然会有提升，这也为那些品相不够好的菌子找到了新的销售点。

当松茸和牛肝菌等菌类被大量运往外地之后，野生菌在整个石龙村产业结构中的位置逐渐得以显现。到今天，这已经成为石龙人生活中不能缺少的一个增收途径。每年6—11月的采集期，采集得多的时候年产量可达1000公斤以上。野生菌带来的经济收入大约占石龙村村民年收入的50%。

石龙是山区，菌类是经济收入的一大支柱。从2004年阳历5月6日罗昆元找到第一朵松茸开始，至阳历11月3日止，历时5个月零27天，可见菌类在石龙村民生活中举足轻重。张石香，女，52岁，年收入约1万元，大概是全村收入最多的人。如按全村200户计，每户平均收入2000元，总收入40万元左右，人均在400元上下。①

张石香今天捡到松茸6.5公斤，卖得970元，女儿张金凤卖得80元，母女俩一天收入共计1050元。②

石龙四面高山环绕，所产松茸等菌质量比县内其他各地都好，价格也比别的地方高出10—20%。采菌收入在农户年内收入中所占比例不下30%。菌类市场从6月至10月，时间足足有4个月，市场经营天天热闹，从不间断，时间之长，商贩之多，令人惊叹。而今年由于气候的原因，特别是8月以来雨量少，现已呈现菌类少或停生的状态。如果菌类提前1个月停生，那么石龙村民的收入将大大减少，令人担忧。但愿不是如此。③

---

① 引自云南大学聘请的村民日志记录员李绚金2004年11月4日所记日志。见董秀团主编：《石龙新语——剑川县沙溪镇石龙村白族村民日记》，中国社会科学出版社2009年版，第174页。

② 引自云南大学聘请的村民日志记录员张瑞鹏2014年7月23日所记日志。

③ 引自云南大学聘请的村民日志记录员李绚金2004年8月13日所记日志。见董秀团主编：《石龙新语——剑川县沙溪镇石龙村白族村民日记》，中国社会科学出版社2009年版，第115页。

整个石龙村自然都在采菌的生计中获益，但不同的村民从采菌中获得的收益可能会有不同，这在我们看来，主要还是运气使然，但村民总是会认为某些村民似乎天生就是采菌的能手，天生就会受到菌子的垂青。在石龙，有少数村民每年采菌收入可达万元以上。

今天二组村民张石香采到松茸四公斤多点，收入 954 元，是今年出菌以来单人单天收入最高的，也是近几年上山采菌一天收入之中高档位。张石香，女，50 多岁，她每年的采菌总收入都在 2 万元以上，在全村个人采菌总收入排名前十。家庭采菌每年总收入超过四五万元的也有好几家，一般家庭全年的采菌总收入多数在 6 千元至 1.5 万元之间。超过 2 万元以上的毕竟为少数，大概为 30% 左右。①

石龙山林广阔，平均每人 18 亩，菌类生长期基本上是雨季，每年不少于 140 天。品种多，最贵重的松茸、鸡油菌和一般的如喇叭菌、半边菌等十多种。品种之多、产期之长是得天独厚的。因而野生菌是石龙人生存的支柱。小学放暑假，中学也放假，小学三年级以上的学生都可自找书籍费，一个人找 300－500 元是平常事。村民收入可分为上中下三等。上等户收入 1—2 万元，约 7—8 家；中等户收入 5000—10000 元，大约 15 家左右；下等户收入 1000—5000 元，不少于 50 家。这些数字都是农民在闲谈时自报的数字，但一般都是少报，人们心里都怕露富。但从一般情况看，全村 950 口人，人均 1000 元，总收入 100 万元是完全可以的。②

上山找野生菌是重中之重的农活。秋风节令野生菌也逐步下移生长，一般在田边山脚，一天可两趟采摘，收获颇丰。例如，张四合因婆婆去世，在家料理家务，12 点后随便跑到石龙水库东北山脚，找到松茸半公斤收入 200 多元，仅耗时两个钟头。李小宝的妻子在南观

---

① 引自云南大学聘请的村民日志记录员张吉昌 2014 年 7 月 22 日所记日志。
② 引自云南大学聘请的村民日志记录员李绚金 2006 年 11 月 23 日所记日志。

音庙后面山上找到北风菌 18 斤，每斤 13 元，一次收入 100 多元。还有张四楞，前两天收入 995 元。菌价上升，村民收入大增，实在是石龙人的幸运。①

当然，也有的村民会比较客观地去分析为什么有的村民会成为突出的采菌高手。张吉昌就是这样看的：

> 村里公认采菌最多的有张瑞兴、李生龙。全村公认张瑞兴第一，一年可收入七八万元。他的采菌地都是后山，路程远，暗器多，因为路程远而暗器不易被破。②

这里张吉昌所说的"暗器"指的是那些只有采菌人自己知道的采菌点，也就是俗称的"菌窝"。原来张瑞兴能在那么多的村民中成为公认的"采菌王"，并不只是靠运气，而是因为他比别人走了更多的路，爬了更远的山。

每到采菌季节，采菌还会成为村民们话题的中心，谁家采到了最多的松茸，谁采到的个头最大，谁又卖到了最高的价钱，谁又连续几天都空手而归，这些都是村民茶余饭后交谈的焦点话题。从这也可看出，菌子在村民生活中的重要性实在是不言而喻了。

> 这几天村民们不管在道路旁，还是在家里，大家议论最多的话题就是今天哪些人采菌最多，哪一些人又采不到松茸等。聊得最多的都是关于采菌的，可见，村民们对采菌是多么重视，我在与村民们聊天中得知，今天采菌多的一些村民如张金凤共采到 720 元，张福娟采到 600 元，张根祥采到 560 元，张瑞兴采到 470 元，张禄贵采到 400 元等，但仍有不少的村民是放空而归的，放空而归的村民是很心急的，恨自己采不到松茸，但能有什么办法呢？会采菌的村民们都会有秘密基地（别人不知道，只有自己知道生长松茸的地点）。几乎没有劳动

---

① 引自云南大学聘请的村民日志记录员李绚金 2008 年 9 月 17 日所记日志。
② 2019 年 12 月 16 日访问张吉昌，访谈人：董秀团。

力在家休息，大家都尽力去找，不管采到与否。①

今日松茸价格 500 元／公斤，今年的松茸价格到现在为止算高，上山采菌的村民约一半人都能采到 100 元以上，今天采得最多的村民张永海夫妇共采得 1020 元，张双龙夫妇共采得 1050 元，张小正夫妇共采得 1500 元，张瑞兴夫妇共采得 1500 元，这些人在村里被传得沸沸扬扬，你想不知道都难呀！②

从天还未亮就背着背篓匆匆赶往山上的每一个身影中，从翻山越岭弯腰低头寻觅松茸的每一个动作里，从小心翼翼护着松茸不让它有所损坏的担心里，我们都看到了石龙人之于松茸的那份独特情感。有村民告诉我，自己最喜欢去采菌，有时就算放空也仍然愿意每天去山上采菌。有时在山上走着走着，唱上几首白族调，可能对面山上就有人回应对起调子来了。在山上辛苦找菌也就变成了一件苦中有乐的事情。如果哪天收获颇丰，加

采菌归来

---

① 引自云南大学聘请的村民日志记录员张海珠 2018 年 7 月 5 日所记日志。
② 引自云南大学聘请的村民日志记录员张海珠 2018 年 7 月 6 日所记日志。

上菌子的价格不错，这样的好心情可能就会延续好几天了。

上山采松茸是一件又得钱又快乐的农活事，以前上山是一伙一伙的去，但现在成群的上山现象不多见了，多数人是单独行动，怕别人发现自己的采菌位置。人人都知道的松茸生长地区白语叫"明珊几"，只有个人知道的叫"暗珊几"。采菌季节不论你到哪座山都听到唱白曲的声音，以前男女对唱那是天天有的事，但现在这种现象已经消失了，只听到单唱的了。以前只要你上山想和别人对歌那是件太容易的事，只要想主动找别人，那就先高喊几声"怄哄悔"，然后有别人回答你同样的"怄哄悔"，那就证明你的附近有人，你就唱起白曲逗对方开口，这样双方就不由自主地对起了歌。所以采松茸只不过是走路的过程有点累，到山上采找的过程就相当的愉快，有人就把采松茸比作钓鱼，这个比喻一点也没错。①

就连石宝山的黑龙都喜欢感受白族姑娘一边采菌一边唱白族调的快乐呢！

据老人们传说，白族姑娘以石龙为主，秋冬到石宝山砍柴捞松毛，夏天到石宝山采松茸等野生菌，她们一面劳作一面唱白族调，据说黑龙听到歌声很高兴，忘了下冰雹，因而人民幸免于难。后来在宝相寺二殿塑了她们的金身以彰功劳。②

采菌的乐趣并不是我们作为"他者"想象出来的，而是有着真实的依据。

特别是对于石龙的女性而言，我感觉采菌对于她们生活的重要意义似乎要超过男性。虽然"采菌王"的称号被男性摘得，但总体上去衡量，采菌的人群中女性要多于男性。也就是说，整个夏季，被采菌这一事件牵动的人群中，女性被牵扯和关涉的面更广，上至六七十岁的老奶奶，下至几

---

① 引自云南大学聘请的村民日志记录员李绚金 2013 年 8 月 30 日所记日志。
② 引自云南大学聘请的村民日志记录员李绚金 2010 年 6 月 8 日所记日志。

岁的孩童，都会参与到这个活计中来。而男性则有所不同，虽然也有很大一部分男性每天都要采菌，但也有不少男性是直接跨越了采菌而成为野生菌的中间商。还有一部分男性宁愿干其他的农活，或者将闲暇时光用于打扑克等娱乐上，却不太喜欢上山采菌。女性则就不同了，上山采菌面对山林和菌子，似乎更能给她们带来愉悦的心理感受。

　　"采菌"是每一个村民都很喜欢做的事情，就连小学生也几个约在一起上山采牛肝菌，不说小的，就连老的也不听家人劝阻，偷偷还要去采菌。如村民张来凤奶奶。她已80岁，年年去采牛肝菌，家里人多次跟她说，不准让她去采了，因为她年纪已大，山上的路不好走，家里人害怕她会摔倒，但她就是不听，经常偷偷跑去山上采菌，说也奇怪，她还每天能采到牛肝菌数斤。看来，她的眼力还是不错的。采菌的诱惑很大啊！再如：我姐姐李丽晴嫁到宾川，每一年，她都要回家采几天菌，她就是喜欢采菌，觉得好玩。①

　　或许李丽晴的情况颇为特殊，她嫁给了宾川的李兴成，李兴成是远近闻名的雕塑师。石宝山宝相寺以及石龙村的观音庙、本主庙等庙宇中佛像的重塑都是由他完成的。他的手艺好，所开展的业务也做到了昆明甚至省外，所以应该说是当地人心目中非常出色和成功的人。李丽晴嫁得佳婿，生活条件较好，对于她来说，采菌本就不是为了卖钱，而纯粹就是一种"好玩"的乐趣了。然而，李丽晴对于采菌的乐趣的体验并不是完全没有根基，在她的生活经历中，采菌本就成了以往生活中非常重要的一种记忆，所以她才会每年回去重复体验。对于绝大多数的石龙妇女而言，尽管还不能都像李丽晴一样只是将采菌作为一种玩乐，但是，上山采菌，面对山林或许更加能够暂时抛开家庭俗务的缠绕，也更加能够面对自己的内心和感受，此种与自然深度融合的情感体验同样是山林给予石龙女性的特殊馈赠。

---

① 引自云南大学聘请的村民日志记录员张海珠2018年8月8日所记日志。

对于石龙村民而言，采菌的乐趣可以从菌子换取的钱财中获得，可以从山林寻菌那充满期待和惊喜的体验中获得，也可以从上山采菌时置身山林放飞自我的超脱中获得。菌子不仅是一个物件、一个对象，它也是一个充满灵性的生命，在人与菌子之间存在着一个交流互动和情感注入的通道，在这个场域中实现了一种人与物的对话和融通。理解了这些，也就可以理解为什么菌子和采菌能够成为石龙人整个夏季中最核心的元素和活动，也就可以理解为什么即使空手而归仍然挡不住村民上山采菌的热情，也就可以理解为什么就算冒着雨天的湿冷和泥泞，也要奔赴那个与山林和菌子的约会了。

到了今天，石龙村民上山采菌的乐趣又已经扩展到了另外的人群。我在石龙村民李繁昌的微信朋友圈里，就多次看到采菌季节李繁昌带着游客、外地学生等上山体验采菌活动的信息。虽然这样的旅游方式还不算成熟，游客也不见得真能采到可食用的菌子，但毕竟也吸引着不少人前往体验，而这些游客对于此种体验活动总体的满意度是比较高的，这其中，除了满足自身新奇感等因素之外，采菌这一行为本身所具有的乐趣可能业已延伸和流淌到了外来体验者的情感之中。

三、石龙人的生态观

生态观是人与自然相处的过程中形成的一系列价值取向、观念意识的反映。石龙人的生态观，是石龙村民在与周边环境和自然宇宙接触交流的过程中形成的生态意识和生态观念。

（一）以山林为核心建构的生态系统和神灵体系

石龙村民的生态观，首先表现为，这是一套以山林为核心建构起来的生态系统和神灵体系。

　　生态观的建立和形成必然会以特定的地理生态为基础。地处山区、群山环抱是石龙村自然生态的突出特点，这样的自然地理让石龙村民的生态观念和情感意识也主要是围绕山林而生发、形成。这与坝区白族村寨有着较大的不同。而在这样的生态观中，最鲜明的特质就是建立了以山林为核心的神灵体系，并围绕着此种神灵体系，实践着多样化的祭祀仪式。在石龙人的神灵谱系中，山神及其相关的祭祀行为占据着不可或缺的一角。尽管乍一看，这样的相对处于文化底层的因子的核心地位并不能明显地体现出来，在村民的民俗系统中，似乎本主崇拜、佛教信仰等才是占据了主体位置的，但如果能够再深入去探寻其文化层累中的底色元素，那么，以山林为核心构建的神灵体系就会浮现出来。在村民的日常生活中，经常性地出现种种与山神信仰相关的祭祀行为，自然也是此种以山神为核心的神灵体系的一种现实折射。

　　石龙村的神灵系统多元驳杂，这与白族其他的地区和村寨是一致的。但是，在这个多元驳杂的系统中又呈现出自己鲜明的特色，那就是围绕山林形成的神祇在其信仰体系中占有重要地位。山神、猎神等自然崇拜的神灵在村民的信仰中发挥着不可替代的独特功能。此种观念的基本表现，一是供奉山神的场所非常丰富，二是祭祀山神的活动和行为十分常见。

　　前面已述，石龙村光山神庙就有四个。虽然山神庙的体量都很小，绝对赶不上本主庙、观音庙的规模和完备程度，但是这样简陋的供奉和祭祀场所，却从一定程度上体现了山神崇拜在石龙信仰体系中原初性和不可替代的作用。对成长于洱海边的我来说，在自己的家乡几乎就没有对于山神庙的记忆体认，所以一到石龙看到竟然有四个山神庙之多，我还是颇感惊诧并对此留下了深刻的印象。除了山神庙，石龙村民将龙潭边的水源树视为神树，各家族坟山上也都有被视为山神象征的山神树。此外，龙潭中有龙王，村南原还有龙王庙，在"破四旧"的时候被毁了，后来重修的时候就和山神庙修在了一起，所以现在的龙王庙和南边的山神庙是连成一体的，而据说南边的这个山神庙是在村民刚刚搬到石龙的时候就已修建了。村西山上青龙潭处也设有小庙供奉龙王和山神土地。这些具有原初色彩的信仰都与山林有关，围绕山林这一生态系统而生成，是石龙人生产生活中与山林关系密切、互动互融现实图景的具体反映。

李绚金在日志中对围绕山林而生发的神灵信仰和祭祀仪式也有着深刻的感受，所以在日志中记录了此种现象。

　　山有多高水亦多高，高山到处有人居住，对这些人来说宜居是奢谈。但人们不论在什么地方居住，都希望有保护神，只要居住下去就在那里竖立土地山神牌位，一般以一块石头一棵树为标志算是山神土地之灵位，吃饭时先敬供山神土地再供其他神灵。一个村庄一般在村东南西北竖建山神土地庙，可供四方居民随时供养。每天人们从土地庙前路过都要先拜山神土地，要求保护全天安康。生活一段时期要到山神庙供养以求保护，如家遇小灾大难那就要到经常经过的山神庙供神，要求山神不要给牲畜跑回家，这个山神供养叫做"塞路口"，即把路口塞起不给牲畜走回头路。总之山区人，山高皇帝远，在生产生活中他们把希望寄托给神灵。还有少数民族如傈僳族、彝族（和白族相对而言）在山上打猎，他们都供有猎神，但不分方向，只要能立的地方都立猎神。还有一个村四周入口外立土地山神庙，这是近处，还有远处也立山神庙，因此，有的地方山神庙里三层外三层的建立，因为人民把更多的安全幸福寄托在神灵上。①

　　石龙是一个十分封闭的自然村，四面高山环抱。人们一出就见山上山，上山就使用刀斧等利器，由于山高人稀少，随时可能受狼熊等野兽威胁，那唯一的办法就是结群上山，然而事情复杂多变，凡事都安全是做不到的，这就不得不听天由命了。但人们仍抱有理想，就是在村子的东南西北建四座山神土地庙，内塑或石刻山神土地像。凡从

---

① 引自云南大学聘请的村民日志记录员李绚金 2011 年 11 月 22 日所记日志。

庙前经过者都要手拜神像，口念"山神土地保佑清吉平安"。经常从一个方向来去，过一个时期要到山神那里祭拜保佑平安之恩。还有村民从外地购买大牲畜，从哪方买来要到哪方山神庙供神，请求土地守好路口，不准牲畜跑回家，白语叫做"次土科"，即是把路口堵好，也就是供奉山神请山神守好路口。①

从日志中可以看出，石龙村民基于与山林这一生存中的大环境的关联，产生了山神土地的崇拜，一是要祈求山神保佑村民免受山林中猛兽的侵扰，二是请山神土地守好路口，不要让购买的大牲畜跑回山林。石龙人因为生产生活离不开山林，长期以来都必须要到山林中获取各种生存物资，所以就要经常性地深入山林，由此而产生了山神崇拜以庇佑自己的需要。

一些特殊的跟山林有关的活动的完成，村民首先想到的也是祭祀和感谢山神。

> 李林茂带着女婿（曲靖人）背着背篓，内放 1 块猪肉，1 块豆腐，甘蓝 1 盘，烟茶酒等祭品到石龙村西山神庙供神。因为在今年雨雪最严峻的时候，他家建房向彝族购买了一批木材，钱已付，等着驮运，这时下那么大的雪，马能顺利行走吗？不运回家被人偷走又是重大损失，于是只能硬着头皮用马驮，说来也是好事，全部在雨雪中运回家，安全运行，因为今天他特意到西山神庙供神感谢保佑平安。②

另外，石龙村民在买来牛、马、骡子、甚至是猪等家畜牲口的时候，总要去山神庙行一定的祭拜仪式，求得山神对牲畜的护佑。这种关联意识似乎也是对山神执掌范围的一种折射，即山神是负责这些野兽牲畜一类的。虽然这些大牲畜都是家养的了，但它们也是源自山林，所以很可能一不小心就跑回山林去的。当然，也可能跑回去的指向不是山林，而是原主

---

① 引自云南大学聘请的村民日志记录员李绚金 2007 年 4 月 11 日所记日志。

② 引自云南大学聘请的村民日志记录员李绚金 2008 年 2 月 15 日所记日志。

人家，但实际上，在这里，牲畜和猛兽从根源上看都源自山林的观念仍在一定程度上折射出来了。在村民日志中，可以看到大量此类请山神"堵路口"的描述。

　　之前写到石龙人买回水牛、马等大牲畜，历史上产生返跑回原家，一般会找回来，但个别主人不认那就成问题，而饲养时有时不留心它就会从原路跑回家，有的老人或巫师认为买回大牲畜应该到那个方向的山神庙供神，请山神看到牲畜跑回家把它阻起来。说来也奇，大凡"次土科"（堵路口）的大牲畜没有跑回家，这就加深人们的信念，因而买回大牲畜天经地义的要到该方向供山神。①

　　李长宝，男，55岁，剑川县公路养护桃源站站长，买给家中一匹骡子，价1000元，今天下午6点半和其妻张福佳到本主庙前的东山神庙供神"堵路"，即是从此此骡已辞别主人到新家，成长兴旺，安家落户，也求山神保佑。这也是石龙的风俗，马从东南西北中的哪方买回来，一定就到哪方献山神求保佑。他家的骡从剑川买回，因是东方，所以在东山神庙供神。供品有1盘甘蓝，2市斤鲜猪肉，1个鸡蛋，1块豆腐，茶酒2杯，1碗斋饭，还有蜡烛、香火、纸钱。祷词："李氏门中长宝买一匹骡，祈求山神保佑，清吉平安，万事大吉。"礼拜叩头祷告后，在山神庙吃饭，饭后回家。②

　　张四德从沙溪街上购买回来一匹1800元的骡子，今天下午到沙溪方向的山神庙"堵路口"。石龙村建有东南西北4座山神庙，分别守护石龙的四方。石龙的村民从哪个方向买回大牲畜都要到这个方向的山神庙中供神，祈求山神保护，不要让大牲畜逃回家，不要生病，驯服工作，让主人发财，万事顺利。今天，张四德请张佑香、张

---

① 引自云南大学聘请的村民日志记录员李绚金2011年4月30日所记日志。
② 引自云南大学聘请的村民日志记录员李绚金2004年11月3日所记日志。见董秀团主编：《石龙新语——剑川县沙溪镇石龙村白族村民日记》，中国社会科学出版社2009年版，第173页。

海应、张海胜 3 人都忙去"堵路口"，即到沙溪方向的南山神庙供神。备了 2 斤肉、1 块豆腐、1 个鸡蛋，以及香火灯烛等物品，供神结束后在那里吃晚饭，饭后回家。①

本村村民张金华家新买了一匹马，今天全家人商议决定到东边山神土地庙祭拜一下，并且在那里做晚饭。于是一家人就准备好食物到东边的山神土地庙，准备的有：四方肉 1 块、豆腐 1 块、青菜甘蓝 1 盘、香火、蜡烛等，在山神土地庙做好饭菜后，把饭菜祭在山神土地前，全体人员磕头，告诉山神土地近日家中买回一匹马，希望您们能够看好它，祈求这匹马能够健康长久，无痛无灾，不要出什么差错，之后一家人在那里共同吃晚餐，晚餐之后回家。②

张万鸿从剑川购回 1 头猪，今天下午同夫人到东山神庙供神，称为"堵路口"，意思是请山神把好路口不让买的猪走失。③

张四春在剑川甸南买了 4 头肥猪，平均价 1500 元。他的车子上好了猪，本村董格得从另一地买 1 头猪，他把猪放进车厢，原有猪惊散，有 2 头跳到车下，有 1 头摔断了椎骨不能行走，在家喂养，经过 2 个多月的饲养，虽不能行走但能吃而且逐步肥壮起来。这次的遭遇虽造成一定的损失但还是幸运，因而今天下午他们到本主庙前东边的山神庙供神，感谢神灵护佑。请他的岳母、自家母亲等人帮忙。④

本村村民都是几户共同拥有一头水牛，大家每户家庭养一个月，村民们就这样轮流养。如：李福娘家、张坤凤家，张寿康家、张瑞繁家、张燕雄家，五个家庭共同饲养一头水牛。由于水牛已经很老了不再那么利索了，于是五户村民共同商议，决定重新换一头年轻力壮的

---

① 引自云南大学聘请的村民日志记录员李绚金 2005 年 12 月 5 日所记日志。见董秀团主编：《石龙新语——剑川县沙溪镇石龙村白族村民日记》，中国社会科学出版社 2009 年版，第 403 页。

② 引自云南大学聘请的村民日志记录员张海珠 2018 年 12 月 20 日所记日志。

③ 引自云南大学聘请的村民日志记录员李绚金 2008 年 7 月 17 日所记日志。

④ 引自云南大学聘请的村民日志记录员李绚金 2012 年 8 月 11 日所记日志。

水牛。前些日子就把牛卖了，并且很快又重新买回来一头水牛，不料，人家在放牛的时候，牛竟然走丢了，等到第二天才找到。根据以上原因，这5家人有商议，共同到山神土地庙祭拜一下。今天这5家人共同到山神土地庙做吃晚饭，晚饭吃猪头肉、鱼肉，蔬菜等，晚饭做好之后，把饭菜祭在山神土地面前，所有在场人员全部磕头，祈求山神土地保佑这头牛从此健康长久，不再出什么差错，祭拜完后，大家共同在那里吃晚饭，吃晚饭后各自回家。①

前面已述，石龙村民与山林的密切关系还体现在依靠山林涵养水源，为生产、生活、人畜饮水等提供最根本的保证。此种现实需要，也转化为对山林的崇敬，具体表现就是对水源林、水源树的神圣化，并形成相应的乡规民约予以规范和保障。村民对于龙潭的信仰，实际也是与水源问题相关。那些龙潭旁边的树，往往被视为水源树。而山里的龙潭也成为石龙村民举行祈雨仪式的重要场所。

今天佛会组织到青龙庙翻修青龙房，浇灌地皮和把房顶翻修一新。早上由小张瑞鹏、张柱宝二人到各家各户收捐款。最低5元，最高100元，一般10元。青龙塘在村南山脚下，实际没有龙，只是在河中有一高堆土夹石，水从上流下，结果在下面形成一个水塘，方圆也仅5平方米，也只一米五左右深，但水从高处下，水声水势大，下面的水塘深，于是人们就取名为青龙塘，并在后面建一庙，里面供奉龙王和山神土地，每年的农历四月初八佛会都来这里做会，有的来求子嗣。久而久之这里成为村民求子嗣，有灾难到此供神的法场。②

青龙庙中同时供奉龙王和山神土地，自然也是村民心目中围绕山林这一共同场域而建构起相关的神灵信仰体系之明证。日志中提到甚至这里也衍化为村民求子、去灾的法场，实际上，这些也都与山林这一基质元素不

---

① 引自云南大学聘请的村民日志记录员张海珠 2018 年 8 月 1 日所记日志。
② 引自云南大学聘请的村民日志记录员李绚金 2011 年 5 月 3 日所记日志。

82

无关系，山林涵养水源，水为生命之源，常常又是祈子行为的实物空间载体，而祈雨是为了对抗旱灾，所以，这些仪式活动都与山林发生着关联。

石龙村民以上山采菌为主要生计内容，还有不少人是以野生菌收购二道出售为业，这样的生计以及所获取的利益村民也会将之直接归功于山神的保佑。

> 李元生、董根宏、张四代、张柱宝、张德生、张四楞等人到西南方向收菌子，即到南山、西山（南后井箐、西大松茸地）收购各类菌子，收购时间总共5个月左右。南山是向弥沙正兴和汉族等地的采菌人员收购，西山是向彝族和玉石河等地的采菌人员收购。他们每天或多或少都有进账，一年下来也可以收入三四千元。为了一路平安、财运亨通，昨晚他们买了牲礼，即几斤猪肉、白酒和其他如香烛、菜蔬到西边的山神庙供神。他们一部分人在家煮饭和准备牲礼，其他人到后山收购菌子，大约晚上8点在西山神庙集中，供神，吃晚饭后返家。①

甚至外出务工者，也会到村东入口的山神庙祭拜。表面看起来，外出务工与山神并没有什么联系，但这样行为的出现，实际反映的也是将山神视为生活中重要的崇拜对象，而其背后隐藏的事实就是石龙村民与山林之间密切的联系。这种关系已经成为其构建和实践民俗行为的文化背景和支撑逻辑。以往的生活之轴围绕家和山林而展开，现在这个范围扩大了，外出务工甚至可能要去到深圳、北京等很远的地方，但本质上讲，这只不过是从家到山林的轴线的延伸。所以，不光是外出务工，其他的大小事宜也会涉及山神的祭拜。

> 部分外出务工，回家过年的务工人员出村返回工地。多数务工人员的家人把香给务工者，出村到本主庙山神庙处时拿香拜神，祈求出入平安。春节期间，凡是外出石龙村不论是做生意还是去办事，出远

---

① 引自云南大学聘请的村民日志记录员李绚金2006年8月2日所记日志。

门等外出点把香到本主庙及山神庙拿香，祈求本主保佑出入平安，这个求平安吉利的方式也不知流传了多少年了。现在很多年轻人虽然不信这个。但是只要家中有老人的，即使年轻人不信他们也要去行这个习俗，希望本主保佑儿女孩子平安。①

有时似乎是比较偶然的原因让村民选择去拜山神，但这种偶然中又蕴含着必然，看似与方位的选择有关，但实际上也是由石龙山林生态的基本特点奠定了信仰的基础。

本村村民李珍灿给自己5个月的女婴算命（村里有一风俗，婴儿出生后，要请算命先生给婴儿算一下，算婴儿的生辰八字是否与家人相冲，或者算孩子缺什么等）。算命先生算后说："这孩子什么都好，但是需要祭拜一下西方的神灵。"今天李珍灿父母亲到西方的山神庙做晚饭，晚饭做好后祭拜，祈求西方的神灵保佑婴儿平平安安，健康快乐地成长。②

有个小病小痛，或者发生一些意外，村民们首先也会考虑是不是得罪了山神所致。

村支书张四宝的爱人10天前到村南土地庙旁碎土，回家脚杆疼痛，她用草药医治，越治越疼痛，于是有人建议可能是得罪了山神土地，需到那里祈求山神原谅。于是今天下午5点，张四宝的母亲张福祥和亲家母2人备1块猪肉、1块豆腐、1个鸡蛋、1盘甘蓝、香火蜡烛和纸钱到山神庙还愿。不知是否有效。③

李永亮父女俩同时患阑尾炎做了手术，恢复良好。他们不明白为何双重灾难降临他家，于是到洱源请福祥看香。福祥说他家没有什么

① 引自云南大学聘请的村民日志记录员张吉昌2017年2月2日所记日志。
② 引自云南大学聘请的村民日志记录员张海珠2018年1月20日所记日志。
③ 引自云南大学聘请的村民日志记录员李绚金2005年5月4日所记日志。见董秀团主编：《石龙新语——剑川县沙溪镇石龙村白族村民日记》，中国社会科学出版社2009年版，第303页。

祸根，唯一一个问题，他家有 17—18 岁的两个小伙子相继夭折，他们被埋在坟山脚下，特别是没有山神土地树，因而无人管教成为散鬼，他俩要求给他们立一个山神标志，他们的灵魂交由山神管。于是李永亮虽医病经济困难，仍然拿出 200 多元，买了一个 70 多元的猪头，请巫师张庆长主持，同时请本族和亲朋长者参加，给他们立一棵树，命名为山神树。20 年前李永亮的大哥永宝因患不治之症而亡，先葬在坟山脚下，后来他的四弟患克山病夭折，当时把四弟葬在永宝旁成一小排，这个可算是巫师看得准确，因为她在洱源根本不知道实际情况，而永亮也付出一定代价完成此一事情。①

张永全的儿子骑着马路过石龙西部西山神庙时，马一惊把他摔下来，跌伤身体，而且从那一次后，马到山神庙前就不走了。说是得罪了山神，因此今天早上请张海应、张小五、张文坤等人到西面山神庙供奉山神土地，祈求原谅，保佑今后清吉平安。②

本村村民李福娘近几天感觉自己的左脚走路不利索，有时还稍微疼一下，因此李福娘一家决定到东方山神土地庙祭拜一下，并且在那里做晚饭吃，准备的食材有甘蓝，四方肉 1 块，豆腐 1 块，茶，酒，蔬菜数种，香火，蜡烛等，李福娘一家人午饭吃后就开始准备好东西，之后到山神土地庙里做饭，饭做好之后，把所有的饭菜，甘蓝、茶、酒、等祭在山神土地前，所有在场人员磕头，李育龙说吉利话：祈求山神土地保佑让李福娘左脚早日康复，从此无病无灾，健康长久，最后一家人在那共同吃晚餐，晚餐之后返回家。像这种事，在本村经常发生，在我爸妈看来，这样做后，我妈的脚肯定会好的，因为有山神土地保佑着。③

本村村民张金花，女，35 岁，前段时间右脚突然疼痛不止，有

① 引自云南大学聘请的村民日志记录员李绚金 2007 年 11 月 19 日所记日志。
② 引自云南大学聘请的村民日志记录员李绚金 2006 年 6 月 19 日所记日志。
③ 引自云南大学聘请的村民日志记录员张海珠 2018 年 9 月 4 日所记日志。

时连走路都很吃力，她到剑川县人民医院检查，医生说是关节炎，休息一段时间就好。今天张金花的父母、老公和孩子一起到庙里磕头，在山神庙里吃晚饭，祈求神仙保佑张金花早日康复无病无灾。吃完晚饭后因为天黑了大家赶紧收拾回家。①

本村村民张桂祥因患骨质疏松疼痛难忍。今日他们一家到山神庙那里磕头并做晚饭在那里吃。晚饭之后，一家人把饭菜端到山神面前磕头，求山神保佑他早日康复、健健康康。②

村民张灿青今年承包了30亩地种植山药菜和玛咖。最近这两月就一天不缺往村西边三组彝族村民附近的承包地作业，前几天他做了不吉祥的梦。他将梦说给其母亲后，其母亲许下了做一餐"世而辈"以解梦。"世而辈"即山神饭的意思，也就是去所涉及的方向山神庙供山神吃顿饭。今日他母亲及孙女背上鲜肉1块，豆腐1块，大米，香烛等供品到西边山神庙供山神土地。石龙村民自古以来凡事做梦或到某方向回家后身体上某个地方不舒服，都认为是得罪了山神土地或神仙，要许叩一个平安头（到本主庙）或做一次"世而辈"以祈求神仙保佑，让神仙解除对自己的惩罚。③

前些时候二组村民张华凤晚上做梦，梦到她和两个弟弟到马田箐方向去采菌，采菌回家的路上有两个老头和她们几姐弟抢烟抽。做了此梦后第三天她就给一组村民张某老人说，张某老人就给她此梦并非是坏梦，只要你们姐弟到南方（马田箐方向）的山神庙祭拜一下就可化解。所以今日她姐弟几个到南山神庙祭拜。④

上面的日志，我们不厌其烦地一一引述，只是想真实地呈现石龙村民生活场景中涉及山神祭拜的疾病灾痛到底会有哪些。透过日志，我们已经

---

① 引自云南大学聘请的村民日志记录员张海珠2018年11月14日所记日志。
② 引自云南大学聘请的村民日志记录员张海珠2018年11月15日所记日志。
③ 引自云南大学聘请的村民日志记录员张吉昌2014年6月23日所记日志。
④ 引自云南大学聘请的村民日志记录员张吉昌2016年8月27日所记日志。

可以清晰地看到这些疾病灾痛的种类之多样，虽然手脚疼痛与山神发生关联的几率最大，但是还有很多灾痛没有体现出固定的倾向，也就是说，一切似乎都有可能与山神联系在一起。这从另一方面来看，自然可以说明山神之于石龙村民的生活几乎是无处不在的，这当然可以用来说明山神信仰确实在村民生活中具有重要的位置。

张吉昌在日志中也对村民祭祀山神土地的现象进行了总结。

> 村民们到山神庙供山神、土地，一般有两种原因，一种是买到了大牲畜去"堵路口"，另一种是家中的牲畜或家中有人经常手脚疼痛，或者是到某一方向劳动做事回家后出现手脚疼痛。到山神庙供山神、土地，一般供品是一荤一素，荤即鲜肉1块、鸡蛋1个、斋饭1碗。素即甘蓝1盘、豆腐1块、茶、酒水、香烛。仪式：到庙后生火点香烛，然后煮肉（煮半熟），煮饭、炸甘蓝。贡品准备好后摆于山神、土地公塑像前，叩拜。叩拜毕，将贡品重新煮炒吃饭，饭后而返。一般都选下午晚些时候才去，因为以上村民统称"自是而悲"。①

石龙村民有为家中老者提前竖立墓碑的习俗，因村民认为坟墓乃逝者在另外一个世界的房子，就和活着的人需要住在房子里一样，死者也需要有房子。所以提前做好准备才是对老人至孝的表现，以免到人去世的时候才手忙脚乱。竖墓碑时也要有祭祀山神的相关活动，从下面的记录中可看出村民对这样的仪式是颇为重视的。

> 张瑞鹏今天为母亲竖立墓碑，举行竖碑活动和请本村人作客。竖碑活动与竖新房活动相同，用族中两位辈份高的人做提调、总理，主管活动全过程。其他人员分工情况：请客1人，记礼账1人，称米1人，收礼币1人，传烟1人，司酒1人，负责茶水2人，司厨5人，煮饭4人，收礼物3人，挑水2人，捧盘下菜8人，管碗筷1人，洗碗筷2人，煮祀礼1人，添厨1人，杂工3人，写对联1人，上山竖

_____

① 引自云南大学聘请的村民日志记录员张吉昌2014年9月27日所记日志。

碑14人。其中有石匠3人，是本村的。

辰时动土，接着竖碑，申时上圈，天黑前成坟。动土前做素菜1盘，点1对香，到山神牌位前叩头请求允许在坟上动土，然后到坟上动土，土气出东方。然后开始动工。到申时，工程基本完成，开始举行上圈仪式。首先祭圈，把祭祀礼品摆在圈前，请老人上前，分吃糖果、瓜子、敬酒。同时，亲朋好友来传烟，结束后向圈叩头，叩完头，主人手提一只活公鸡交与石匠师傅。石匠师傅按起公鸡开光，开光结束，上圈，圈上好后，师傅丢馒头喊吉利话，众人抢馒头，馒头丢完就全面结束。最后坟墓全部整理好后，又去山神牌位前叩头，请山神保佑全家平安。之后就下山回家。①

此外，有人去世，下葬的时候也要祭拜山神。按照石龙村俗，村民去世后行土葬，每个家族均有相应的坟山，村中各家族的坟地皆位于周边山上，坟墓均设于山坡或山林，人死之后是真正还归于山林和土地的。

一个家族坟山有一棵"山神树"，安葬后用1块肉、1个蛋、斋饭、茶酒供山神，并把祖宗旗、纸钱、纸轿烧在山神树旁，表示把亡者交给山神，然后把供品分吃掉，最后回家，端斋饭到祖宗牌前，表示灵魂已入祖宗队列。②

石龙村的念佛会还会不定期举行专门祭祀山神土地的盛会。念佛会作为佛教的民间组织，将山神土地信仰纳入法会的范围，也在一定程度上说明了石龙村民信仰系统中山神土地原初信仰的重要影响。

石龙佛教会在本主庙举行活动，称"雌土科"，汉意是山神土地圣会。会员们的想法是，2004年已将年终，在过去的一年里，全村

---

① 引自云南大学聘请的村民日志记录员张瑞鹏2005年2月22日所记日志。见董秀团主编：《石龙新语——剑川县沙溪镇石龙村白族村民日记》，中国社会科学出版社2009年版，第544页。

② 引自云南大学聘请的村民日志记录员李绚金2004年12月29日所记日志。见董秀团主编：《石龙新语——剑川县沙溪镇石龙村白族村民日记》，中国社会科学出版社2009年版，第211页。

大牲畜没有走失和被盗的情况，全村人出行都安康，没有大的事故发生，这些都是东南西北各方山神土地防守得好，保护了全村人民清吉平安，故要举行一次法会，感谢山神土地保民立功，也祈求 2005 年全村清吉平安。①

除了山神，石龙人也有关于猎神的信仰。尽管村民已经早就远离了狩猎的传统，但是对于猎神的崇信仍然存在，很多时候还与山神信仰结合起来。狩猎活动本就是依赖山林的环境，故而在石龙村民这里，猎神必定是在山上，猎神也常常与山神相联系。

> 话说猎神。石龙有个风俗在周边东南西北四方不仅建有山神土地庙，同时在庙的旁边还建有猎神活动场所，比如在东方就有两个猎神户（他们只依借一棵树在旁烧香就算猎神户），谁家有灾有难往往要到该户烧香叩首。一般的说法是，如果得罪了猎神就会得很奇怪的病，有时猝发，但一到猎神住地供养病情也就好转，因此信仰猎神的习俗恐怕石龙才有。②

> 记"傈僳山神"的故事，又称"猎神"或"三老爷"的故事：张四同，女，48 岁，前天到石宝山捞松毛，走到石龙水库下，塚后箐口猎神或称傈僳山神（后简称猎神）家旁，塚后箐水沟木桥处，走到桥头好象有人推一把，突然跌倒，造成拇指跌脱，当时只她一人，她只得用右手抓紧突出的骨头，只听"咯咯"两声，脱出的骨头复回原位，但已不能再劳动。回家请骨科医生诊治，并作敷疗，情况基本稳定。但老人们说：这是猎神作怪，处罚你，你必须到那里献猎神，让猎神不要再纠缠你。原来塚后箐口有两条路，一条顺大佛地箐到剑川，另一条上山到宝相寺，在两路交叉处古时就没有猎神户。在交叉路口山

---

① 引自云南大学聘请的村民日志记录员李绚金 2005 年 1 月 22 日所记日志。见董秀团主编：《石龙新语——剑川县沙溪镇石龙村白族村民日记》，中国社会科学出版社 2009 年版，第 237 页。

② 引自云南大学聘请的村民日志记录员李绚金 2012 年 5 月 21 日所记日志。

嘴有一棵大栗树，在栗树下，支三个大石头作为"锅架"，树上挂着麻皮和各种五颜六色的纸，这就是猎神户的标志。它给人们的灾难，"猎神"顾名思义，无非跌、刀、斧等恶劣病症。人们对突发的上述病，谈虎色变，上山下山都十分注意行为言谈，生怕得罪猎神而患难忍之恶疾。久而久之，人们上山作业都很注意忌讳猎神，这种观念在石龙村民的思想意识中已牢不可忘。石龙猎神户，东边有二家，南一家、西一家、北一家，这几家历来都香火兴旺。那么可以说，石龙人一信佛，二信道，三信本主，四信猎神。①

前面已记到傈僳山神俗称猎神或三老爷的基本情况，今天张四同买了3斤猪肉、2斤豆腐、甘蓝、茶酒、五色纸张，下午3—4点请巫师张庆长、张海应。四同是我的大女儿，叫我去参加，我也要亲自去记一下供奉猎神的起初情况，于是积极参加按时到现场观看。祭品有3斤鲜猪肉，1个鸡蛋，1块豆腐，1盘甘蓝，1个调稀后烤熟的荞面粑粑，还有五色纸几张，剪成不规则条块，乱七八糟地挂在树上。祭品备好后举行祭礼，大家跪地叩首，由巫师念祭词：公元2006年农历十月十四日，李林茂、张四同备薄礼，请三老爷、四方神仙等到此享用，并求保佑他家清吉平安。祭礼后吃午饭，饭后带着一个杯子，内装一个蜘蛛，用手巾包好，这代表病人之魂，招了魂带回家表示今后平安无事。这是祭猎神的全过程。②

在石龙村的口述史中，不乏关于山神土地的口头叙事，这同样也是表达和映射村民心目中的山神信仰的方式之一。我们在村中搜集到一则关于山神和土地的故事如下：

一个村子里有一户人家，已经九代不分家了，所以家里的人很多。上天给了他们家一个梨，让他们一家人吃。但是，他们家的人太

---

① 引自云南大学聘请的村民日志记录员李绚金2006年12月4日所记日志。
② 引自云南大学聘请的村民日志记录员李绚金2006年12月6日所记日志。

多了，一个梨不够吃，所以他们就把梨砸成了粉，搅入水中，一人喝一口，喝了的人马上就会成仙。这样，他们家的人全部都成仙了。只有两个去放牛的回来晚了没赶上。但是家人已经给他们在杯中留了一点点，还留下话说让他们把这些喝完，喝完了以后来找家人。两个放牛的人回来的时候，天色已晚，肚子又饿，看到留在杯子里的只有这么一点点，很是生气，说："就只留给我们这么一点点，怎么喝得够？"他们就把这水倒在了他们家院子中，刚好倒在了一群鸡身上，鸡也成仙上天了，所以天上就有了一群鸡，另外还有一点儿倒在了他们的犁上，这样犁也成了仙，就变成了"三牲星"。这样，犁也成了仙，鸡也成了仙，而放牛的两个人没有成仙。上天又对他们说："那你们在地上成为山神和土地吧，让人们一天供你们一百次。"所以，山神和土地就是他们两个了。①

故事中的山神和土地原本为两个放牛的凡人，错失了飞升成仙的机会却被上天垂怜而成了一方小神，表面上看，这里的山神土地并没有多么神圣和威严，也缺乏大局把控和判断的能力，但是，再细细审视和体味，却发现这样的叙事中暗含着村民对山神土地更为亲近的心态，也恰好映衬了石龙村民心目中神祇的位置格局。由于没有成仙上天，所以山神土地丧失了更大范围和更强程度上的神仙之权力，他们最终只能掌管有限的范围和山林土地，故而一般来说，每座山都会有自己的山神，甚至在石龙村民眼中，每个家族的坟山以及代表着山神的山神树也是不同的。但是，这样的格局不正是村民对赖以为生的山林最直接的一种依赖吗？所以，结尾处，山神和土地一天得以享受人们百次的供奉，这也可算是他们与人类关系异常亲近的表现了吧！在村民的心目中，山神土地虽非神通广大，却也是与人们关系最为密切的神灵。

---

① 讲述人：张明玉，讲述时间：2005年1月25日，讲述地点：张明玉家，采录人：董秀团、段铃玲、朱刚、赵春旺。

石龙村还流传着一些民间故事，虽然并非以山神为主角，但山神在故事发展和情节推动中却常常起着不能缺失的关键性作用。石龙流传着不少孤儿故事，在这些孤儿故事中，常常出现孤儿因每天路过山神庙时行祭拜仪礼或者把带的口粮分一半供奉给山神最终得到山神保佑获得好报的情节。在故事中，山神还常常承担着为主角指点迷津的重要作用。《敬宝状元》中的孤儿，每天去砍柴的时候都将带的饭供给山神，所以山神托梦指点他在山神庙的台阶下找到了宝物，此宝物放到死掉的人或者动物嘴里可以救活死亡之物。最后，孤儿将宝物敬献给皇帝还娶了公主。《两富甲》故事中，好心的主角到了山神庙的时候，受到山神的庇护，坏心的朋友到了山神庙的时候，山神让各种动物把他给吃了。山神之所以成为故事中反复出现的角色形象，自然也与讲故事的村民心目中对于山林生活的依赖和对此神灵的信仰不无关系。

（二）将敬畏自然、和谐平衡作为核心理念

其次，石龙人的生态观中体现了将敬畏自然、和谐平衡作为核心理念的突出特点。

石龙村民通过对与自己生计生活密切相关的事物的神圣化来建构以山林为核心的神灵和信仰世界，这样的神圣化，其最核心的支撑动因应该是敬畏自然和追求和谐的观念意识。在石龙村民的心目中，山神、猎神、树神、路神、桥神、龙王、土地神，这些都与周边的自然环境和生计方式有关，是基于自然而产生的崇拜和信仰。敬畏的根本是和谐、平衡的意识及观念，是在人与自然之间建构起平衡和谐关系的美好期望。人类需要从自然当中索取生活所需，但是这必须建立在合理诉求和有所节制的基础上，不论是砍柴伐木还是采菌打猎，都需维系在平衡相处的最低底限之上。所以，当有人不顾乡规民约而砍伐水源树或童松的时候，当有人不考虑可持续发展而采集幼小松茸或因粗暴采集破坏了菌窝的时

候，村民才会那么痛心疾首。

　　人与自然的和谐是其社会文化系统和谐的基础。李亦园曾就传统中国文化的共同宇宙观或价值观提出了"三层面和谐均衡模型"的假说，即自然系统（天）的和谐、个体系统（人）的和谐、人际关系（社会）的和谐三个层面。自然系统的和谐又包括时间的和谐和空间的和谐，个体系统的和谐则包括内在的和谐和外在的和谐，人际关系的和谐又包括人间的和谐与超自然界的和谐两个方面。[①] 李亦园还以目连戏为例，探讨了其中"致中和"和谐观的体现。[②] 石龙村民对自然的基本认知奠定了其文化系统中人的和谐和社会和谐的基础。在与大自然的有节制的相处中，石龙村民探寻到了人的和谐及社会和谐也是建立在平衡的基础上的，所以在村民的性格中，平和朴实算是非常突出的特点。人与人的相处中，与外界的交往中，体现出来的也主要是一种相对隐忍和包容的心态而非外向张扬、率性而为。这样的一种节制与平和是在和大自然的相处中学会的，或许这也是石龙山民居于这样的不是特别优越和富饶的自然环境中才可能体会和学习到的生活经验。如果资源富足，自然地理条件优越，可以很轻易地从大自然中索取生存和生活所需，那么对自然的感恩或许会存在，但是对自然的敬畏却很难从内心真实萌生，也很难建立起与自然你来我往、博弈平衡的机制。然而单向度的流动最终会打破平衡，也不可能达到和谐共处。和谐以平衡为前提，而平衡是在双向互动中逐渐找到并被建立起来的一种关系。这种对自然的经验和观念又被运用到其他领域，包括人之相处和社会关系，乃至成为文化系统中核心价值观确立的基础。比如，人与人的相处，也是遵循着和谐为本的原则，小到一个家庭内部，大到家族之间、村寨内外，都能感受到以和为贵的思想。并非说在这里就没有任何的冲突和矛盾，但总体上，村民以和谐建构为至高目的和共同追求，在是非对错和

---

① 参见李亦园：《李亦园自选集》，上海教育出版社 2002 年版，第 262—266 页。
② 参见李亦园：《李亦园自选集》，上海教育出版社 2002 年版，第 267—270 页。

价值评判面前以达到最大的平衡和谐为努力的终极目标。

在石龙村，可以看到，尊老敬老、和谐相处等传统的伦理道德观念深深根植于村民当中，这也是敬畏自然、建构和谐社会推广及人的表现。

老年人在村民的日常生活和民俗生活中得到特别的尊重。村民普遍的观念是，老人为了家庭和后辈辛苦操劳一生，老人在生产生活中积累了大量的经验，是财富和智慧的象征，因而这些老人理所当然应该得到晚辈后生们的尊重。在村中，形成了一系列不成文的规矩：在村子里碰到老人应主动上前打招呼问好；路上相遇应为老人让路；如果遇到腿脚不便的老人，年轻人应该上前搀扶，为他们提拿重物。吃饭时，老人坐上席，老人先动筷，有好吃的应先照顾老人，比如家中杀鸡则鸡头敬给长者食用。在年节仪式、集体做会、婚丧嫁娶这样的公共活动中，老人要坐主席，所有人到了现场后都要首先来向老人们问好，传烟敬酒也要从他们开始。举个例子，石龙的婚礼中，头一天要由家族长者去本主庙供神，此外，婚礼整个过程中会有多次向老人们磕头的仪式。

古时定咪伸①一天，磕头又一天，但现在已简化为在同天晚上，既定咪伸又磕头。女家备夜宵一般是面条招待客人，客人是家族长者，再由咪伸领姑爷分别向祖宗及在座长者一一磕头，第二天早上再由咪伸领姑爷到本家户族长者家给老人磕头，说明来意。

在订婚那天晚上女方客人吃饭时，姑爷领着亲表弟兄和朋友到女家敬烟，姑爷向所有长者磕头。第二天新娘在咪伸的带领下，领着亲表姐妹和朋友到男家吃早饭，新娘向男方长者包括父母磕头以示婚事已成。在结婚搭彩当天下午，新郎和男女双方长者到本主庙供神，全体向本主叩拜。第二天迎亲时由男方长者给咪伸和新郎挂花，新郎给在座长者磕头，出嫁时新郎新娘向女方长者磕头，新娘向父母兄嫂和

---

① 咪伸，大概是指婚事中的中间人，类似媒人。李绚金解释如下："咪"意即联系的意思，"伸"是人的意思，那"咪伸"即联系人。

堂叔伯磕头告别。到男方家后晚6点至7点左右举行拜堂仪式,新郎新娘双双向长者们磕头并倾听训话。晚上闹房后,新郎和两个陪郎抬着茶酒火炮到门外阴阳先生指定的方向迎喜神。3人向喜神磕头,第二天早上3人又送喜神,同样磕头。在回门饭后回家时,新郎新娘又向在座的长者和父母磕头告别。①

此外,老人们的权威还体现在老年协会在村子日常事务中所起的作用上。村中的老年协会在村寨公共事务方面发挥着重要的作用,村委会在制定村规民约时要充分尊重老年协会的意见。在对结婚互相攀比、大操大办等不正之风的约束方面,也是由老年协会出面规约。村中的集体性事务,修桥铺路建庙等事宜,大多由老年协会出面组织协调。从某种意义上说,老人代表的就是传统,所以对老人的尊重,也体现了对传统的尊重。那些传统的道德观念和集体意识,也就在这样的尊重中不断代代相沿。直至今日,石龙村民还保有较强的集体观念,凡是涉及集体的事情,绝大多数村民都会尽心尽力参与。比如村中一年一度的六皇会、九皇会、本主会唱乡戏,乃至近些年中翻修观音庙、本主庙等集体公益行为,村民都是争先恐后地出人出力出钱。往往每年村民们会轮流来承担一些工作,当然,也有那种长期参与从不计较的,就会格外受到村民的爱戴。

> 六皇会照常进行,念佛会的会友,洞经古乐队的所有成员,文书组的所有成员和本次场中所有执事人员全部到齐。(因为今年松茸等菌子还未长出,村民们现在属于农闲时间)在整个会期中最辛苦的是做饭的村民,他们起早贪黑,毫无怨言。本村村民张珍虎,男,48岁。本村村民张塔宝,男,54岁。一提到这两人,村民们都赞不绝口。每逢会期,这两个人都从未缺过席。只要做会的会友们需要吃饭,他们都义不容辞,逢会必做,比自己家的事情还上心,而且不

---

① 引自云南大学聘请的村民日志记录员李绚金2004年10月7日所记日志。见董秀团主编:《石龙新语——剑川县沙溪镇石龙村白族村民日记》,中国社会科学出版社2009年版,第158页。

是一两年，这两人已坚持了 10 多年。跟这两人做饭的村民都是女的，而且在不断地更换，只有他俩"坚守岗位"为村民服务贡献自己的力量。①

日常生活中，村民之间也总体上是互帮互助、和睦相处的，人们在交往中信奉礼尚往来、坦诚相待。不管是哪一家，遇到什么大事小事，农活干不完，或者要起房盖屋、婚丧嫁娶，全村人都会主动前往帮忙或祝贺。这在笔者看来，也是人与自然和谐相处的平衡意识移植、映射到人与人的社会交往中的结果。

> 我（本村村民张海珠）家新建 3 间厢房，不冲土墙，砌砖墙，所用的砌墙师傅全都是本村人，分别是张玉寿、张玉良、张玉全、张路八。到昨天为止，上半墙已全面结束，由于家里搞建设没时间种植玉米，今天亲戚朋友约起来帮我家种植玉米，总共 21 人。整个上午一直下着细雨，但没有人因为下雨而停止干活，到下午回来吃饭的时候所有的人已经被雨水淋湿，然而却连一句抱怨的话也没有。石龙村人真是善良，总是把别人家的困难当做自家的困难，甚至比自家的事还重要，希望这种美德能够继续延续下去。一家有困难，大家都来帮忙，使人感觉人生在世的温暖。②

按照石龙习俗，婚礼正婚日的头一天是"搭彩"。那天晚上，全村家家户户不管亲疏远近都会去结婚者家中送"糖钱"，因过去只能送点糖，现在则改为送钱，故有此名。当然，一般来说，男方家来者不拒，女方家则只收亲戚朋友的，其余人家就婉谢。但是，不管主人收与不收，村民还是保留着主动去送"糖钱"的习俗。相应地，村中有人生病，特别是如果情况不好时，全村家家户户也都会去探望，主人家也会有选择性地收礼。到有人去世，村民又不论亲疏都前往丧家吊唁，待到当年的七月半，又都

---

① 引自云南大学聘请的村民日志记录员张海珠 2017 年 6 月 25 日所记日志。
② 引自云南大学聘请的村民日志记录员张海珠 2015 年 4 月 11 日所记日志。

会到丧家给亡者敬香、烧包。这些活动都是全村集体认同并仍为村民所谨守的，虽然在很多时候，主人家只会收下亲戚朋友的礼，后面也会涉及还礼的问题，但即使是一种形式上的礼节，仍体现了石龙人对村寨集体的看重。

所以，在石龙村，给人的总体感觉就是文化传统中敬畏自然、和谐平衡的意识一直未曾中断，或者说这样的意识又内化为民众内心中对待自然万物以及建构周围关系的基本准则，成为人们为人处世之道的核心理念。或许在现代化的背景下，在现代科技日益发展的今天，人们与自然的相处方式已悄然发生着变化，老一辈赖以维系与自然和谐相处的敬畏和神圣等意识在年轻一代这里可能业已不太一样，但是，这种被内化的意识还是会在隐形的层面发挥着其原本的制约作用。因而，在当下国家战略层面大力倡导生态保护的背景下，这种尊重和保护自然的理念就更加容易与传统文化中的敬畏意识发生契合，为村民所理解和接受，也更容易为村民所践行，因为事实上，不论或显或隐，其文化传统中与自然和谐相处的意识一直是存在的。这是当地文化传统中值得后代去珍视和传承的因素，也是生态文化和整个社会系统和谐运转、可持续发展的基础。

第二章　歌与歌会：口头传统的浸润

如果有人因为想要了解、研究剑川县那些比较有特色的村寨，而到剑川县的文化部门咨询或者去向当地的文化精英请教，那么十之八九当地人会向你推荐石龙村。记得 2004 年我们项目组在大理州内选择云南大学"云南少数民族调查研究与小康社会建设示范基地"白族调查点的建设村寨时，就曾去拜访剑川县的几位文化精英，他们对石龙村的认可和推荐程度都颇高。之所以当地的文化人会推荐石龙村，可能比较重要的一个原因就是相对封闭的自然地理环境以及在这样的环境中形成的突出的传统文化特色，

调查组员与剑川县教育局、文化局人员合影

而这种突出的特色在很多时候又可能被具体化为白族调演唱的传统。也就是说，在石龙众多的传统文化元素中，白族调可谓是最亮丽的一抹色彩、最耀眼的一张名片，因而它也成了政府宣传、村寨文化建构、自我标识中的一个特殊符号。剑川的白曲本就在大理地区负有盛名，有一个传说概括了大理地区内部呈现的文化特质差异。据说，古时候，从天上飘下来三个本子，分别落在了大理、洱源和剑川，落在大理的是大本曲，落在洱源凤羽的是吹吹腔，落在剑川的是本子曲，所以大理州内的这三个地方就分别盛行这三种不同的民间艺术。剑川，自然就是包括本子曲在内的白曲盛行之地。而石龙又成为剑川地区白曲民俗文化最发达的村落，这里被誉为"白曲之乡"，在入村的宣传牌和各种标识上，白族调、民间歌手等符号成了各方力量"共谋"中被着力提取和展示的元素。

　　已经有不少学者关注和研究剑川的白曲或者石宝山歌会，但是对石龙这个村子的白族调和歌手群像的描绘却仍然不够。我在本章中想要讨论的主要问题是，为什么石龙有丰富的白曲和口头传统？其形成的影响因素有哪些？口头传统在石龙村民的生活和文化系统中扮演着什么样的角色和发挥着什么样的作用？口头传统之于个体和群体的作用又有何不同？不同人眼中的歌与歌会呈现出什么样的异同？

一、一种对白族调的矛盾态度

　　提起石龙，外界对它的认知很可能一是与石宝山相连，二是与白族调相连。与石宝山相连，主要是由于二者具有地缘角度最亲密的天然联系，到石龙村，石宝山是必经之地，二者相连相依。同时，石宝山是一年一度的石宝山歌会举行的场所，而石龙又是歌会上当仁不让的主角。与白族调相连，自然是因为石龙因白族调而远近闻名，白族调也因石龙人的传唱而越发响亮。所以，从很大程度上说，白族调成了石龙村最突出的形象标签，当然，这样的标签的形成以及由此而获得更多的知名度和关注度，是近二十年来才逐渐凸显出来的。

对这个问题的讨论，需要提及一种在村民中普遍存在的观念，即一种非常明显的看待白族调的矛盾态度，在这一矛盾态度中包含着村民对白族调的双重评价和认知变化。

在与村民的接触中，可以清晰地看到村民对那些善于演唱白族调的民间歌手的羡慕和认可，但是，与此同时，也很容易看到或听到对白族调的另一种评价之声。在我初到石龙，刚刚接触到村民和白族调的时候，我很难理解这样的一种矛盾或双重态度为何能够同时并存。现在，我则将此种现象的存在更多归结为白族调在不同时期的社会变迁中被建构的形象之呈现。也就是说，随着社会的发展，人们对白族调的观念在发生着变化，现阶段的"非遗"保护等大环境让白族调的资源性价值得到了有效提升。

（一）"好人不上石宝山"

矛盾的第一方面是"好人不上石宝山，石宝山上无好人"。这个说法的出现，与过去传统语境中白族调和石宝山歌会的主要功能有关。

白族调虽与其他民族的民间歌谣一样，涉及生产、生活、仪式、儿歌童谣等各个方面，但是其中占据最主要数量的还是情歌。在石龙，村民们还喜欢将情歌区分为有情曲和无情曲，有情曲为表达爱恋和情意的，无情曲为讽刺挖苦对方的，在这两种中，又以有情曲为主。因此，在石龙村，白族调的演唱非常注重场合，尤其是情歌，一不能在家中唱，二不能在家人、亲属在场的情况下唱。这种讲究开始可能只针对情歌，但由于情歌在白族调中的主体位置，所以其运用的场景有被扩大化的趋向。当村民在家，或者身处家人亲属在场的情境下时，可能连非情歌的白族调也会有所禁忌，一般不会去唱。当然，舞台展演和竞赛性质的白族调演唱本身所处情境已经发生改变，所以一般并不在禁忌之列。但是在生活场景中，这种禁忌规约仍清晰可感。记得一次在石龙的田野调查中，得知一位妇女以前会唱白族调，我们专门到其家中访问，当我们请求这位妇女为我们唱上一首时，她却表现得非常羞涩，我们说明不唱情歌，唱首儿歌或者其他歌谣都行，她还是不肯开口。而这时其丈夫反而是劝她给我们唱上一首，稍后其丈夫也出门干活去了，此时其家中只有她一人而已，但这位妇女还是坚持在家不能唱，最终仍未开口。

李绚金在日志中也记录了过去家中长者对白族调的态度。

> 在旧社会弹三弦、唱白族调的不管是男是女都属于另类，老年人一看到弹三弦的拿棒就打，这样在正常的家里就没有人敢弹唱，但由于居山区，做什么活都和山分不开，于是人们上山无事时就唱白族调，表白自己的思想，长期这样生活下去。①

看到李老师记录中老年人看到弹三弦的拿棒就打这一情节的时候，我的脑海中不禁立刻浮现出相关的画面，显然在老人们看来，此种年轻人实在是不务正业，又想到我在田野中不止一次听到石龙的小伙们自豪地宣称手里的三弦是"爱情冲锋枪"，这两种情境的关联，让我不禁莞尔。

关于情歌的相关禁忌，其产生原因，一方面是此类歌谣本就直言情爱，情爱既是关乎人类再生产的原初动力，属于社会集体之大事，但又在人类跨越原始群婚而进入个体婚和偶居之后更多被打上了个人色彩，种族繁衍之大事需要落实到一个个具体的个体身上，所以这又是一个比较私密的话题，再加上伦理道德的介入和规约，则对情爱之声加以一定的限制也就成为理所当然。另一方面，当与对情歌唱情曲的功能有关，对唱情歌，在传统的生活中是发挥着实际的社交功能的，并不仅仅是单纯的娱乐，这也是石宝山歌会上通过对歌唱曲、传情达意便会产生男女交往甚至山林野合现象的原因。也听说过这样的事情，在村中有一妇女以前很会唱白族调，也喜欢去对歌，但是后来由于丈夫不愿意她去对歌唱曲，不准许她

---

① 引自云南大学聘请的村民日志记录员李绚金 2008 年 5 月 9 日所记日志。

去，后来也就不怎么唱了之类。在丈夫的反对中，当然也隐藏着对妻子通过对歌唱曲惹来风流闲话的担忧。

很长时间中，石宝山歌会一直保留着普遍的山林野合之风。年轻人通过对歌谈情说爱，中年人甚至老年人也利用歌会与旧时情人朋友相会。正因如此，石宝山歌会被称为"风流会"，一直被看作是高歌纵情、狂欢偶合的好时机。这种山林野合，被学者看作是桑间濮上男女野合一类古老习俗的遗留。追根溯源，桑间濮上男女野合的古老习俗又与生殖崇拜，特别是女性生殖崇拜有关。石宝山的石钟寺石窟，是被誉为"南天瑰宝"的国家级文物保护单位，其中有一窟造像一直引起人们最大的关注，该窟名为"阿姎白"，所雕刻的是一具女性生殖器造像。很多人一直为这尊女阴造像与佛教神祇和王者造像同堂共处而不解，这种现象在其他地方也确实是难得一见。那么，为什么在石钟寺石窟中会出现这一独特的现象呢？这无疑与当地先民原始的女性生殖崇拜意识有关。对于石宝山一带白族民众中所流行的女性生殖崇拜意识，有学者列举了多种例证，如白族民众在向阿姎白磕头之前所诵读的祭祀歌起源甚早，与白族民歌三七七五、七七七五的格律不同，且其中提到的金线蛙鼓起大腹的形态和土罐的形状与女性生殖有关；白族固有的底层文化中有女性生殖崇拜意识；每年歌会期间，民众到石宝灵泉祈求子嗣；等等。① 这些都说明，早在歌会产生之前，石宝山一带及周围的白族民众中早就存在生殖崇拜的观念信仰，这种原始的生殖文化伴随着歌会的产生和发展进入歌会，成为歌会中最具特色的一笔。

然而这样的民间习俗在人类学所言"大传统"的视野和取向中无疑就是有悖伦理道德、有碍秩序风化的。随着社会的发展，歌会和石宝山中的这些生殖崇拜元素受到"大传统"的排斥。清朝乾隆年间曾任剑川知州的张泓在《滇南新语》中说："州之沙溪、甸尾皆有市，悄悄长昼，烟冷街衢；日落昏黄，百货乃集。村人蚁赴，手燃松节曰明子，高低远近，如萤

---

① 丁丙：《剑川石钟山石窟造像缘起蠡测》，《民族艺术研究》2002 年第 6 期。

如燐，负女携男，趋市买卖，多席地群饮，和歌跳舞，酗斗其常，而借此以为桑间濮上，则夷习之陋恶也已甚……余司牧于是，其最关风化者莫如夜市，乃首禁之，立为条教，示以男女有别，出作入息之义，及违禁之罚。"① 这里，在禁夜市的同时也将和歌跳舞之类的民间娱乐一并禁止了。甚至在新中国成立前各村各寨的乡规民约中也禁止弹曲对歌。如剑川县东岭乡新仁里村的乡规里就有"有弹弦鸣曲者罚"这样的条款。

到了 20 世纪 50 年代末，在极左思潮的影响下，有山林野合遗风的歌会被视为社会主义的异端，受到禁止。之所以官方要禁止弹唱对歌，不许群众赶赴歌会，究其原因主要还是在官方"大传统"视野的观照下，认为歌唱曲以及相关的山林野合等习俗是有伤风化的。这种官方"大传统"视野并不是孤立地存在，在其强势压力下，有时此种官方视角又会被民间所接受，因而造成俗民群体对于传统习俗亦会出现与"大传统"观照"合流"的倾向。王明珂认为："典范历史合理化核心主体之优势地位，或也合理化社会边缘群体在误导意识下所认知的自身劣势地位。"② 当然，民间视角的反弹力量也可能会通过不同的表现形式得以显现，如此就形成了人们观照同一传统时那看似矛盾的复杂现象。

李绚金在日志中对"好人不上石宝山"的俗语以及形成原因进行了自己的阐释：

> 剑川地区流传着一句话，"好人不上石宝山"。这还得从头说起。"十姊妹"之所以在石宝山和菩萨诸佛同起同坐，说明歌会已形成一定的规模，但仍以宗教为主导，因而仍叫"八月初一"。虽然如此，但洱源、丽江九河和剑川县的歌手男女青年，八月初一都云集石宝山对调子，谈情说爱。洱源湾坡大树等地的男女青年许愿每年到石宝山对歌。男青年穿七八层衣裤，里面一层最长，尔后一层短一截，显示

---

① 方国瑜：《云南史料丛刊（第十一卷）》，云南大学出版社 2001 年版，第 399 页。
② 王明珂：《反思史学与史学反思》，上海人民出版社 2016 年版，第 46 页。

富有，头上有头帕，脚上穿的是用新布条纺织的草鞋，龙头三弦一挂，确也有十分的英武气概。女青年衣裤布满刺绣的花纹图案，头上戴着满是饰品的帽子，叮叮铛铛琳琅满目。他们男女合伙几十人一群来到石宝山，每年的石宝山歌会只有这群人来了才热闹起来。这些人是正派的对歌，有意思的是他们中间要有一至两个老人作为保护，不允许做出越轨的事情，他们是歌会的主流。时过境迁，随着社会的发展，人们的衣服也改变了。1985年后穿戴全部改为白族金花服装，男人也西装革履。但有一点就是社会上的不良风气也吹入歌会，破坏了歌会的名声。例如流氓阿飞、妓女、嫖客也浑水摸鱼。有的人谈"歌会"色变，在20世纪50年代末70年代初这段时期，"好人不上石宝山"的说法到处流传，这对歌会的发展是有一定影响的。

但事物总是一分为二的，正义占主流，邪恶次之，不然为何歌会能经久不衰？记得好像清朝有位叫杨慎贤的诗人，写过"三营浪子弹三弦"的诗句，写的是洱源县三营镇的小伙子到石宝山对歌的情形。此诗收在《石宝山小志》下册，但我身边没有此书，可能有些姓名等说错，但确有此诗。这说明至迟歌会在清朝就有了，而且一直延伸下来，一年比一年兴盛起来。

事实上，新中国成立后人们的文化素质有普遍提高，但改革开放前，这里比起先进地区仍然显得原始落后。石宝山风景如画，是附近几个县人们休闲的好场所，人们都以到石宝山一游为一生中最大的荣耀，当人们之间发生争吵时，会说："你有什么能耐，到过石宝山吗？"可见，"好人不上石宝山"是夸大其词了。改革开放前，石宝山没有电也没有路，歌会上的人们跋涉而来，自带简单的行李和粮食，因没有饭店和旅社，只有石龙村村民相约于会期手工擀面条卖，那也最多只有一家，其余的石龙村村民卖小捆的松明供照明，同时卖一些凉粉或一些杂食，但也就只有三五家。当时石钟寺没有人住，新中国成立后政府派了尹玉裕和麻官保护文物，金顶寺没有人住，宝相寺只有 1 ~ 2 人住。海云居只有两个尼姑。对众多的游客无法解决吃住问题，人们只能自带食宿用具，或男女不分地对唱露宿，此情此景，当然有的人跳下黄河也洗不清，有的坏人做尽坏事，难怪社会上传言"好人不上石宝山"了。

1980 年政府前后从学校调杨进新、李绚金、李植坤、段秉乾 4 人到文保所任职，研究文物、保护文物。他们都是 20 世纪 50 年代参加工作，经过党培养的优秀职工。杨进新任所长，李绚金任财务会计。当时文化局尚未成立，因此文保所肩负着石宝山文物的保护工作。多年的工作告诉我们，歌会是白族文化的精华，是难能可贵的历史文化遗产，但政府必须给以引导。首先由文保所做起，我们干涉那些不文明的人为非作歹，因此在石钟寺逐步形成"对唱是文明的，其他乱搞是非法的"的观念。1985 年政府接受了我们的意见，由文化局和文化馆搭台组织赛歌，并评出优劣，给以表彰，从此"石宝山歌会"才正式命名。那么，为什么歌会是在八月初一举行，最后调为七月二十八为正会呢？原因是八月初一歌会和剑川骡马会的文艺组织都必须由文化局和文化馆负责，于是文化局决定将石宝山歌会的时间作调整，使剑川骡马会和石宝山歌会之间有 2 ~ 3 天的间隔。否则，石宝山歌会还未收场，骡马会又开始了，忙得文化局和文艺人员不可开交，现在把八月初一歌会提前，中间间隔几天，那么文化局和文艺工作者才能有充分的精力投入工作。那时起，八月初一才正式变为今天的"石宝山歌会"。（李绚金注：这里是随笔，我已 68 岁，有时对过去的事记忆已不是很清晰，因此可能出现错别字和其他错误，但我相信毕竟是我的经历。因而我不敬专家学者高论，而自己实事求是记录。）①

---

① 引自云南大学聘请的村民日志记录员李绚金 2004 年 9 月 17 日所记日志。见董秀团主编：《石龙新语——剑川县沙溪镇石龙村白族村民日记》，中国社会科学出版社 2009 年版，第 137—139 页。

归结起来，白族调在情爱和生殖崇拜主体导向下，存在山林野合等现象，而这样的现象被放大或者片面解读的时候，就容易被扣上不遵伦理、不合礼仪的帽子。再加上社会上的一些不良风气也确有可能借着歌会生殖崇拜和山林野合之名介入歌会，引起人们的混淆和误解。这就是石龙村民中普遍流传"好人不上石宝山"俗语的原因。

> 据老人们说男青年在八月初一，可以上山唱白族调对歌，但始终受封建礼规指责，于是他们晚饭后上山唱白族调即对歌，第二天去劳动生产，有的男人到石宝山开饭馆，但醉翁之意不在酒，他们主要是去对歌，后来女人们也找到借口，上山卖松明、松子、瓜子水果之类，但人数少。应该肯定旧社会白族歌手特别是对歌歌手被列为下流，"好人不上石宝山，石宝山上无好人"就是封建礼教的片面性。石龙有一儿歌："弹三弦，三弦弹，弹三弦的是我的儿子，拉二胡的配搭上，我们三父子。"现在改为："弹三弦，三弦弹，三弦之音多好听，二胡搭配上，实在是好听。"四五岁的儿童公开称弹三弦的人是儿子，这太荒唐。可是它从侧面反映弹三弦的歌手社会地位低下，好在改革开放有三百六十度的大转弯，他们的社会地位从低下提高到正正大大的对歌或弹唱，在社会上占有相当的地位。①

故而，"好人不上石宝山"，在这句简单的评判式俗语背后，实则隐藏着石宝山歌会及其对歌唱曲的原初生殖意味，也融入了社会发展过程中的道德规训，当然，其中也不乏将歌与歌会的某些功能放大化和"污名化"的倾向。

（二）对歌的舞台越来越宽广

矛盾的另一方面则是对白族调的看重和认可。当然，这种转变更多是

---

① 引自云南大学聘请的村民日志记录员李绚金 2010 年 6 月 13 日所记日志。

从 20 世纪 90 年代以后甚至是进入 21 世纪以后才逐渐显现出来，并且表现得越来越突出。

在现代化和全球化的语境中，由于白族调演唱场合等发生了变化，白族调的传承和教化功能已经逐渐发生转移。过去田间地头的对唱现在已经很少能听到，对于生产生活的经验更多是采用口头和行为的方式进行传承。过去，每年一次的歌会颇具"仪式"性质，参加歌会如同完成一项神圣的仪式。现在，很多民众坦言，如果没有时间就不一定要去参加歌会了，即使去了，最主要的目的就是游玩一下而已。过去，白族调最主要的功能是传示情感、表达爱恋，如今，对歌唱曲已经不再是传情达意的主流方式，石宝山歌会上的山林野合习俗也在政府部门的介入和引导下逐渐消失，虽然歌会上仍然不时传来此起彼伏的对歌声，但真正怀着到歌会上寻找有情人甚至是终身伴侣的想法越来越显得不合实际，而真正的发自内心的对歌也越来越难得听见。20 世纪 80 年代以来，白族调渐渐脱离了人们的日常生活而成为一种展演性活动的同时，大量能够称之为民间歌手的会唱白族调的人被催生出来，他们与普通民众有着许多的不同。白族调也从生活中的调味品变成舞台上的佳肴盛宴，民间歌手成了具有更宽广的舞台和更耀眼的光芒的明星。这些变化，无疑都是将白族调当作歌手的一种技能而非生活方式，歌手的歌唱不再是简单的情感抒发，更重要的是体现了其自身的价值和才华，对于歌手来说，通过歌唱展现自我，达到自我实现的目的才是最重要的。如被誉为"白族歌王和歌后"的姜宗德和李宝妹，早就已经被文化馆吸收为正式工作人员，发给工资，予以认可。石龙村的小阿鹏姜续昌、张银耀、董禄龙、李四旺等年轻一代都已经通过白族调的展演走向了更广阔的大舞台。在他们的身上，村民们看到了一条通过白族调而让自己接触更宽广的外部世界的道路。李根繁、姜伍发、李福元、李繁昌、张五妹、张福妹、董福妹、张小发、张太英等虽然没有脱离剑川本土的大范围，但生活的圈子也已经不再局限于石龙和石宝山，剑川县内各地，兰坪、丽江等甚至是省外各地也会不时地请他们去演唱白族调，这些村民是真正"唱出去"了。2008年石宝山歌会被列入国家级非物质文化遗产名录后，其受外界的关注也越来越多，白族调和民间歌手拥有的舞台越来越宽阔。在这样的背景下，村民对白族调的态度也从"好人不上石宝山"逐渐转变，似乎上不上石宝山已经不足以成为人们评判的一种标准，这不仅仅与石宝山歌会期间男女山林野合等习俗的转变消失有关，更重要的还是因为白族调功能之扩大和转变，既然白族调已经成为带给人们不同的生活道路和更多可能性的象征性载体，人们对白族调的看法自然也有不同。现在，提到会唱白族调的民间歌手，村民就算不是赞誉有加，至少也是怀着一丝的羡慕。小阿鹏、董继兰、张银耀等年轻歌手艺人在外面的一举一动也常常牵动着村民的心。

> 昨晚8点，姜伍发的儿子姜继昌从昆明打电话，通知父母亲戚朋友，准时收看中央一台和云南台，主要收看2008年中国青歌赛表彰大会。因为他得了二等奖。可以说此消息石龙已是家喻户晓，人们怀着激动的心情收看电视。……而这次姜伍发的儿子在北京和省里获奖，得到领导的接见，经济上也得到2万元奖励，此事可以说在石龙轰动一时，对石龙来说是一大喜事。①

在与石龙村十多年的接触中，笔者也多次在村里参加村民的联欢晚会或者文艺表演一类的活动，几乎每一次，上场的人们都是非常踊跃的，那些平常看起来非常羞涩的女性在上台唱起白族调的时候好像是变了一个人似的，那时候的村民，无关老少，无关性别，只要有此才能，便能尽兴施展。很多时候，大人们鼓励家中小孩上台献艺，当哪家的孩子展现出这方面的天赋的时候，大人们也总是难掩自豪之感。有一次，看到两三岁的小儿被大人抱到台上演唱，稚嫩童声唱响白族调，台下大人乐得合不拢嘴，在那个时候，我真的觉得石龙人对白族调的态度和理解已经大不一样。也有好几次，当小阿鹏、董继兰、张银耀、董禄龙、李四旺等年轻人登上外

---

① 引自云南大学聘请的村民日志记录员李绚金2008年5月9日所记日志。

面的舞台参加一些竞赛和节目的时候，村民们几乎个个为他们焦急，为他们助威，为他们拉票，那种团结一致的气氛，确实也让我们真切感受到村民在面对此类事情时表现出的高度的一致性，他们都认为年轻人把白族调唱到外面更大的舞台是在为石龙村挣脸面、争荣誉，所以几乎所有的村民都会发自内心地去支持他们。

这种看似矛盾的双重态度和标准以及其背后的原因，在白族调歌手的性别变化维度中亦可窥见一斑。在过去的岁月中，能够被外界所熟知的民间歌手相对较少，这与白族调的传播方式和手段的局限有关。而在这相对较少的白族调歌手中，又以男性占据了绝对的位置，我们几乎很难见到女性歌手的身影。在老一辈的剑川白族调歌手中，王恩兆、张明德、杨泽周、苏贵、黄四代等老百姓耳熟能详的民间艺人都是男性，却几乎找不到女性歌手的名字，虽然实际上也有李银淑、李金香、张永香、段润吉等老一辈女性歌手，但是相较于男性歌手，这些女性歌手的知名度和被普通民众认知的程度还是要低得多。在《石宝山传统白曲集锦》中，列出了剑川白族知名歌手的名录，总共 58 位歌手，其中，男性有 49 位，而女性仅有 9 位。是女性天生在白族调的演唱中不具优势？显然答案不是这样的。那么，为何如此？看来，传统语境中对于女性演唱白族调的情境限制和礼仪规约才是关键所在。换句话说，一方面，女性本身能够在群体面前展现和演唱白族调的情境机会是很少的，因而就算有的女性具有演唱白族调的天赋和才能，也少有机会被外界所认识，更难于被更广泛的人群所熟悉和接受。另一方面，由于白族调的演唱在群体层面流播的时候，歌手也就成了社会交往情境中的突出符号，会成为人们视野的焦点。加上之前提及的白族调传情达意的特殊功能，会将演唱白族调的民间歌手的社交范围拓宽，既然如此，也就会带来社交中的一些复杂因素，而这一点，恰恰是传统的男主外女主内的性别格局所不能容忍的。也就是，传统语境将女性的生活情境规约于家庭生活场景，而白族调演唱则在拓宽着这种场景，甚至可以说成为家庭生活场景的潜在威胁，因而必然不被男性主导的社会现实所容许。时过境迁，随着白族调生存语境的不断变化，其功能也在发生着变化，白族调的展演性日益突出，白族调甚至成为一种文化名片、文化标识、文化符号，而且面对外部世界和更大舞台的时候，这种传统的生活场景和性别区分都已经被淡化和消弭，女性同样可以通过现代传媒和各种途径参与和进入白族调的演唱和传播活动中。比如，微信群的诞生，就让民间歌手可以足不出户，却与其他的人一起交流、相互学习。特别是近两三年以来，微信的普遍使用和微信群的灵活交往方式，催生了大量以对歌唱曲为核心的网络交往圈子，有的民间歌手同时加入多个微信群，在不同的微信群里也会出现民间歌手的交叉。对歌唱曲不用向以前那样面对面的方式进行，也不用刻意选择山林、野外等场所，只要时间允许，只要旁边的环境适当（周围没有家人之类），就可以在微信群里进行语音对唱，甚至也可以有一种时间的"延迟性"，不需要现场那样即时回应。应该说，这样的方式，也为传统语境中受限多多的女性歌者提供了更为便利和灵活的展示条件。所以，在20世纪90年代以来，涌现出的女歌手就越来越多。"歌后"李宝妹这样的女性歌手在民间的知名度和影响力绝对不亚于任何的男性歌手。所以，到了目前的阶段，似乎女性歌手比男性歌手的数量还要更多。以石龙村为例，在我请李根繁提供的民间歌手的名单里，男性有张福海、张延寿、张德奇、李贵生、姜年寿、张万松、张定全、李根繁、姜伍发、李福元、李繁昌、张小发、姜玉山、张吉昌、张瑞军、张树金、张塔宝、李金亮、姜寿堂、张珍沛、张乃瑞、董宝坤、董二楞、李生龙、董禄龙、张银耀等；而女性则有张福祥、张定佳、张小五、张佳祥、李吉安、张永香、李金香、李福娘、李宝妹、张五妹、张福妹、张太英、董福妹、李金兰、张春祥、张四兰、姜树玉、李福玉、罗三妹、罗祥应、张龙香、张志英、张冬梅、张永花等。在这份名单中，包含了老一辈的歌手，但他们在过去基本上并没有什么声名，大多数人都是在最近二十年左右被村民所熟悉，有的则开始被外界认知。实际上，石龙村的歌手名单中，男女歌手可以说是平分秋色，但是由于以前女性的声音基本上是被遮蔽的，所以就显得现阶段女性的歌手突然之间多了很多。上面的罗列和赘述，笔者就是想说明一个事实，在"好人不上石宝山"和白族调被"污名化"的背景下，女性会受到更多的限制和规约，所以过去的时代中更加缺乏女性歌手的声音，而当时代变迁，白族调成为一种文化符号和名片的时候，这种性别规约上的更多限制就被淡化了，甚至女性这样一种性别符号又因其与现代化和商品化、展演化中的某些因素的暗合更加容易被推向舞台和中心。

在上述的社会情境下，"好人不上石宝山"的俗语似乎越来越被人们淡忘，村民们看到的是经由白族调打开的一扇扇窗口，以及通过这些窗口呈现出来的全新的世界。

二、口才与肚才

白族调采用白族传统"山花体"诗体格式，是音声与文辞的有机结合。民众欣赏白族调，既通过歌手的声嗓和表情，也需要通过歌曲的文辞，甚至从某种程度上说，文辞言语带给人们的对白族调内容的把握是吸引人们驻足停留的重要因素，也是让对歌者能够对上几天几夜的最深厚动力。如果说，漂亮的声音代表的是一种让人羡慕的"口才"，那么，后者，意涵深厚的曲词无疑就是"肚才"的充分体现。

（一）没有"歌王"名号的"歌王"

在石龙，有一种民间歌手，他可能不是最引人注目的那颗星，但是他却能在村民中具有别样的吸引力，发挥着更深层、更持续的影响力。比如李根繁就是这样的人。我们在石龙的时候，总会听村民说起李根繁是歌霸、李根繁是真正的歌王等等，但事实上，李根繁并不是官方赋予的歌王，因为在剑川，提起白族歌王和歌后，那么指的就是姜宗德和李宝妹二人。姜宗德和李宝妹被誉为歌王、歌后并得到广泛承认，源起2004年的三月街民族节，当时大理州文化部门举办了白曲对歌擂台赛，二人摘取了"三月街山花杯歌王、歌后大赛"中"歌王"和"歌后"的桂冠。这次比赛奠定了歌王歌后在官方和民间双重地位。后来，在"非遗"工作开展越来越深入后，姜宗德获批国家级的传承人，李宝妹、李根繁和姜伍发等则是省级传承人。李宝妹是石龙村的人，姜宗德则不是。所以，当村民说李根繁是歌王的时候，开始我总是觉得那是石龙人想要自夸的一种表现而已：都说石龙是远近闻名的白曲村，现在歌后是石龙人了，歌王却不是石龙人，村民是在为自己村里人找说辞吧！可是越到后来，在与当地人深入接触后，我越是发现自己原来所想的还是没有合理的解释，如果说石龙人对李根繁的夸耀是为了要树立自己村中的歌王，那么，为什么不是别人而是李根繁？因为在石龙村，唱得好的人确实不在少数，年轻点的民间歌手中也不乏声嗓出众又能将白族调唱得让人耐人回味的那种人。但是村民自己公认的歌王却还是李根繁。在很多人看来，李根繁声嗓并不算出众，嗓音比较低沉，这或许也是他没有能够在那场官方认可的比赛或者展演中夺魁并摘得白族歌王这顶桂冠的原因。然而，如果李根繁的声嗓不算是最出色的，那么，到底又是什么让村民认为他才是当之无愧的歌王？

（左起）李宝妹、姜宗德、李根繁

在白族人心目中，对歌手的赞同有两种办法，一种是类似我村的张银耀。他声音条件好，唱法、声音以及表演全方位受欢迎，但是如果要现编现唱，由于他年纪小，经验还没到位，不如老歌手，他的受赞认可人群为男女老少；另一种类似歌霸李根繁，现编现唱的水平已达到白曲界的最高水平。在任何时候虽然他不能写一篇好文章，但是他时刻可以唱出来一篇好文章，受赞认可人群为 40 岁以上的人群。从这两种对比，明显地体现出年轻人和上了年纪的人对白曲的审美观，但不论怎么说，白曲在白族地区流传了几千万年的历史，白族人对白曲的传承与演唱乃为时刻不息之状态，现在的微信则为目前白族人传承白曲的一种重要方式。①

当我看到张吉昌在村民日志中记录的这段话时，我觉得自己开始明白了为何李根繁被视为村民心目中的歌王。用一句话来说，无他，唯"肚才"而已。回想一下，李根繁的声嗓确实可能不是最出色的，但是他编曲的本事却为村民所公认，这种人，在石龙村民口中会被誉为"肚才"好的人。笔者在接触村民时，就不止一次听张吉昌等人说过这样的话："论肚才，李根繁是第一了，没有人赶得上他。"

张吉昌的赞誉或许我们会认为是本村人从狭小视界出发做出的评价，不过下面的例子说明了李根繁所获得的认可和声誉实际上是超越了石龙村这一范围的。

> 羊岑乡大佛地村是彝族村，今年火把节，剑川县民宗局下大佛地村举行民族团结活动。活动内容中需要将剑川县县委书记在党代会上的报告编成白族歌来唱，因剑川无人能够完成编歌，今天，民宗局领导来石龙村请李根繁编这首白族歌，李根繁接受起任务，正在编写当中。②

或许我们还是会认为上述记录中"剑川无人能够完成编歌"之语太言过其实，不过，在这样的表述中，确实可以体会到李根繁在整个剑川县内"肚才"之出类拔萃，所以有这样任务的时候，县里的相关部门会想到他。事实上，李根繁的白曲演唱活动范围和声誉积累并非仅局限于剑川，周边的兰坪、丽江等地同样经常性地邀请他和他的团队前往演出。

---

① 引自云南大学聘请的村民日志记录员张吉昌 2018 年 9 月 14 日所记日志。
② 引自云南大学聘请的村民日志记录员张瑞鹏 2011 年 7 月 21 日所记日志。

李根繁和张太英

在 2018 年石宝山歌会时，石龙村民张吉昌和张太英参加了传承人弟子赛，二人对唱的白曲即李根繁所编。张太英和张吉昌二人为歌后李宝妹的弟子，他们参加弟子赛挣的是师傅的脸面，歌后没有亲自为两弟子编曲，两弟子也还没有达到自己编曲的程度，而是请了李根繁编曲，这在我看来，自然也是对李根繁"肚才"的一种认可。在此，我们可以引用李根繁所编白曲，来领略一下其中的精彩之处。

男：闪英梯（汉译：情妹妹），

（样）① 高利压高比压比（汉译：咱俩高矮一个样），

（样）斗利压斗闪压闪（汉译：年龄也刚好一样），

双胞胎虽利（汉译：是双胞胎可能），

得个额跌岩出门（汉译：以前我爹常出门），

大够那很做闷虽（汉译：会不会帮你家干过活），

要苦可边楞模尺（汉译：回去悄悄问你妈），

啊秒汉你西（汉译：你不要害羞）。

---

① 此为白族调演唱开头时的辅助词，没有实际含义。有歌手说起到定调的作用，有歌手说是为了打开声道。此类词还有"祖""嘞""呃"等，但不是必须出现。

女：千走啊妙汉你西（汉译：听说不要害羞），

样来在资双胞胎（汉译：我俩咋会是双胞胎），

奴资显张我显李（汉译：你是姓张我姓李），

讲利闷奴咪（汉译：说出来也不想想），

额工奴兹顶害秋（汉译：阿哥你是特别帅），

应梯安资人才害（汉译：阿妹我是长得丑），

双胞胎奴压山自（汉译：双胞胎你不知道），

和啊奶突气（汉译：是同铸器出来）。

男：千走租啊奶突气（汉译：听说同铸器出来）

（样）疗深害撒许在虽（汉译：我俩咋长得这么相似），

样代闷奴个需把（汉译：我俩端盘水儿来），

高凑字奴山（汉译：照一下你就知道），

五朵金花的儿女（汉译：五朵金花的儿女），

英梯汉够走闷虽（汉译：阿妹不知道是否看过），

盖憨样撒许冒务（汉译：就怕我俩和他们一样），

白费我心机（汉译：白费我心机）。

女：千走白费你心机（汉译：听说白费你心机），

额工妙东咪西咪（汉译：阿哥别东想西想），

管他三七二十一（汉译：管他三七二十一），

样做亲用梯（汉译：咱做亲兄妹），

我嗯你务大工尺（汉译：我叫你一声大哥），

奴嗯额奴啊应梯（汉译：你叫我一声妹妹），

达母变奴压做资（汉译：男女间最亲密之事不做），

牙利压犯会（汉译：那就什么都不犯）。

男：千走牙利压犯会（汉译：听说啥都不犯讳），

盖汉样资龙很馒（汉译：怕我俩是同一袋里的米），

细空特特如特朵（汉译：心里时常放不下你），

带你奴主意（汉译：想你的歪主意），

做用梯利我喜化（汉译：做兄妹我也愿意），

达母变资勒勒盖（汉译：做男女间最亲密之事我更高兴），

不到黄河心不死（汉译：不到黄河心不死），

奴山利走山（汉译：你是否知道）。

女：千走我山利走山（汉译：听说我是否知道），

我漆你务压讲气（汉译：我只是没跟你明道），

你五东边大科资（汉译：你的尾巴只要一动），

奥冒言压山（汉译：人人都知道你想做啥），

句挂空资会（汉译：嘴巴是特别会说），

会逼那乃工棉费（汉译：会说到无人能比），

高弯在资咪气牙（汉译：一眨眼能想一事），

你诡计多端（汉译：你诡计多端）。①

　　以上白曲由张吉昌翻译为汉意，张吉昌自己认为："以上翻译只是用我的水平大概翻译了汉语的意思，译出的意思没有达到白语表达的标准。此白曲的编曲为白曲歌王李根繁，此曲为比赛现编，仅为参赛者演唱。"②看来张吉昌自己也是非常认同李根繁所编白曲的，其高明在于能够非常贴切地通过白语之精髓表达情意，既有情意的传达，同时还蕴含着一种幽默，而这后一种特质特别能够引人发笑，发人深省，也尤其得到民众看重和认可。好比有情曲与无情曲，若单以传情达意而论，有情曲自然是投其

---

① 引自云南大学聘请的村民日志记录员张吉昌 2018 年 9 月 14 日所记日志。

② 引自云南大学聘请的村民日志记录员张吉昌 2018 年 9 月 14 日所记日志。

所好、美言佳句，无情曲却是要反其道而行之，非要针锋相对、挖苦讽刺，这说好话容易，相互挖苦讽刺但又不是无端指责、随意辱骂，这可就要难得多了，而且还要你来我往，贴切适宜，不是信口开河的谩骂，不是毫无章法的虚言，这自然是更考究水平，也更体现编唱者的曲才储备、应变能力和艺术技巧。

每次在石龙听白族调，我自己最喜欢听无情曲，而每次李根繁开口唱出无情曲，总能引来村民或是会心微笑或是开怀大笑，这笑声中常常隐藏着某种对李根繁"肚才"的敬佩和羡慕。而那些敢于和他对唱无情曲的，几个回合下来，总会甘拜下风、落败而逃，以至于不少人坦言跟李根繁对唱还未开始心中便已有几分压力。相反，李根繁对于此种即兴编唱的场合却显得游刃有余、举重若轻，这无疑与其丰厚的"肚才"资源和随之而来的底气不无关系。

> 霜丽赖直撇续奴（汉译：说也变成嘲笑你），
>
> 楞义控丽我省奴（汉译：穿的衣我买给你），
>
> 桑样撒粪劳恩自（汉译：自从我俩相好后），
>
> 奴闷等勾朽（汉译：你才富起来）。
>
> 资改间利党碧那（汉译：我家有肉偷给你），
>
> 资每取利更碧奴（汉译：我家有米拿给你），
>
> 杀样撒是劳恩自（汉译：自从我俩分手后），
>
> 楞比挂娥走（汉译：你嘴也饿长）。
>
>
> 冒资空（汉译：臭小子），
>
> 高奴当自走喹空（汉译：把你当成块石头），
>
> 高奴当自走喹不（汉译：把你当成块杂石），
>
> 笑安盖等奴（汉译：砌我家台阶），
>
> 特利我杀楞奴特（汉译：下去我踩你上下），
>
> 中李我杀楞奴中（汉译：上来仍踩你上走），

饱友恩资我科友（汉译：半夜三更我起夜），

是楞庵代奴（汉译：尿撒你额头）。①

这样的挖苦讽刺也是让人不得不佩服、惊叹了，看起来没有谩骂，没有粗暴，却绝对让对方气得七窍生烟，你看看你，穿的衣服我买给你，吃的米肉我拿给你，什么都是要依靠我的，等到我俩分了手，你就什么都没有了，连嘴巴都饿长了。这样的比喻太形象生动，嘴巴都饿长了，这是有多么想吃啊，垂涎三尺也不过如此了吧！而对方也毫不示弱，臭小子，你以为你多了不起，我这里却只将你当作踩在脚下的一块石头而已，上上下下都要踩在你上，最重要的，半夜三更起夜的时候我还要撒一泡尿在你的额头上呢！这样的无情嘲讽，实在是没有一个脏字却让人内心抓狂了吧。

（二）"肚才"之广

说到李根繁的"肚才"，则不仅表现于白族调，也表现于白祭文。祭文者，祭祀念诵亡者之文，在剑川、洱源等地都比较流行。石龙村至今保有亡者去世则在出殡前的晚上在其灵前吟诵祭文之俗。白祭文，顾名思义，以白语创作。白祭文和白族调一样，采用"三七七五"或"七七七五"的"山花体"体式，体现的是共同的白族口头文学的传统，所以可能这也是李根繁在这两个方面都能相得益彰、如鱼得水的原因。在石龙村，祭文做得好的也就两三人而已，因为祭文必须按照一定的格式，还要应景，也就是贴合亡者和家庭实际情况，总结亡者一生，中肯评价，所以这些选词用语都是非常精当的，这恰恰也体现了作祭文者的"肚才"。2005 年 4 月 21 日，张金鸿丧事，李根繁亚献家祭文如下：

白语：初献过拉亚献票，再干家常苦情刷，

叙不完的家常话，越谈越悲伤。

---

① 石龙村村民、民间歌手李根繁 2018 年 7 月 14 日提供。

汉译：头祭巳过二祭到，再次把家常事说说，

说不完的家常话，越谈越悲伤。

白语：春季过言夏季很，清明巴之谷雨票，

共边鸣票整丁奴，杨柳之吐绿。

汉译：春季巳过夏季到，清明过后谷雨到，

报谷鸟在树上鸣叫，杨柳树吐绿。

白语：如奴百产花子开，地膜覆盖白化化，

雪压吴利杂打面，农忙初乃毛。

汉译：山上百花都齐放，地膜覆盖田野一片白花花，

虽不下雪田野一片白，农忙就是此阶段。

白语：皆害额气世界很，皆害额干世界安，

人生似鸟同林宿，旦孟奴央光。

汉译：人生出世活在世界上，人生是来把世界看，

人生似鸟同林宿，不必太认真。

白语：做言害之代母肠，一帆风顺奴眼毛，

酸甜苦辣利尝清，计定千眼多。

汉译：为人在世像猪大肠，没有哪人是一帆风顺，

酸甜苦辣都尝尽，这是每个人都要经历的。

白语：阿爹皆害国民党，一九三四年母岁，

票该自之七十一，直七志一岁。

汉译：阿爹出生在国民党时代，一九三四年那年，

一下活到七十一，有价值是这一年。

白语：恩爷恩奶苦做言，好东彦下处压票，

马定恩娘那工天，花之用咒妙。

汉译：我爷我奶善为人，家庭生活并不艰苦，

背着我孃你两兄妹，高兴得欢天喜地。

白语：定那界旬定回才，干那旦之玉明珠，

汉那金咒子利旬，含言马句角。

汉译：儿女的出世胜过大发财，把你们当成夜明珠，
养育你兄妹胜过金孔雀，含在嘴里一样珍贵。

白语：恩爷恩奶供彦书，幼学古文利学将，
四书五经利学千，聪明彦东毛。

汉译：我爷奶供您读书，幼学古文皆读熟，
四书五经都背熟，实在是聪明。

白语：学气书之散拉乃，写对对眼干彦安，
乡党应酬乃嘎边，界好奴为票。

汉译：学着丰富的知识，想对联的都请您过目，
村里红白二事和方方面面的应酬，每家每户都帮到。

白语：阿爹彦之坐好东，恩娘女之省气旺，
恩娘界杨屯介利，吃餐土之票。

汉译：我父娶妻在老屋，我娘是外嫁到桃源，
我娘夫家虽隔我家九里路，一餐饭时间就可回家。

白语：恩母那工眼做言，最反概利生杨创，
披星戴月不辞劳，立业而兴家。

汉译：我妈和您成家立业，有什么样的计划都成功，
披星戴月不辞劳苦，立业而兴家。

白语：一耍二笑奴对待，重董尺利压三刷，
马咒夫唱之妇随，勤俭又持家。

汉译：对待村民和睦相处，不好听的话都不说，
俗话说是夫唱妇随，既勤俭又善持家。

白语：安嘎子天利皆害，了之斗步之修下，
定安三男利二女，青害母照看。

汉译：我们几个兄弟姐妹都成器，这是祖德的结果，
养得我们三男又二女，这是老天爷的恩德。

白语：大肯介之供安书，刷亚直概之刷亚，

舍子旦丁彦共注，岩气为国家。

汉译：长到学龄您就供我们读书，到结婚年龄您就给我们讨媳妇，

三子和您一样学业有成，当教师为人民服务。

白语：大方向之彦掌握，彦挡前之安古尾，

好东根好之这界，新好处气旺。

汉译：家中的大方向您老掌握，您在前我全家跟在后，

我家原旧房既窄又破旧，新房建在外面。

白语：四合同介处者扔，史安成室而成有，

五好家庭之杨东，和睦过时光。

汉译：建成崭新的四合院，我们几弟兄成室又成家。

我家是村中的五好家庭，和和睦睦过时光。

白语：秋眼前务土压额，为孙轰利来初票，

尽之出气剑阳敌，杂是利发旺。

汉译：善良的人前面路畅通，几个孙子相继出世，

都是聪明绝顶的人，子孙很发旺。

白语：计世界眼计压秋，月缺花朝怎该刷，

阿该白云班青害，心空奴路夫。

汉译：老天创造出世界但美中不足，月缺花谢怎么说，

黑云一下子遮住白云，心就像缺少了一半。

白语：叫害务之害共高，尽咒毒奴再之毛，

猴子本孟子奴西，秀彦肉耳光。

汉译：叫天天不应，没有比这更毒的了。

大猴子为抚养小猴子而丧生，令人最伤感。

白语：如长不低气扬长，气中肯拉花中旺，

心空此彦孙轰奴，抓彦心奴创。

汉译：山长不抵气长，内心忧愁但表面高兴，

孙辈成器使您心安慰，您硬着心肠。

白语：彦大孙眼学气书，学了医生转旦要，

马刷波介之子挡，洗清杨根几。

汉译：您的大孙子已卫校毕业，学着医生一辈子可用，

人们说重担子他来担，振兴了我家。

白语：彦孙嘎眼丁听彦，心空路课利奔马，

子巫嘎眼良心秋，介眼之称赞。

汉译：几个孙子很听您的话，心有不足也觉得满意，

几个儿媳良心好，村民个个都称赞。

白语：喜欢吃史初吃史，喜欢岩那之岩那，

尽咒彦奔忙扬长，安乐母嘎岁。

汉译：您老爱吃什么就吃到什么，喜欢去哪儿任您去，

都说您奔忙，说是安乐过几年。

白语：如奴整务定千春，阿董做言定百岁，

门眼丁务七压通，灾难初转票。

汉译：山中自有千年树，活到一百岁的有几人，

失明的人前面路不通，灾难就降临。

白语：输液打针利压转，单方药草之恩将，

县医院利半将扔，彦病回是重。

汉译：输液打针病不转，单方草药都喝遍，

县医院医生也没办法，您的病一天天加重。

白语：阿爹尺奴之史病，彦病奴药岩那安，

生拥安尺天彦尺，天旦之空刷。

汉译：阿爹您患的是什么病，要医好您的病到哪里找药，

愿意儿孙替您病，但只是空说。

白语：叫咒阿爹端肯额，茶清酒薄恩本夫，

子子孙孙兰女侄，跪中彦台下。

汉译：叫声阿爹爬起来，清茶薄酒喝几杯，

子子孙孙和侄女，跪在您灵前。

白语：屯处亲奴利要个，三亲六句千之旦，

要想共彦干三界，安杀彦生相。

汉译：远处的亲戚也跪下，三亲六眷全到齐，

都想和您再见一面，但只看到您的遗像。

白语：洞经会很汉彦飘，念佛会很干彦安，

骨肉恩情两分离，叹心又叹肝。

汉译：洞经会里都找您，念佛会里也想要您到，

生离死别两分离，伤心又伤肝。

白语：八大碗细班言背，三汤三饭班气旺，

子安报彦恩压度，请干安奴高。

汉译：里面摆着八大碗，三汤三饭摆在外，

我们没有尽到做子女的责任，请你原谅我们。

白语：曼言阿爹彦升天，细吴秋勒刷，

保佑彦子定千春，彦孙定百岁。

汉译：人们说您升天了，要我们说好话，

保佑您儿子活千岁，您孙活百年。

白语：呜呼，尚飨。

汉译：呜呼，尚飨。①

这里的亡者张金鸿，是石龙村数得上的民俗精英之一，在石龙村的公共事务和婚丧嫁娶、洞经会、乡戏等民俗场景中，张金鸿都是重要的组织者和领头者。张金鸿从小入村中私塾，熟读四书五经，是村民公认的"有知识、有文化的人"，所以在村寨的民俗活动中，也是具有权威性和公信

---

① 引自云南大学聘请的村民日志记录员李绚金 2005 年 4 月 21 日所记日志。见董秀团主编：《石龙新语——剑川县沙溪镇石龙村白族村民日记》，中国社会科学出版社 2009 年版，第 292—296 页。

力的长者。在李根繁为张金鸿所作的祭文中，就恰当地结合了张金鸿的生活经历、个人特点等，突出了张金鸿这一民俗精英个体的独特性。比如专门提到张金鸿小的时候学《幼学琼林》、"四书五经"的情况，确实，在我们去张金鸿家访问的时候，还曾亲眼见过这些张金鸿小时候用过的书。祭文还说到张金鸿有着丰富的知识，村民写对联都请他过目，红白二事要请他主持，这些都是对老人生前现实生活和在村落中的影响力的准确描述。虽然祭文不是在念诵时当场编创，但一般提前准备的时间都是很短的，而且不像白族调是你来我往，祭文需要按照既定的起承转合和固定格式来创作，由于有相对固定的起承转合的要求，还需要结合逝者的实际情况总结其一生经历，所以体量相对较长，这当然也对创编者的创编提出了更高的要求，说到底也是一种"肚才"的体现。

在石龙村，能够承担为亡者作祭文这一责任的人并不多。除了李根繁之外，还有姜伍发、张万鸿、张小发等人，他们都有一个共同的特点，"肚才"较好。姜伍发和张小发也是比较有名的民间歌手，也经常创编白族调，张万鸿虽不太唱白族调，却是洞经会主要培养的接班人。而李根繁的祭文创编才能，无疑与他在白族调创编方面的优势是统一的，这种内在的"肚才"为他的创编提供了无形的支撑，因而，不论是他创编出来的祭文还是白族调，都在遵循传统程式的同时打上了他个人的独特烙印，能够打动人，受到民众的广泛认可。

（三）传统之浸染

李根繁是石龙村"肚才"非常好的民间歌手，其他的民间歌手可能并没有他这么突出的"肚才"，但很多人也是具有编曲编词的能力的，因为歌手之间的对唱很多时候是即兴的，要根据对方的言辞进行应对，如果答非所问或者风马牛不相及，甚至是对方唱完自己不知该如何接下去，那么就都算是在对唱的较量中处于下风了。当然，除了李根繁这样的"肚才"

突出的人会编出大量的白族调甚至还要为别的歌手编曲之外，大多数的歌手的即兴创作中实际上包含着很多记忆、背诵、吸收别人曲词特别是那些传统的经典曲词的情况。李根繁的创编当然也是以对传统资源的汲取作为最坚实的支撑的，只不过在运用传统的同时发挥自身创编能力的特点在这样的个体身上体现得更为突出，其创编也显得更为自如。因而，归结起来，不论是"口才"还是"肚才"，其实都离不开石龙村深厚的口头传统的影响。李绚金的日志记录中其实也洞悉了这一点：

> 石龙不仅出了歌后歌王级的人物，而且有 3 位少年入选舞蹈家杨丽萍的艺术学校，现在昆明学习。姜玉山和董四代的姑娘到北京唱白族调，为旅游服务。人们不禁要问，小小的石龙村为何有 10 多位专职白族歌舞？其实问题不难解答，冰冻三尺非一日之寒，《礼记·学记》："良冶之子，必学为裘，良弓之子，必学为箕。"意思是善于冶炼之家的子弟，从小看到父兄用铁汁修补残缺的铁器皿，使之恢复原貌，因此也必能学会把兽皮拼缝在一起，制成美好的皮袄；善于造弓人家的子弟，从小看到父兄把干牛角揉制成弯曲的弓，也必定学习会把柳条弯曲，编成畚箕。《幼学琼林》卷二祖孙父子"给箕裘，子承父业。"说的也是儿子继承父亲的事业。应该说明的是李根繁的父亲李义才不会唱不会弹，李宝妹的父亲李玉才只精弹三弦和拉二胡但不会唱，而他们的子女成为歌王、歌后，那是因为从小就接触歌手，耳染目睹，潜移默化，加上他们的天才素质，最后青出于蓝而胜于蓝，成为职业歌手。以上说的 10 多个职业歌手，他们的父兄不会歌舞，但由于石龙歌舞已成风气，生活在浓郁的歌舞气候中，加上他们个人的爱好，才成为职业歌手。这就是石龙职业歌手多的原委。①

> 虽然白族民歌白族地区都有，但石龙村的歌手相对要多。以前没

---

① 引自云南大学聘请的村民日志记录员李绚金 2005 年 4 月 14 日所记日志。见董秀团主编：《石龙新语——剑川县沙溪镇石龙村白族村民日记》，中国社会科学出版社 2009 年版，第 287—288 页。

有资料，但新中国成立后在剑川产生大歌星张明德先生，改革开放后，不断涌现歌手，如李宝妹、李根繁、姜宗德等歌手。有人又过其实地说石龙人个个会唱民歌，其实仅是歌手比其他地方出名而已，多数人只会听不会唱。唱白族对歌要有状元之才，出口成章，所以真正歌手不多。①

当然，前述张吉昌的记录中业已表明，李根繁这样以"肚才"见长的民间歌手，在年纪稍长的人当中更有市场，更能得到共鸣和认同。而年轻一代，则更有可能关注形式和音声等外部因素，对白族调的词也就是内容本身没有那么看重，甚至他们对一些内涵深刻的古言古语运用于白族调唱词的时候也是不明就里，不懂得其含义，这可能也是出现审美差异的原因之一。然而，反观起来，自然也可以说，在石龙的白族口头传统视阈中，唱词内容是具有非常重要的地位的，人们在享受白族调歌手音声之美的同时，更在品评着词句中的含义和韵味，而这些唱词，从某种意义上，也将传统与当下相连接，让今天的人们能够透过这些传统的唱词去理解老一辈的思想和生活。

笔者在此单以李根繁为例，主要是想将人们关注的目光稍微引向对白族调讨论时除了音声表现之外的另一层面，即语词和内涵的层面。而这恰恰又可能是呈现于人们面前的白族调中隐身于音声层面之后的元素。石龙白族调的引人入胜，自然不光是具有那么多有着美丽歌喉和声嗓的歌手，也还在于这些白族调语词和内容中耐人寻味的韵味。当然，并不是说只有李根繁是"肚才"好的人，在石龙，几乎每一个歌手都具备此种自编自创的能力，甚至有些不太当着众人的面唱白族调，也没有被贴上"民间歌手"这一标签的人，可能也都具备这样的技能。但是，李根繁无疑是能够体现白族调语言魅力的众多歌手中比较具有代表性的。石龙村之所以在传承白族调的过程中涌现出来，成为远近闻名的"白曲村"，与众多的民间

---

① 引自云南大学聘请的村民日志记录员李绚金 2010 年 6 月 20 日所记日志。

歌手和普通民众对于白族调的热爱和身体力行的参与传承是分不开的，正是每一个人的努力和参与，让白族调自身的魅力能够最大限度地得以彰显出来。

三、村民与歌会

石宝山歌会原名"八月初一"，以前，歌会举行的日期就是从农历八月初一开始。据李绚金老人介绍，因为八月初又有骡马会，两会相连，在20世纪80年代后，文化部门要参与两个会，工作人员忙不过来，所以就将石宝山歌会时间提前了几天，现在的石宝山歌会一般是农历七月二十七到七月二十九日举行。

（一）民俗精英眼中的歌会

石宝山歌会是什么时候兴起的呢？村民眼中的歌会又是怎么样的？首先，让我们来看看石龙村民中的民俗精英是怎么认识歌会的。这方面，李绚金可谓代表。在日志中，李绚金多次提到了歌会的源起，归纳一下，大致是八月初一左右，正是农业生产的重要时间节点。为了祈求丰收，当地形成了"禁白"的习俗，因为白色象征着导致减产的冰雹等恶劣天气，为了丰收，就要禁止这些跟白色相关的东西出现。同时，为了"禁白"和真正实现丰收的愿望，还要举行朝山会进行朝拜，这是一种宗教活动。在朝山的过程中，为了更好地取悦黑龙和神灵，就要投其所好，以对歌唱调的方式来取悦神灵。

石宝山歌会，原名"八月初一"，年纪在40岁以上的人都知道歌会称为八月初一。据传石宝山周边的沙溪石龙等地每年的白露到秋分这段时间要下冰雹，在这期间，丽江的雪山一露头，剑川坝子中的大春作物就会受灾大减产。在沙溪，20世纪50年代还坚守祖训在坝子里不能出现白的东西，如木料、白帽白衣服，一旦发现白的东西就严厉处罚。在此期间，石龙还派专人到石宝山岩洞里搜查，据传岩洞里藏有大批的冰雹。把冰雹查出毁掉，那当年就能获丰收。八月初一是秋收前期，如能在石宝山举行法会祈祷黑龙和菩萨保护就更好。于是，逐渐形成了八月初一的朝山会。原本这是以宗教活动为主，到现在，宗教活动占一半，八方情侣也同时到会场对调唱歌。各自活动，互不干涉。[1]

石宝山"八月初一"朝山会即当今的赛歌会即将到来，最近上至政府有关部门，下至寺庙住持，饭店宾馆都在紧锣密鼓地筹备。剑川本地的老年人称"剽汪害衣"即"八月初一"。初一和十五佛教弟子都吃素，因而可以说也是宗教的代名词。那么为什么称为八月初一呢？原来八月初一正是大春作物成熟阶段，而老天爷往往又下冰雹或是丽江雪山早露头，于是天气气候变冷，大春作物如稻谷已出穗低头，但气候早冷而又抬起头那是说大春已不能成熟，将带来减产。人们为求得风调雨顺，把希望寄托在老佛爷身上，希望大春增产，于是每年都到石宝山举行八月初一朝山会。以宗教为主，但也有青年男女也到山对调赛歌。新中国成立后或者说60年代后人们朝山的朝山，对歌的对歌，一直到80年代才正式定名为赛歌会。[2]

前面谈到歌会的产生年代，应在明清，应该说是起源于明，盛行于清。明没有文字记载，只有清有记载。但冰冻三尺非一日之寒，盛行之前应该有萌芽发展成长阶段，那清盛行则明应是发展萌芽阶段，因此可以说歌会产生在明朝。这是从文献记载来肯定歌会产生时期。

---

[1] 引自云南大学聘请的村民日志记录员李绚金2004年9月14日所记日志。见董秀团主编：《石龙新语——剑川县沙溪镇石龙村白族村民日记》，中国社会科学出版社2009年版，第134页。

[2] 引自云南大学聘请的村民日志记录员李绚金2006年8月16日所记日志。

那为什么会产生歌会呢？今年我72岁，从记事起听老人们说，丽江雪山早露头那气候早寒冷，大春稻谷等就不成熟，给人民带来灾难。于是剑川沙溪等地都在稻谷抽穗时进行禁白，即不许人戴白帽和穿白色衣服走进田野，目的忌雪山白的意思。而剑川石宝山是境内最高峰，金顶寺有黑龙塘，黑龙最恶，经常下冰雹危害庄稼，相传黑龙把冰雹藏在山洞里随时可抛散，于是年年组织人到石宝山特别是金顶寺附近搜查岩洞，把黑龙所藏的冰雹挖出来，使黑龙没有冰雹撒下田，达到保护大春作物的目的。这传说是很古的时候的事，但禁白一直到中华人民共和国成立后才停止。而八月初一就在禁白期间举行法会，洱源、丽江、鹤庆、兰坪等邻近县都来朝山，这和雪山早露头下冰雹有关，因而早期的歌会应该是法会，含有浓厚的宗教色彩。①

　　前面谈到歌会原名"八月初一"，初一含有浓厚的宗教色彩。但为何发展成为谈情说爱、对调唱歌的歌会呢？相传黑龙王不仅接受朝拜，同时爱听唱白族调，于是有十个姊妹愿意到山上唱白族调，讨好黑龙王。传说这样做的效果很好，从那时起，冰雹灾害大大减少。于是祖先们在石宝山宝相寺二殿雕塑了十姊妹的像，纪念她们的功劳。但石宝山地处深山老林，能有几个学者文人能深入调查，于是有人想当然把"十姊妹"写成了"十子妹"，这样就出现了赛歌台左边岩上十子十妹的雕塑。这已和历史传说不符。实际上"十姊妹"的塑像是在"文化大革命"前期被毁掉的，70岁以上的石龙人都记忆犹新。这个问题一是音误，"姊"和"子"同音，二是想当然地认为唱调子一定是有女又有男的，但这毕竟是歪曲了历史的真面目。②

还有一段记载是这样的：

---

① 引自云南大学聘请的村民日志记录员李绚金 2008 年 9 月 19 日所记日志。
② 引自云南大学聘请的村民日志记录员李绚金 2004 年 9 月 16 日所记日志。见董秀团主编：《石龙新语——剑川县沙溪镇石龙村白族村民日记》，中国社会科学出版社 2009 年版，第 137 页。

不管怎样，考古和文献都证明几千年前白族已有民歌。但石宝山仅有千年历史，白族民歌是怎样在石宝山发展呢？现在我们看民间的四个故事。

第一个故事，金鸡斗黑龙。有一只金鸡从大理三塔寺飞到石宝山，在沙登石窟旁有一个大岩石，白族称之为"金鸡栖石"，此石非常壮观但在五十年代建沙溪粮库时毁掉作为房基石。据说金鸡从大理飞到石宝山所栖之石。金鸡一到石宝山就和黑龙斗，因为黑龙在剑川一带经常经常下冰雹。

第二个故事，据老人们传说石宝山金顶寺黑龙经常下冰雹，对人民的生命财产造成极大危害，有人发现黑龙把冰雹藏在岩洞里，在稻谷成熟前就拿出来撒向大地，于是老人们每年都组织人到石宝山岩洞里搜查把冰雹挖出丢掉，使黑龙无冰雹害人民。①

第三个故事，据老人们传说白族姑娘以石龙为主，秋冬到石宝山砍柴捞松毛、夏天到石宝山采松茸等野生菌，她们一面劳作一面唱白族调，据说黑龙听到歌声很高兴，忘了下冰雹，因而人民幸免于难。后来在宝相寺二殿塑了她们的金身以彰功劳。十姊妹塑像五十年代被毁。后来有人接着想当然改为今天的十子十妹，推翻了原来的用意。原来的文物70岁以上的人（以2010年为界）都亲睹过她们的身像。十姊妹已成古话。②

第四个故事《禁白》，相传玉龙雪山太子最喜爱白色，如果他看到白的颜色他也就把玉龙雪山露出来。雪山露头标志着气候变冷，一冷农作物就不能成熟。因为主产粮坝庄重点是沙溪，从稻谷出穗到成熟，时间大约在农历七月中旬到八月上旬，大致一个月的时间，穿着白色衣服，或者白色的例如石龙人到坝区卖木材，颜色是白色的，因

① 引自云南大学聘请的村民日志记录员李绚金2010年6月7日所记日志。
② 引自云南大学聘请的村民日志记录员李绚金2010年6月8日所记日志。

而也在禁止之列，发现穿白的和背运白的物品，专人守卫，一发现没收罚款。这习俗一直到新中国成立后，随着科学的发展，人们思想的解放，50 年就停止禁白。①

这种说法在其他村民口中也得到了印证。张定坤老人是这样说的：

> 石宝山歌会举行的时候，人们都去到石宝山对调子，对调子可以让自己觉得开心，听着唱调子会觉得什么不开心的事都会过去。而歌会举行的时候正值谷物抽穗、灌浆，人们都希望辛苦耕作一年之后庄稼能够丰收，村里人觉得既然人们听着调子会开心，那么谷神听见调子应该也会很开心。谷神如果开心了的话，那么稻谷就会丰收了。所以，石宝山歌会要唱歌对调。②

歌会与生产特别是黑龙的联系还可从龙头三弦和歌会的另一个传说中得到说明。李根繁曾为我们讲述了一个传说，即歌会的产生是为了庆祝金鸡制服了黑龙一事。虽然这里是制服黑龙而非取悦黑龙，但是都是将歌会与黑龙联系在一起，这也当非偶然。

或许我们会想，白露到秋分这段时间或者说是稻谷抽穗的时间并不一定严格固定在八月初一，那为什么以前的歌会被叫作八月初一呢？其实，对此李绚金老人也有解释，其原因就是初一、十五与佛教的念经拜佛有关。也就是说石宝山歌会最初起源的时候当与宗教信仰有关，它更多表现为是一种宗教活动。

> 旧社会白族地区生产落后，经常遭受冰雹袭击或天气提前寒冷的打击（侵袭）造成天灾，庄稼受到摧毁，村民过着困难的日子。人们不懂科学，唯一的希望寄托在佛菩萨和神的恩泽上。十姊妹的塑像，"禁白"就是具体的例子。这种依赖佛神护佑，确保风调雨顺，五谷丰登，人民过上幸福生活的思想也符合佛会宗教思想，于是就在秋高

---

① 引自云南大学聘请的村民日志记录员李绚金 2010 年 6 月 10 日所记日志。
② 2014 年 8 月 18 日在石龙村对张定坤老人的访谈。

气爽，五谷即将收割的八月初一举办法会祈神赐福庆贺五谷丰登的丰收，这就是石宝山朝山会的起源。白族地区不叫朝山会而叫做八月初一。初一、十五是佛教徒们的礼拜日，他们要烧香点烛礼拜佛，同时吃素，因而八月初一具有浓厚的宗教色彩，因此我们设想（或者说实际如此）佛教徒即老人们八月初一到石宝山朝山，有的青年男女农闲无事做，随老人们朝山拜佛，而附近的村落例如石龙，明涧哨等地的青年（都是男的）晚饭吃了也跑到宝相寺观看佛会，这应该说以石龙为主流，因为她最近接宝相寺。①

如果再进一步追溯，则之所以在石宝山出现歌会，在菩萨诸佛面前对歌唱曲，在宝地佛山山林野合，这与石宝山佛教的密宗属性也有关联。对此，李绚金有着较为详细的分析：

专家考证，白族密宗也称作阿吒力，是密宗进入大理后的称谓。

阿吒力是对有高深佛学修养密宗导师的称谓。佛说，未世五百年，我会现阿吒力像。阿吒力是我在人间法像，来引导你进入佛界，需以佛法仪轨对我恭敬。密宗否定释迦轮回万世才能成佛的理论，认为只要修行人人都可以成佛的同时，还否定释迦的禁欲主义，主张以欲制欲。②

石宝山是佛教密宗的修炼道场并特别重视性能量和信仰，歌会谈情说爱，拜佛求子等仪式符合密宗的修炼仪式，得到石宝山宗教的支持，才能正常地传活下去。"香烟喷作雾弥漫，彻夜僧寮不掩关"就是具体的说明。宗教和对歌合一，无形中成为密宗"欢喜佛"的法场，也就是石宝山歌会的最佳场所，日积月累年复一年终于发展成为今天的歌会。③

古人说事出有因，在高寒山区石宝山产生闻名遐迩的石宝山歌

① 引自云南大学聘请的村民日志记录员李绚金2010年6月11日所记日志。
② 引自云南大学聘请的村民日志记录员李绚金2010年6月15日所记日志。
③ 引自云南大学聘请的村民日志记录员李绚金2010年6月19日所记日志。

会，是和石宝山佛教密宗在石宝山占主要地位，石宝山位居美丽的高寒山区，人迹罕至而附近的白族村庄又善于白族民歌，他们一代传一代而且不断向外影响扩展，最后形成万人歌会。①

石宝山歌会胜利结束，事后人们私下议论，大理白族自治州十多个县市、几百万白族人民，有的地方非常富饶，典型江南美境，物产丰富，人才辈出，特别村有寺庙，山必有寺，比如大理三塔、鸡足山。鸡足山很有名，但为什么歌会仅在石宝山展开，现在很多有识之士认为石宝山石钟山石窟是佛教的寺院，佛像都是密宗的现身，特别是阿姎白、石宝灵泉、阿嵯耶观音都是典型的密宗。这就是为什么石宝山歌会在石宝山产生发展。②

前面的内容大致是解释了为什么在石宝山这样的佛教胜地会产生对歌唱曲的现象乃至发展为大型盛会，归结起来，最主要的原因是民间生产的需求与密宗独特修炼方式的结合。

（二）歌会上的石龙村民

石龙既然是白曲之乡，声名在外，那么，在石宝山歌会上石龙人的表现是怎样的呢？果然，如果翻阅村民日志，或者去访问一下村民，又或是去石宝山歌会的现场看一看、问一问，那么，得到的答案都是大致相同的，也就是，石龙的村民是石宝山歌会的重要参与者，村中的民间歌手在历年的石宝山歌会上往往会有着不俗的表现。

今天，2011 年石宝山歌会开幕，开幕式于上午 9 时举行，到中午 12 时结束，参加开幕式的领导有州人民政府副州长等几位领导，县委书记、县长等有关领导，及县文化局、旅游局等县级有关单位。

---

① 引自云南大学聘请的村民日志记录员李绚金 2010 年 6 月 21 日所记日志。

② 引自云南大学聘请的村民日志记录员李绚金 2011 年 9 月 2 日所记日志。

公安局派民警维持治安，广电局有工作人员采访录像，大理州电视台全程现场实况拍录，文化局主持文艺演出。我村参加开幕式文艺演出的有李宝妹、张海香、李四代、李福元、李才兴、李四旺、李四香、姜续昌等8人，是剑川县参加演出人员最多的村。①

剑川石宝山歌会节今天上午开幕，开幕式文艺演出参与人数最多是石龙村村民，10岁以下儿童就有60人演出童谣节目，还有李宝妹、张海香等人参加演出。下午赛歌也是石龙村村民参与的多，李福元主持节目，李五妹、董福妹、张塔宝、张瑞军、张四兰等20多人参与赛歌，赛歌台上百分之五十以上是石龙人。弘扬石龙民俗文化，其他任何一个村都不及石龙村村民。石龙人不但参与的多，而且赛歌质量高，情歌意味深长，对唱动人心弦，得到观众赞赏。除了赛歌之外，会场上石龙人不少于300人。有的被聘去维持会场秩序，有的去负责清洁卫生，有的承担烧开水搞后勤，有的则去卖小食，老人去宝相寺做会与服务，多数中青年去闲游逛歌会。②

石宝山歌会第二天，石龙村民张德喜等12人去对歌台上参加对歌比赛，其中张四兰等二人得一等奖，张德喜等3人获二等奖，张瑞军等2人获三等奖，是获奖人数最多的村，充分说明石龙人白族民俗文化的确强于别的村。③

我石龙村张五妹等12人参与对歌，是登台对歌人数最多的村，这说明石龙村白族民俗文化底蕴深厚，其他村不及我村。④

石宝山歌会节第二天，村中大小共10人报名参加了白曲比赛，年龄最大的50多岁，最小的6岁。今日对歌比赛结果产生的两名一等奖都是石龙村的，一名是在阿鹏艺术团的演员李才兴，另一名是早

---

① 引自云南大学聘请的村民日志记录员张瑞鹏2011年8月26日所记日志。
② 引自云南大学聘请的村民日志记录员张瑞鹏2010年9月5日所记日志。
③ 引自云南大学聘请的村民日志记录员张瑞鹏2010年9月6日所记日志。
④ 引自云南大学聘请的村民日志记录员张瑞鹏2011年8月27日所记日志。

年外出上门的村民李来兴。①

　　今天对歌台上的第一、二等奖仍被我村的歌手夺取。一等奖为一组村民董福妹，二等奖为二组村民张四春（现村总支书），一等奖奖金为 1000 元，二等奖奖金为 600 元。②

　　今天对歌分为民间组和国家级省级传承人弟子组。民间组一二等奖仍为石龙村民，一等奖为二组村民张瑞军，二等奖为二组村民张树金。弟子组一等奖为张吉昌，二等奖为二组村民张太英。石宝山歌会节的一、二等奖全被石龙村民夺取了。③

石宝山歌会对歌台上的演唱

　　让我们再回过头来看看，为什么石龙会成为远近闻名的白曲村，能涌现出那么多的民间歌手？这一点，笔者认为，自然与石龙村是离石宝山最

---

① 引自云南大学聘请的村民日志记录员张吉昌 2017 年 9 月 18 日所记日志。

② 引自云南大学聘请的村民日志记录员张吉昌 2018 年 9 月 6 日所记日志。

③ 引自云南大学聘请的村民日志记录员张吉昌 2018 年 9 月 7 日所记日志。

近的村寨故而深受歌会传统浸染是分不开的。李绚金在日志中曾有多处对石宝山歌会及石龙的关系进行描述和阐述。

> 石龙最接近宝相寺，应该说从石龙村（元末明初）产生时起石龙的老人念佛，青年观赏佛教法事。特别是巫教在石宝山盛行，到现在金顶寺由巫婆住持，在一山之上佛巫并存。巫教以唱白族调和霸王鞭取悦神灵，这就吸引青年们的爱好和好奇。新迁移过来的居民和狼虎为伴，野兽为同居，白天铲茅伐木、开荒种地，晚上呢，由于远离乡村，看不到先进的技术，听不到心悦的声音，而石宝山做法事这是天赐良机难逢难遇，老人们固然参加念佛，而青年们（山村封建礼规严格，妇女的行为受种种限制，当然更不能晚饭上山游玩），石宝山举行八月初一朝山法会，青年们当然不会放过良机尽一切办法观看霸王鞭和听白族调，这年代大约在元末至正到明洪武公元 1399 年间，距今 600 年（另有文考证）。①

> 那么究竟石宝山八月初一歌会起自何时？应该说产生于明朝，到清朝已相当兴盛。剑川人赵怀礼，清诸生，著有《北垞拾草》诗集。其中竹枝词《朝山曲》是这样描写八月初一朝山会的："香烟喷作雾迷漫，彻夜僧寮不掩关；明月乍来还乍去，可怜佳节与名山。"说明宗教的浓厚色彩。他继续写道："三营浪子土三弦，靡曼山歌断复连；菩萨低眉弥勒笑，无遮大会奈何天。"这是石宝山歌会多情浪漫的写照。事实说明石宝山歌会也和其他事物一样，从无到有、从小到大的逐步发展。但应该肯定开始时是以石龙，明涧哨（晚期，清设各地哨所才产生明涧哨），沙溪甸头、沙坪、甸南、桃源、羊岑等周边的白族是祖师，这个星火传播到洱源、云龙、兰坪、丽江、合庆以至外县外省、全世界。我想这是石宝山歌会形成的成因。②

---

① 引自云南大学聘请的村民日志记录员李绚金 2010 年 6 月 12 日所记日志。

② 引自云南大学聘请的村民日志记录员李绚金 2010 年 6 月 14 日所记日志。

　　有人问石龙为何唱白族调的多而且唱得好？我土生土长石龙人，但我不会唱白族调仅只会哼一二句，其实根本不会唱。石龙实际和石宝山在一块，深受歌会的影响。原来古称八月初一，即是八月初一举办法会，现在很多村民还说八月初一。初一含有浓厚的宗教色彩，本来只做法会，但年复一年青年男女爱好白族调的人，乘机到石宝山唱山歌。清邑人赵怀礼诗集《北坨吟草》中描绘的"香烟喷作雾迷漫（注：香火旺盛），彻夜僧寮不掩关（注：通宵达旦），明月咋来还咋去，可怜佳节与名山（注：江山依旧，佛教盛地变为歌山）。山营浪子土三弦（注：三营即洱源三营镇。洱源剑川古称三浪，浪子即小伙子的泛称）。靡漫山歌断复回（注：去了又回，依依不舍）。菩萨低眉弥勒笑，无遮大会奈何天。"八月初一寺院不关门，而香烟喷作雾迷漫，一面做法事一面青年男女对调唱歌，那浪漫爱情表演让菩萨很不好意思只得低头藏羞，哈哈大笑。作者亲身经历把歌会实况记录下来。石龙的青年男女晚上偷跑上山尽情歌唱，但都是瞒着老人去。而有些人借口开饭馆或出售凉粉、瓜子、松子等零食，醉翁之意不在酒，在乎谈情说爱间。长此以往出现很多的白族歌手。①

石龙村距石宝山歌会的主会场宝相寺仅2.5公里，是离石宝山歌会会场最近的村落，由于这一地理渊源，石宝山的发展历史中，少不了石龙村及石龙村民的参与，石龙村民曾在歌会的形成和发展中起到了不可忽视的作用。石龙村在石宝山歌会中历来扮演了重要角色，村民不仅在歌会时携带山野土货至会场售卖，还在很大程度上承担着解决外来参与者住宿、饮食问题的重任。最重要的是，在歌会上总是不乏石龙村民的身影，一展歌喉乃至奋力夺魁的每年都少不了石龙人。而石龙歌手中已经获得声名的如李宝妹、小阿鹏、白人兄弟组合等，每到歌会也总是不拂乡情，出现在歌会的开幕式或赛歌台上。更多的石龙民间歌手则除了参与开幕式或对歌比

① 引自云南大学聘请的村民日志记录员李绚金2009年7月18日所记日志。

赛外，还如以往般活跃在寺宇周围、山林之间，寻找着能与他们一决高下的对手兼知音。一年一度的歌会，是滇西地区群众云集的盛会，也是人们狂欢和宣泄的通道与途径。对于生活环境相对封闭的石龙来说，这样的集会对于人们身体和心理的调节作用就显得更为突出。前面我们也说过，离石龙最近的村子是明涧哨，这当然也是除石龙外离石宝山主会场宝相寺区域最近的村子。但是明涧哨并没有像石龙那样形成与白族调演唱相关的特点，也没有涌现这么多的民间歌手，村寨中的白族调口头传统相对石龙而言比较稀薄。在李根繁看来，明涧哨没有像石龙村那样成为白曲村，原因主要是明涧哨缺乏石龙那样的口头传统。李根繁对我们说，首先明涧哨村不是一个自然村，是由于政治的原因而建立，从明涧哨这个村名就可以看出，这在古时是一个哨所，为了守住那些上访的人，官府派了一些人守在此地，而被派到此处守此关口的人就落户此地，从而导致这个村子民族繁杂。而石龙村有着较悠久的历史，是自然形成的村落，有着共享的历史和传统。相较之下，明涧哨的村民组成来源繁杂，血缘关系不明显，村民之

宝相寺

间不太团结。而石龙村的村民血缘一脉相承，民风淳朴，相处团结和谐。因此，明涧哨村虽然距离石宝山也比较近，但是并没有形成对白曲的热爱和对歌唱曲的氛围。①

反过来说，石宝山歌会也深深地影响着石龙村，以对歌唱曲为传统的石龙村民有意无意间期待着一年一度石宝山歌会上的邂逅，而石宝山歌会也成为

---

① 2014 年 8 月 17 日在石龙村对李根繁的访谈。

无形中刺激村民传承白曲对唱的重要因缘。两者之间形成了一种有机互动。石宝山歌会是滇西北各民族的传统盛会，但石宝山歌会与石龙人的这种密切关系是其他任何村落均无法代替的，石宝山歌会对于石龙人的意义，以及石龙村民对于石宝山的增色都只属于二者之间那缘于历史传统和地理格局而产生的无法复制的亲密。

（三）歌会的变化

在石宝山歌会的起源这个问题上，村民的看法和聚焦点会呈现出一些差异。李绚金更侧重从历史文化溯源的角度去追踪和探寻缘由，去发现石宝山歌会中被掩盖的与农耕生产相关的要素，以及歌会作为朝山会与宗教信仰的关联性，在探寻这种关联的时候，更在力所能及的范围内引用学者观点和相关文献，希望能够用自己的学识和经历去阐释某些问题。而张瑞鹏更倾向于从个人生活经验和感性认识中去描述石宝山歌会，也比较关注政府部门介入和参与歌会的情况。

当然，在日志记录员的记录中，也体现出某些共性。比如都关注到了石宝山歌会发展变化的特点，从过去歌会与现在歌会的对比中去发现歌会的变迁。这种变迁，让很多村民觉得现在的歌会已经不像以前的歌会，歌会的味道不一样了，歌会给人的感觉也不同了。

> 今天是石宝山歌会第三天，也是最后一天。明天就散会，今天对歌照常进行，开饭馆、做买卖等也继续。游客比昨天又有所减少，而且没有出现像以前那样在山林之间私自对歌的青年男女。对于这一点来说，我认为政府参与组织以前的歌会和参与组织后的歌会大不相同，我记得30多年前，我年轻时的歌会不是这样。当时社会落后，经济、生活困难，没有人来石宝山开饭店、卖东西。但到歌会时间，各地青年男女带起毛毯、干粮，来到石宝山，用自己的歌声寻找伴侣，山林间到处都有男女对歌之声，青年男女成双成对在山中。那才是原汁原

味的石宝山歌会。现在的歌会，除了在台上演唱，很少听到以前那样的对唱，更看不到以前那种情景和场面，这说明歌会已经改变。①

石宝山歌会第三天，也就是今天，会上已经没有人，卖东西的拆除铺子，收拾东西准备回去，村民去帮忙的也回来。总之，今年的歌会比往年有些冷淡，比起 80 年代以前更不可比。80 年代以前，虽然交通不便，但人们步行，带着行李、干粮，来石宝山待两三天，对歌男女，不分昼夜，山里、林间到处听到歌声，情歌使人陶醉。如今已失去那些。原因有二，一是交通便利，人们乘车当天可以返去，二是 70 年代以后的人们百分之九十以上不会白曲，不会唱，听不懂意思，没乐趣，不在会上多停留，歌会失去了原始的真实情趣。②

石宝山歌会第三天，会上游客稀少，不到 100 人，下午，做生意的人们也全部拆铺子返回去。记得以前政府不参与组织歌会的年代，农历七月二十七至八月初一日，天天有人来游玩，不论白天、晚上，山上松林间常听到有情人对歌。政府牵头组织以后，原生态的歌会逐步消失，游客只是开幕式那天多，第二天就减少一半多，第三天就几乎没有游客，也听不到以前原生态的对歌歌声。当然这也与交通方便有关。③

提起石宝山歌会对歌，激发了我年轻时候的回忆，我初中毕业回乡，尚未结婚的那几年，曾经上过石宝山歌会。那时候，白天去出集体工，晚上收工回来吃过晚饭后上石宝山。村里的年轻人相约结伴上到石宝山后找情人对歌，实质完全不同，现在看不到以前那种情景，曾经的可能不复返了。④

另一位村民日志记录员张吉昌也如是说：

---

① 引自云南大学聘请的村民日志记录员张瑞鹏 2007 年 9 月 10 日所记日志。
② 引自云南大学聘请的村民日志记录员张瑞鹏 2013 年 9 月 4 日所记日志。
③ 引自云南大学聘请的村民日志记录员张瑞鹏 2011 年 8 月 28 日所记日志。
④ 引自云南大学聘请的村民日志记录员张瑞鹏 2014 年 8 月 24 日所记日志。

　　今年剑川县石宝山歌会节的开幕文艺活动已经被取消，县政府在剑川电视台公示文艺活动取消，并请说明取消原由，原由是根据中央相关文件精神，一切从节俭出发，不准搞铺张浪费的大型活动，因此取消歌会节的开幕式，据了解往年的歌会节开幕式开支无稳定性，少则50多万元，多则上百万元，细想一下，这个数据对剑川的财政也不算是小数目。石宝山歌会节自从政府介入后开幕式那天（27日）的游客一年比一年增多，但是以往歌会的特色逐渐消失了。

　　我经历中的石宝山歌会，那是从80年代说起，当时的歌会节是多么有情调，农历二十六日那天距离石宝山远的像洱源、九河等地的人就徒步赶往石宝山，因为当时通信、交通没有现在发达，凡是来赶歌会的人，要随身带手电筒、塑料布块、棉毯等能够解决简单的临时住宿的东西，二十七日晚对歌的已布满宝相寺到公路沿线，到处可见手电筒影和对歌人群，在对歌人群里可见你拉我追、成双成对通宵到二十八日，二十八日满山是人，围成一伙一伙的听对歌，这样一直到三十日才陆续离开，有的就直接赶往县城赶物资交流会，为此以前赶歌会另叫为赶八月初一会。①

　　石宝山歌会节和多年前的已经大变味了，现在的歌会节变成了农历七月二十七日歌会的第一天，人山人海非常热闹。下午多数人就返回，山间小路到处可见的白曲对唱，处处可闻的白曲寥寥无几，可以用接近消失来形容。当日晚上篝火晚会参加与观看的又比较热闹。多数是剑川本地人，有的是白天就来，有的是下午才来观赏晚会。待晚会结束后多数人就撤离石宝山，留下的只有歌会节的相关工作人员。开饭店的和在宝相寺通明阁住宿的，对调子的也就只有宝相寺通明阁有几对了。②

---

① 引自云南大学聘请的村民日志记录员张吉昌2013年8月25日所记日志。
② 引自云南大学聘请的村民日志记录员张吉昌2016年8月31日所记日志。

　　似乎"歌会不再像以前那样了""歌会已经变了"的评判已成为人们的一种普遍共识，中老年村民提到这个话题的时候，都可以给你举出一大堆以前歌会是如何如何的例子。歌会的变化，不少人将之归因于政府的介入。最早是 20 世纪 50 年代末期政府部门就有禁止民众赶会之举，到 20 世纪 80 年代以后，八月初一更名为石宝山歌会，政府部门开始正式介入参与歌会组织，打造开幕式等活动，举办赛歌台上的对歌比赛，这些都在一定程度上改变着传统歌会的生存方式。政府部门介入组织歌会之后，以前的山林野合等现象逐渐消失。这当然与政府的引导和倾向是分不开的。

2004 年的石宝山歌会

　　今天是一年一度的石宝山歌会节第一天。在当地政府未介入的年代，农历七月二十七日是歌会节的头一天，白天并不那么热闹，因为白天多数赶歌会人群才在前往石宝山的途中，到晚上才会热闹起来。

农历二十八日是正会，人山人海，宝相寺方向人特别多，而且到处都是对歌的。农历二十九日人们又转至石钟寺，三十日早上才陆续离石宝山。多数人就转至县城去逛八月会。但是自从当地政府介入歌会节后，农历七月二十七日就举行开幕仪式，所以二十七日却变成了最热闹的一天。二十八日到石宝山赶会的就猛减，二十九日则是寥寥无几了。歌会节也就大变了味。到处可见的对歌也几乎消失，晚上热闹的情景也随之而去了。①

但是，也要注意到，并不是由于政府部门介入和参与才导致歌会变化的唯一因素。因为，在看到歌会逐渐丧失"原生态"特质的一面后，政府部门也曾提出"还歌会于民间"等口号，希望歌会能够回到过去民众自发组织参与的那种状态，但事实是，很多事情当走上了变迁的轨迹后便很难回头，所以，民间的歌会也再难回到以前那种局面。故而到了2012年的时候，政府部门甚至将歌会节开幕的色彩淡化，打造出所谓的"白族文化节"，并且将开幕式从宝相寺山谷移到县城举行，但是这样的改变已经不能在歌会回归民间的路上有太多助力，反而却让开幕式时到歌会现场的人出现下滑的情况，这或许也说明民众已经逐渐习惯政府部门参与歌会组织的状况，当政府部门发生在场缺失的情况时，民间的惯性已经不能够自己去接续政府介入之前的歌会状态。

　　今天，2012年石宝山歌会节开幕，往年开幕式在石宝山多情谷举行。今年，县委、政府决定改在剑川县城举行，而且更名为《剑川县首届白族文化节暨石宝山歌会节》开幕式。由于开幕式不在石宝山，所以今天的游客不如往年，下午，虽然赛歌台上有人对歌，但显得比较冷清，气氛不隆重，唯一比往年多的是车子，车多说明人民生活水平提高了。②

---

① 引自云南大学聘请的村民日志记录员张吉昌2015年9月9日所记日志。
② 引自云南大学聘请的村民日志记录员张瑞鹏2012年9月12日所记日志。

每年农历 7 月 27 日至 29 日，石宝山歌会节。往年今日政府举办石宝山歌会开幕式、迎宾活动。今年政府提倡节约、不参与石宝山歌会节，不搞开幕式，也不搞迎宾活动，还原以前的民间自由活动。没有开幕式，游人比往年相对比较少一些，赛歌台上无奖品，赛歌人数也不多。但是，其他不减少。从宝相寺到石钟山的中包车运输，交警、工商、公安移动应急、卫生急救等等都开展服务工作，服务群众，卖东西的商人比往年多，主要是卖食品、开饭馆、烧烤。我村村民与往年一样，上午上山捡野生菌，下午去歌会上游玩，但很少有人上对歌台对歌。①

今天，石宝山歌会第二天，与昨日相比，今天游客减少约一半，赛歌台上只有阿鹏艺术团李福元等人在唱，别无他人上台对歌，会场冷淡。我村村民也无人去对歌。下午，村民与昨天一样，大人带小孩去逛，给小孩买吃的、买玩的，晚上回来。②

一年一度的剑川石宝山歌会节到来，往年今日，县政府举办歌会节开幕式，县委政府有关领导在开幕式上讲话，宣布歌会节开幕，然后文化局组织赛歌，所以开幕式这天，人特别多，赛歌台上赛歌人不断，冲着拿奖，歌手争先恐后，场中听歌人如潮水，石龙村里有很多人去参与赛歌。今年，政府执行中央例行节约政策，没有举办开幕式，也不请有名艺人来会期唱歌，不组织对歌，也不设奖，任凭民间艺人自由对歌，歌会回归自然，回归民间组织，对歌台上虽无奖项，但是，还是有人上台对歌，石宝山歌会青年男女对歌没有消失。③

一年一度的石宝山歌会节如期举行，来自丽江、洱源、云龙、兰坪等县的白曲歌手在石宝山上大展歌喉。虽然今年的歌会节政府没有组织参与开幕式、篝火晚会等好几个隆重的仪式被取消，但是上石宝

---

① 引自云南大学聘请的村民日志记录员张瑞鹏 2013 年 9 月 2 日所记日志。
② 引自云南大学聘请的村民日志记录员张瑞鹏 2013 年 9 月 3 日所记日志。
③ 引自云南大学聘请的村民日志记录员张瑞鹏 2014 年 8 月 22 日所记日志。

山的人并没有减少（据山门售票处统计，今天的售票额为 6.7 万多元，比往年未减），仍然是人山人海，非常热闹、壮观。与往年不同的是因晚上的篝火晚会被取消，所以下午 95% 的人就出山回家，导致晚上整个石宝山景区内冷清无人，仅有 100 多人在宝相寺通明阁住宿，三、五人在对歌。如此看来石宝山歌会节一年不如一年了，以往歌会的许多情景不断地在消失中。①

甚至，在有的村民看来，歌会需要政府部门想办法去抢救和保护，完全依靠民间显然是不太可能了。

今天是石宝山歌会的最后一天，本来 10 年前的今天，在石宝山最热闹的是石钟寺。可是今天到石宝山游玩的总人数也不到 400 人了。上午 11 点钟公安、交警、公高等部门也因为没人而提前撤退了。按照文化局的安排，文艺汇演继续，但没有人，只能取消。白曲对歌继续（白曲对歌当天评奖，对唱得好的进行奖励）。可是没人，只有开场时李宝妹、姜忠德二人唱了几曲后结束，预备好的奖金也白预备了。由此看来，如果政府不想办法挽救歌会节，这样下去，石宝山歌会节会自动地消失了。②

所以，政府部门在不举办开幕式或者将开幕式移至县城几届之后，又于 2016 年歌会节期间在石龙村设置了歌会的分会场，主会场则仍在县城。次年，则在石龙水库举行了"七彩云南·全民健身运动会"2017 年剑川石宝山歌会"龙王恨·天问钓饵杯"库区野钓比赛，开幕式回到石宝山山门处举行。2018 年、2019 年也是在山门举行开幕式。2020 年虽受疫情影响，歌会仍如期举行，但歌会主题之外还增加了木雕文化艺术节的主题，并由剑川县非物质文化遗产保护协会和剑川县木雕行业协会共同举办，开幕式地点则转移到了新建成的剑川木雕艺术小镇，小镇位于狮河村畔，那里离

---

① 引自云南大学聘请的村民日志记录员张吉昌 2014 年 8 月 22 日所记日志。
② 引自云南大学聘请的村民日志记录员张吉昌 2013 年 9 月 4 日所记日志。

石宝山相对较远。而在石宝山，对歌赛歌活动亦在举行，也有不少民众自发前往歌会。

  一年一度石宝山歌会节今日上午9点开幕，开幕式在山门处举行，开幕式就一个集体节目，参加的演员有100余人，组织方取名叫"刻扣梅"，"刻扣梅"是白语，意思开门曲，"曲"的意思仅仅指的是白曲。今天来赶石宝山歌会节的仍人山人海，但是比起往年人数有明显的下降。近年来是不是歌会节越来越变味，到处可见对唱白曲、唱白曲的现象已逐渐消失。当地政府也意识到了这点，所以除在对歌台比赛外，还请了几十对白曲歌手在石宝山山门前到对歌台往内50米处这个路段，布了4个点让歌手演唱及与愿意对歌者对唱，所请的歌手每天付与300元的报酬，时间为今明两天。今日到对歌台报名参赛的歌手有53对，来自剑川周边的各个县市。石龙村的也有8千人报名参加，对歌结束产生了两名一等奖，其中一名一等奖是本村歌手姜伍发，一等奖金是1000元。①

也就是说，虽然政府部门的介入和参与一度是石宝山歌会发生变化转型的重要原因之一，但这并非唯一的原因。其他的原因，张瑞鹏所提到的交通便利自然也是一个因素，以前想回家可能也因路远难回，现在则是距离已经不成问题，甚至住在县城、住在沙溪，或者就住去石龙村的民宿中，都已经不是什么难事。所以，没有人再拿着行李、毯子、塑料布夜宿山林了。还有一点，当然还是由对歌唱曲本身功能的转变导致的，前面已述，传统社会中的白族调其最主要的功能就是传情达意、选择配偶，石宝山歌会中长期存在山林野合和求子现象就是其明证。但是，现如今，对歌唱曲的功能早已不是关乎爱情婚姻的缔结，而更多成为个人才能的一种表演和展示，而年轻人要找对象，也绝不会仅仅到石宝山歌会上去碰碰运气，如果说以往相对狭隘的社交范围和相对单一的社交方式让一年一度的

---

① 引自云南大学聘请的村民日志记录员张吉昌2017年9月17日所记日志。

石宝山歌会成为一种宣泄的通道并且也成为择偶的重要途径，那么现在年轻人的择偶方式和途径显然已经非常多元化，他们有的是各种机会去结识更广阔外界中的个体并找到合适的另一半，所以已经不用等待着一年只有一次的歌会去找寻中意之人，自然也就不用再像以往那样依赖歌会上的对歌唱调。

　　而近年来歌会节主题的拓展，也就是在歌会之外再增加其他的主题，实际上也体现出政府想要激活歌会新的增长点的努力。歌会的转型之路中，当一些活动被放到石龙举行的年份，石龙村从最重要的参与者变成了地位越来越凸显的组织者。以往的石龙村民，无论如何深度参与，都只是石宝山歌会的参与者之一，而现在，很多活动移到石龙举办，石龙村本身就已经变成了石宝山歌会不可缺少的一个部分和活动内容。而这种变化自然也与歌会和对歌唱曲功能的转变有关。歌会的功能越来越从满足周围区域白族群众择偶狂欢转向满足游客和普通民众的观光体验，歌会和对歌唱曲的展演性质将越来越突出，而这种展演的特性已经与歌会原有的朝山庙会色彩和山林野合生殖场景不完全契合，所以，歌会的部分活动内容可以移到石龙以一种更容易被外界凝视的状态来展演和生存。这或许也是歌会的一种新的生命力之表现。

第三章　神圣与世俗：民间信仰的选择与实践

　　白族民众的信仰体系庞杂。严格来说，大部分的白族地区并不存在统一而泾渭分明的宗教信仰体系，而是一种混合的形态。进入多数白族村子，可以看到这里的人不仅笃信民族本土的本主崇拜，也拜佛修道，同时还尊孔孟、尚巫鬼。此外，伊斯兰教、基督教在白族的很多地方也有迹可寻。虽然宗教信仰的包容性是我国很多民族中都有的现象，但也可以说，很难找到像白族这样具有如此开放和多样的民间信仰体系的民族。这种民间信仰体系的存在反映了白族民众信仰变迁整合的历程，但其最根本的原因应该归结到白族民众开放的民族性格和文化心理上。

一、多元共生的信仰图景

　　和大部分白族地区的情况相似，石龙村的民间信仰呈现出一种多元共生的景象。[1] 多元讲的是石龙人民间信仰的多样性和丰富性；共生讲的是不同的信仰形式能在此地共存互容，处于不同信仰下的信众们也能和平共处，有的民众甚至并不介意所信奉的是何种宗教，会同时拜着不同派别的神灵。在石龙，我们不但可以看到白族特有的本土民间信仰形式，同时也可以感受到外来的宗教信仰在这里产生的重大影响。不仅如此，原始宗教

---

[1]　关于石龙村民间信仰的一些论述参考引用了 2009 年石龙社会文化变迁专题调查中段铃玲承担和撰写的相关内容。

信仰的痕迹在这里也能清晰可见。这些不同的宗教形式之间不但不互相排斥，而且还能相互吸收融合，共同构筑了一套石龙村所特有的民间信仰体系。这种多元化的民间信仰格局，长期以来并没有发生实质上的变化，当然，在"破四旧"和"文化大革命"等时期，民间信仰总体上受到打击，信仰图景表现削弱，但在"文化大革命"结束后，随着宗教信仰自由政策的进一步推行，石龙村丰富多元的民间信仰格局又鲜明地呈现出来。

　　尽管石龙的民间信仰呈现多元共生的状况，但事实上，石龙村民对宗教信仰的界定是模糊不清的，他们也从未尝试过要去给宗教信仰下一个定义，或许也从来没有产生过这样的想法。在村民的心目中，信佛拜神都是自然而然的，并不会去进行严格的区分、归类。很多村民其实都分不清楚哪个神是佛教的，哪个神又是道教的，在绝大多数的村民看来，这样的区分似乎也并不重要，因为不论是何种教派、何方神圣，只要你诚心地供奉拜祭就可以祈福、避祸，实现你的心愿。即使所信所拜之神并不能让自己心想事成，但日常的平安宁和无疑也是神灵保佑庇护的结果，自然也要归功于神灵。当然，在石龙村民的心目中，神的权力还是有着大小之别的。神有"大神"和"小神"的区分，神中也有统治和被统治的关系，但这种关系并不是一种明晰的神谱的存在。所以，这种所谓的大小之别有时也就不会呈现得那么明晰，甚至在不同的个体心目中其标准和尺度可能也不完全一样。比如，有村民认为"观音最大，关公其次，然后是本主，最小的是山神土地，这些神灵的关系就好比是县长、镇长、村长、社长的区别。"[1]"观音菩萨最大，然后就是关爷爷和本主了。"[2] 也有的村民说："哪个神最大这个我也不清楚，可我想应该没有谁管着谁吧，因为他们各显神通。"[3]总体而言，神灵的存在和被信仰更多是为了民众的心理需求，只要崇神拜佛能够发挥着这样的庇佑功能，那其他问题都没有那么重要了。比

---

① 2019 年 10 月 9 日访谈资料，访谈人：董秀团，被访谈人：李根繁。
② 2019 年 10 月 9 日访谈资料，访谈人：董秀团，被访谈人：李繁昌。
③ 2019 年 10 月 9 日访谈资料，访谈人：董秀团，被访谈人：李福元。

如本主，是时刻置于村民心中的大小事宜都要操心的神，也是与村民最为亲近的神。观音菩萨在白族民众心目中的地位也颇高，甚至在大理地区观音所受的崇拜或者说其对民众的影响是远远超过佛祖释迦牟尼的，在石龙村，观音是救苦救难的象征，村民对其的信仰主要是认为观音是"良心好的标志"①。其他的诸神佛，自然也有自己的位置和功能。但在绝大多数村民心目中，并没有去严格区分出一套神的等级和谱系。

在多元共生的总体图景下，石龙村民的信仰中还呈现着一些更为生动的文化因子或文化事象。村民的一些信仰实践，既回应着这种多元图景，也在更细微的层面阐释着村民对信仰的理解。从某种程度上来说，这也是编织、呈现村民生活世界不可缺失的一维。

（一）公家人与"神药两解"

由于信仰的多元共融，在石龙，你可以看到村民常常因为大小事去庙里拜本主，也可看到念佛会、洞经会等民间组织不定期到观音寺、关圣宫祈拜做会，还会看到同一信仰空间中不同的民间组织或者不同的群体你方唱罢我登场、交互上演祈拜仪式的状况。甚至在本主崇拜、佛、道等更为强势的信仰力量的介入下，民间的巫术活动仍有生存之地。一个表现就是当地普遍存在"神药两解"的现象和习俗。其最直接的表现是，一旦出现疾病缠身的情况，特别是那些长期难以解除的病痛，则必定要在寻医问药的同时也求助于神灵、巫者。

村民对"神药两解"的态度和理解非常有意思。对于普通村民而言，他们中的绝大多数人都非常笃信此种"神药两解"的传统。离石龙不远的石宝山金顶寺常年有巫婆驻寺，为十里八村乡民提供"看香"服务。金顶寺本身就是一个奇特的体现信仰杂糅状况的场所。根据《剑川县志》的

---

① 2019 年 6 月 11 日访谈资料，访谈人：董秀团，被访谈人：张吉昌。

说法，金顶寺原称佛顶寺，是明崇祯年间京城总兵段昽返乡为母酬愿所建。① 而石龙村的口述史中，也有关于金顶寺建寺历史的描述。在前面追溯歌会起源的时候，我们举了张瑞鹏和张国用所述的口头叙事文本，其中有金顶寺中和尚、尼姑不尊佛法、行为不检点的情节，也有对建寺过程中赶走原大殿处龙潭里的黑龙的描述；另外，金顶寺黑龙喜欢作恶，每每在秋收之前降下冰雹危害农作物的说法也在村民日志和口述故事中屡有提及。从这些细节可以看出，金顶寺确实是佛教寺庙，但其中留存有密宗信仰的痕迹，乃至这种痕迹被逐渐遮蔽的时候，依然可看到口述叙事中的些许残留。所以，直至今日，这里成为巫婆们驻守之地，在周围村寨包括石龙村中仍有着重要的影响，与村民的生活之间发生着密切的关联。

　　除了金顶寺长期驻守的巫婆，石龙村中原也有替村民进行祷告祭拜活动的一位老人张庆长。在李绚金的日志记录中，认为张庆长可称为半个"巫公"，说明在李绚金看来，张庆长所从事的为村民祝祷祈拜的活动也是具有"巫"的色彩的。当然，在村民的心目中，张庆长还不是严格意义上的巫者，所以李绚金用"半个"之语来形容，而张吉昌更明确地说："不是巫公，就是他经常在家，很会唱吉利语，所以村民叩平安头什么的就经常请他。"② 其实，有学者将"巫"分为两类，一类是"巫师"，一类是"祭司"，区别在于"前者以降神附体和灵魂出窍与鬼神打交道，多出自患者，特别是精神病患者和'神选'；后者不降神附体，以诵经念咒为主要方式与鬼神打交道，多出自父子传承"③。在村民的观念中，当然这可能也是白族地区的普遍情况，更多将"巫"理解为前者，所以村民会认为金顶寺的巫婆可以称之为"巫"，而张庆长这样祷祝和说吉利语的还不是严格的"巫"。"金顶寺的巫婆，就是有人向她们看香，点燃香就看着正在燃烧的香给看香者说，她所看到的看香者的家庭情况……在看香和帮人家解

① 云南省剑川县志编纂委员会：《剑川县志》，云南民族出版社1999年版，第765页。
② 2019年12月27日访问张吉昌，访谈人：董秀团。
③ 于锦绣、于静：《灵物与灵物崇拜新说》，宗教文化出版社2006年版，第253页。

香的过程中，有出现灵魂附体。"①从更直接的区分来看，金顶寺的巫婆基本是以寺为家，通过长期的驻居寺庙进一步强化自身与神沟通、为神代言之特质。而祭祀祝祷者则一般不脱离家庭生活的场域。话又说回来，"巫"者，其最主要的职能就是沟通人神，所以即便不认为张庆长这样的村民是巫师，但其代民众祝祷这样的行为无疑还是有一定的"巫"之色彩。村民遇到疾病等难以解决的问题时，也很容易想到求助于这些巫者来与神灵沟通。当然，有时是先到金顶寺找巫婆问明原由，按照巫婆的指示举行相应的仪式活动，在举行具体仪式时又可能会求得村中祝祷者的帮助。比如请之帮忙祭拜、代为祝祷之类。总之，在村民频频求得巫者指点的过程中，就体现了其对"神药两解"的认可和双重依赖。而对于村民所笃信的"神药两解"之神，并不能简单化地对应为原始巫教，实际上在其中原本就已经体现出诸种信仰杂糅的情态，比如前述巫者落脚的阵地是金顶寺这一佛教寺庙，而且巫者的一些仪式活动也是在金顶寺中完成。同时，巫者对于村民的指点迷津中，常常也出现四方之神皆需拜的状况，她们也常常告诉村民为了解除病痛或者家中的不安宁，需要到本主庙祭拜或者到其他各路神仙处祭拜。所以，笔者在这里更愿意把"神药两解"之神视为是石龙村杂糅信仰状况中多元神灵的一种体现。在这样的信仰氛围的影响下，普通村民大多都把"神药两解"视为自然而然之事，就连那些已经接受了科学思维和知识系统熏陶的知识分子，在某种程度上也要受此种风习的浸染，有意或无意间在此种传统的规约下行事。

村民日志记录员李绚金因年老多病，亲历了巫婆看香的民间信仰活动。在这一事件中，李绚金对民间信仰的态度与多数村民可能有所不同，看起来似乎比较矛盾，实则是一种主、客位视角同时投注的表现。作为外出工作的"公家人"，李绚金一直强调自己是一个唯物主义者，但是，在面对疾病缠身的生活实际时，他也和村民一样，被动的选择了"神药两解"

① 2019年12月27日访问张吉昌，访谈人：董秀团。

的方式来对抗疾病。"我村中风俗凡有病一面吃药，一面求神抽签问卜，家家如此。本主庙那里香火不断，这也是主要原因。我是唯物主义者，老来体弱多病这是自然现象，主要求医，医不好也是平常事一桩，但我老伴多次提求神，我婉言劝解，一则我们年老到处供神拜佛已无能为力，二是更多麻烦别人不好。但昨天张吉昌家到金顶寺拜龙王，吉昌妈海月是我老伴的妹子，……我老伴托她们为我看香。她们回来说巫师看着香火说'病者内脏疼痛，咳得利害，全身疼痛，下午更甚。'和实际基本相符。"[1] 巫婆还指点了应对之法，家人执意一试。李绚金最后说："这也是没有办法的办法。"[2] 这句话中，恰恰流露出李绚金对"神药两解"传统习俗的理解、容纳、怀疑相互渗透的复杂心态。

　　无独有偶，李绚金的另一篇日志中说到自己是唯物主义者，但因年事已高、久病不愈，同意家人意见到巫师那儿看香，巫师说老人做了不少好事，神菩萨也喜欢他，但运气不好，多病多灾，需要祭礼到本主庙供神，病会慢慢好转。"巫师和我素不相识，可是她的话大约是符合事实，我只能说是不可不信，不可全信。"[3] 日志中"不可不信，不可全信"之语同样是李绚金主客位交织的视角下所产生的一种判断和评价。当然，并非所有的当地村民都笃信此种"神药两解"的行为，但在当地，绝大多数人认同此种行为也是该习俗至今在石龙广泛流传的原因所在，所以从一定程度上说，依赖并相信"神药两解"可以被视为符合当地人主位视角的一种阐释。而日志中对唯物主义者的强调，以及对巫师看病、治病行为的疑虑又表现了李绚金老人并不是从与普通村民完全一样的立场来看待这个问题，其评判中已夹杂了个人经历、学识、眼界等超出普通村民生活视域的因素。但即便有了批判性的眼光，还是不能完全跳脱传统的制约。所以就出现了日志中所描绘的情况。

---

①　引自云南大学聘请的村民日志记录员李绚金 2006 年 5 月 14 日所记日志。

②　引自云南大学聘请的村民日志记录员李绚金 2006 年 5 月 14 日所记日志。

③　引自云南大学聘请的村民日志记录员李绚金 2012 年 3 月 9 日所记日志。

此种对本村文化、习俗的双重态度在日志中常常出现。"今天早上10点，有一只鹿在南山'噢噢'鸣叫，有人听到后说村子里可能要出事了。据村民们说过去大凡村子里死人，南山上的鹿就鸣叫。因此村民把鹿鸣和死人联系在一起。死人鹿就鸣，鹿鸣就必死人。此次鹿鸣是否灵验，一个月后定论。"① 从此段叙述，亦可看到李绚金本人观念中对待传统文化和习俗的主、客位的交叉。一方面，和村人一样相信南山鹿鸣和村民去世的关联，另一方面，又对此的灵验存有怀疑。这样的双重态度显然与其特殊的身份密不可分。首先，作为土生土长的石龙人，李绚金和其他村民一样深受村寨传统的熏陶和浸染，村中的巫术之风和相关习俗他从小也是见多不怪了。其次，作为现代教育体制下石龙村的第一位高学历人员②，同时也是因为进入现代教育体系而成为一名"公家人"，走上了与其他村民不同的生活道路，而这样的身份在村中同样是一种特殊的标志和象征，是有工资而不必脸朝黄土、背朝天来谋生的，是"见过世面的"。这样的身份标识被赋予了"非迷信"的色彩，李绚金自然也受着这样的"非迷信"隐性因素的文化制约，所以也曾以自己是唯物主义者而"婉言劝解"等方式表达自己特殊身份标识带来的对本土文化的重新审视，然而这样的特殊最终并不能完全淹没和遮蔽当地传统的力量，因而也就有了以李绚金为对象的求神问卜的活动。正如李绚金自己说到的那样："所谓农村风俗，基本是千篇一律。千年不变的老规矩，前人如何做，后人步后尘，如你越雷池一步就会被别人说。比如说，我是国家公务员，我有儿有女，也竖过房子，有时我想把某个落后旧俗改改，但我的老伴就说：'你千万改不得，人家会说你是国家干部，把旧俗一改，人家就说你自大，看不起咱村的人民。何况事情一过你回单位，你当然不会受到什么苦，但我生活在群众中，受不了人家的冷言讽语。'于是，古人如何做、别人如何做也就跟着走。不

---

① 引自云南大学聘请的村民日志记录员李绚金2006年6月18日所记日志。

② 大理师范中师毕业，这是石龙村老一辈中的最高学历。

管有多少家竖房子，礼节都是一样的，大家都遵守全村的竖房规矩。"①这段文字体现了在面对传统的时候，李绚金与普通村民所体现出来的差别。一方面生活于传统，受到传统的制约和影响，想有所改变，但又因身份的特殊，还是选择顺应传统。在试图背离传统的意识层面，无疑是作为"公家人"从与普通村民不一样的身份和客位角度在审视传统，而在顺应和沿袭传统的举动中，则体现的是传统对于每一个个体的巨大约束力，这是基于传统的内在延续力和主位观照视角所做出的选择。

"神药两解"现象在村民中的普遍存在体现的是村民信仰层面对原始巫术和本主崇拜的笃信。一方面是依赖于金顶寺等处的巫者，另一方面，更为简便的是求助于村中的本主。这种以巫术或本主等信仰方式呈现的对"神灵"的依赖，在村民中形成了深厚的传统，从村民的日常行为中亦可见其出现的普遍程度。以李绚金的日志记录为例，2006 年 6 月 30 日，村民董格德因满脸过敏起大水疱，活也做不了，看起来非常吓人，董家到县医院就诊的同时也去石宝山金顶寺请巫师看香，巫师说原因是他在南方叫青龙塘的地方打死了一条蛇，那蛇是龙王三太子，因此闯了大祸，是龙王让他生病，所以需要诚心地去献龙王才可以解救。于是他家马上买了祭品等物资，并请巫师帮忙献了龙神，之后他的病得到好转。2009 年 11 月 15 日，李绚金的孙子张益敏因患血蛋白过剩，身上生出很多麻疹，在县医院住院治疗，病情已好转。同时，其外婆和奶奶一致认为除了在医院医治，还应考虑是否触犯了"豆瘟神"，所以两位老人商定回家后一定完成供神仪式。2012 年 3 月 10 日，张吉昌母亲因身体多处不适，最后鉴定为骨质增生，为了健康选择"神药两解"方式解除病痛。

从上面的这些记录中，我们可以清晰地看到村民中留存至今的对"神药两解"的笃信态度。而这种对待信仰的实践状况，同样可以被视为多元

---

① 引自云南大学聘请的村民日志记录员李绚金 2005 年 1 月 21 日所记日志。

信仰体系在当今现实中的一种留存，并映射出石龙村民和白族文化包容共存的基本特点。

（二）本主何为？

本主，即"本境之福主"，白族话叫"无增"，意思为"我们的主人"，是村寨的保护神。几乎所有的白族村寨都有自己的本主神和本主庙，在白族民众的观念中，一个人的生老病死、家人的运程祸福、家族的兴衰成败、村寨的和谐丰足都与本主的庇佑有关。

本主庙远眺

在石龙村，民间信仰是一种多元的存在，但对于村民来说，最亲近可靠的还是本主。事实上，这也是大理白族地区民众民间信仰层面的一个共同特点。白族民众创造了一个事无巨细的神灵，这比不同神灵各自司掌一个领域高效和省事得多，同时，这也让一个神如此彻底地走进人们的生活世界。与佛寺道观喜欢选择清幽之地不同，白族的本主庙大多建于村落之中，常常就与周围的民居相邻比肩，或许在建庙之初，人们还是有意识地将本主庙的选址择于一村一寨的空旷处或村边寨角之地，然而随着时间的流逝，随着村落的生息繁衍，这本主庙往往最终还是被民居逐渐包围，有的就位于村寨中心位置了。天天朝夕相处，日日注目守护，原本高高在上的神灵最终也被缠绕上俗世的烟火气息，沾染了人间的七情六欲。归根结底，白族民众之所以创造出无所不包又与现实生活紧密结合的本主神灵，在我看来，这在很大程度上仍然是与白族文化多元包容的特性分不开的。

对于本主崇拜在石龙多元信仰体系中的这种核心地位，李绚金是这样说的：

> 石龙宗教有三教合一的特点，本主崇拜是主要信仰，虽然对菩萨、佛无限崇拜，但山高皇帝远，信士敬而远之，而对本主就以一家人信任，不管遇喜遇忧都到本主庙报告，喜的请本主保护更好，忧的请本主解厄消灾。本主庙天天有人供神，香火旺盛。值得一提的是本主信仰是由巫教为依托，例如有点三灾六祸，先请巫指示，再到本主庙供神，即使巫示在别的地方消灾解厄，但最后还是要到本主庙供神，总之本主信仰是石龙宗教的中心。[①]

本主崇拜在民间信仰体系中的核心地位，首先体现为本主是村民崇奉的神灵中与村民世俗生活最为密切相关的神灵。

每当提起本主要为本境之民操心所有的大小事宜，我脑海中就会浮现那个关于四海龙王的故事。这位大理洱海边才村的本主，对百姓几乎是有求必应。有一次，两个农民、两个渔民一起去求四海龙王。一个农民说要打麦子，请他出太阳，另一个农民说要栽秧，请他下雨，一个渔民说要划船到下关，请他吹北风，另一个渔民说要划船到上关，请他吹南风。四个人提出四个不同的要求，四海龙王却都能满足，他说："早吹南，晚吹北，

大黑天神

夜间下雨，白天打麦。"如此让四个人都皆大欢喜。①

石龙的本主也一样，不管发生大事小事，村民首先想到的还是本主。本主庙是石龙村民最常光顾的地方，庙里供奉着本主大黑天神。在村中流传的本主故事，体现了这位本主亲民的形象特征。

据说，从前灶君和其他在天上有地位的神仙去天上告老百姓，说老百姓的良心差，自己杀猪吃也不祭祀他们。于是天神给了大黑天神一瓶毒药，让他把这些良心坏的人全都毒死。大黑天神到了人间后，遇到一个妇女，这个妇女背着一个娃娃，手里还牵着一个。背着的那个年纪大，牵着的那个年纪小。大黑天神问其原由，妇人回答说背着那个是他前娘的，牵着这个是她亲生的。大黑天神被感动了，认为这里的百姓良心很好，于是他自己服下了毒药。毒性发作，他的脸及全身都发紫、变黑。后来，人们为了纪念他，就把他的雕像塑在本主庙里。②

在村民日志中，村民到本主庙祭拜的频率是非常之高的。李绚金2005年的村民日志中，有29次记录了村民到本主庙祭拜的情形。在其他的年份，本主出现的频率也大致相当。

村民到本主庙祭祀、供奉的情况也可谓是五花八门。我将李绚金村民日志中涉及本主庙供神的情况进行归纳，发现至少存在如下一些情况。一

---

① 大理市文化局编：《白族本主神话》，中国民间文艺出版社1988年版，第25页。

② 石龙村民张祖元讲述，张祖元，男，1938年生，小学文化，农民。讲述时间：2004年7月31日，讲述地点：张祖元家，采录人：董秀团、段铃玲、赵春旺。

是节日，比如春节、本主会、七月十四祭祖节；二是做会，如六皇会、九皇会、山神土地会等会期念佛会、洞经会等要到本主庙做会供神；三是人生仪礼各环节到本主庙祭祀，如婴儿满月、婚礼前一天、老人求寿、去世等；四是日常生活中起房建屋、宰杀年猪、外出工作、入伍、

端着供品的老人

上学、做生意、购买新车，均可到本主庙中供神；五是突发疾病、遭遇车祸、小孩跌伤、做了怪梦、看到异象、受惊招魂等突发事件时的祭祀活动。

这里，我们先引李绚金日志记录中第五方面的几个例子，来看看村民在日常遇到的各等事宜，以及当村民遇到这些问题的时候是如何立刻就想到去本主庙祭拜的，如此便可窥见本主司掌事宜之多广。

2004 年 11 月 13 日，李海宝的农用车和别的车发生碰撞故而家人到本主庙供神。2005 年 3 月 26 日，"春节后董家兴作了一梦。梦见有天傍晚佛会会员有一部分人已走出本主庙大门回家，部分仍留在本主庙内，特别是文书组张瑞鹏、张发瑞、张万和、张永华、张庆长在原地不动，唱戏的演员和长命班（乐队）也一个没有回家。大家认为这可能意味着 2005 年间，上述人员的健康会有不利，因而大家都同意在本主庙做个简单的平安法会。"2005 年 6 月 22 日，村民为求雨供神。2005 年 8 月 14 日李四玉去找菌子突然中风不语，家人请巫公帮忙到本主庙供神。2006 年 1 月 9 日，由于入冬以来石龙发生 4 次火灾，人们胆战心惊，村民到本主庙求神保佑。2009 年 4 月 14 日，张四春因做饭时锅柄突然断了，锅中的热油烫着手，母亲请巫公到本主庙主持供神。2012 年 1 月 6 日，记到张茂根病

逝后，张塔宝说他做了一梦，"梦见姜伍发、李根繁和张茂根3人在本主庙戏台唱戏，姜、李穿的是红衣服，而张茂根穿的是黑衣服。而结果张茂根猝死，于是引起姜、李二人很大惊慌，急忙到本主庙供神。"①

　　在阅读日志的过程中，我就深感村民对于本主的信赖，所以日常当中无论遇到何种不顺或者不寻常的事件，甚至只是一个梦，一个奇怪的声音，都会第一时间想到去求助于本主。而在石龙村，村民一家或者几家人相约到本主庙祭拜、做饭供神这样的场景可以说是非常常见的，有时候走在路上，也可看到拿着香烛纸火到本主庙的人，而每次到本主庙中拜访，也会不期而遇正在那里祭拜聚餐的村民。这样的情况见多了，我总觉得对于石龙村民来说，到本主庙做饭祭拜这样的活动中，祭拜其实只是一个由头罢了，村民们似乎在这样一种形式的行为实践中体验着不一样的快乐和满足，当然神也拜了，人也开心了，何乐而不为，所以这种借着拜神的契机而家人亲朋聚餐共处的愉悦体验带来了石龙人对此的乐此不疲。这也是我在与家乡的本主崇拜相比较的时候，发现在石龙村表现更为明显的一点。在我的家乡，村民们也很笃信本主，但除了每年过年前的"辞年"家家户户必到本主庙祭拜之外，平常只有结婚、老人们做会或者全村集体性的祭拜聚餐会选择本主庙，像石龙村这样日常生活中一家或几家经常性地到本主庙祭拜聚餐的情况是比较少见的。

　　本主崇拜在信仰体系中的核心地位，其次体现为对本主的笃信，这又可从村民口耳相传的灵验故事中窥见一斑。

　　一个在村民中被频繁讲述的灵验故事与一百多年前村中发生过的活埋一对通奸男女的事情相关。很多村民都说这是石龙历史上真实发生过的，还有不少人会指出当年活埋这对男女的地点。初到石龙的时候，听村民讲述该故事并且向我们描述或者远远指出当年的事发之地，我总会产生一种汗毛微竖的感觉。想来，这与村民讲述故事时的"这是真的"这样的意识

---

① 引自云南大学聘请的村民日志记录员李绚金 2012 年 1 月 6 日所记日志。

指向以及与之相伴随的讲述语境是有关的，而村民的信之为真，既是本主灵验叙事的内在支撑，自然也是强化此种灵验叙事的一种表现。李绚金日志中对此有详细的记录：

剑川甸南上宝地有个名叫金顺的男子，会武功，但是专事嫖赌。多年在石龙赌嫖，最后和村中一有夫之妇勾搭成奸。该女子的丈夫老实可欺，最后发展到白天赌晚上和该女子夫妇同睡的地步。路不平旁人铲，村民们岂容禽兽横行，于是大伙暗议除恶扬善，但大家不敢轻举妄动，而请教当时石龙唯一有地位的廪生张会庭。（注：廪生，科举制的生员名目之一。明规定府、州、县设学，府学生员40名，州县依次减少10人。每人每月供给廪膳米六斗，资助生活，称"廪膳生员"。清制度，廪生名额及待遇根据州县大小而定，每月给廪银四两。）张会庭是剑川廪生，被派为县城孔庙春秋二季祭孔司礼，每次得到县长赏赐的1套衣物，1个猪头，1斗大米。不算官但在山村里也算是权威人物。他一听说是收拾金顺，就一拍胸说："你们干吧，出了什么事我承担。"村民们有了他的话，齐心协力，在奸夫淫妇酣睡时用叉子叉在金顺的脖子上，然后把他们捆绑起来。经示众后，把他俩带到离村500米左右的山脚下，有一块平坦的地，把他们活埋了。现在60～70岁的老人都能指出现场。案发后县府派人员到石龙调查，最后把张会庭、李茂才2人定为主犯。张会庭是惨案的幕后指使者，据说他很狡猾，狱吏们在拷问后给他喝了掺短头发的石灰水和酸水，结果可想而知，不久病故。而李茂才是石龙人，很有学问，在本村教书，张会庭一口咬定他和通奸的女子有奸情，惨案是奸夫杀奸夫。最后县官判定把李茂才充军，了结此案。李茂才被交到"按察司"候审。据考按察使为官名，唐初仿汉刺史制度设，掌各道巡察，考核吏治，景龙二年（公元708年）成为常设官。宋不设此官，但又设提点刑狱官，即后世之按察使前身。清代也设按察使隶属各省总督巡抚。这就是说李茂才被押送到昆明接受按察司的审判。据传李茂才把上诉书藏在水烟下，押送人员未发现。他被押到按察司的当天晚上，按察使作了一梦，梦见粗有两人抱的一只脚踏在天井里，一看上身是"大黑天神"神像，醒后一直考虑有何冤案惊动神灵显化。第二天早上升堂，吩咐把案犯押进来。据说从大门到大堂一路安有活机关，犯人稍不小心立刻死亡，能顺利进去的人很少，能进的一般是冤案。李茂才顺利通过机关，按察使叫"李茂才抬起头来！"，李抬头一看大堂两旁有一对子，上联"能经火眼到此地"，下联为"痴聋傻哑莫进来"，横披"阿杯摸"三个字。问："你村的本主是何神？"答："大黑天神。"并把老师帮写的上诉书呈上，大意是"有钱的活，无钱的死，本人是受冤枉"。按察使当即判定"无罪释放"。李茂才没有死，平安回家，这完全是本主显化感动按察使的结果。从此石龙村人把本主当为保护神。石龙村中间有一条小河，把石龙分为南坡北坡二小村，在此前两村各供奉各的本主，经历此次的洗礼，两村虔诚合力把两座本主庙合二而一，这就是现在的本主庙。从此石龙村人信仰本主的观念上升到新的不可动摇的阶段。有道是："问你平时所干何事？欺人懦、诈人财、坑人命、奸淫人妇、占寺人田地，是不是睁开眼睛看世上多少恶焰凶锋绕过了哪个？来我这里有冤必报、追尔魂、破尔家、荡尔产、降罚尔祸、殃天绝尔子孙，怕不怕？摸摸心头想，从前百千机谋诡计还用得着么？"信仰本主的信念谁敢动摇？更有甚者，大凡有村民死亡，前一个时间传言某某某听到夜空中有人哭叫意即魂已被抓走。另外如在建戏台时，张瑞宝（已故）一人在本主庙守东西，据他说有几次听到有人被抓来从旁边经过，尔后大殿火光通明，听到铁索和板子拷打的声音。以上故事说明石龙人信仰本主的思想原委。任何人不敢越雷池一步。总之本主是村民们的第一信仰。①

---

① 引自云南大学聘请的村民日志记录员李绚金 2005 年 2 月 20 日所记日志。见董秀团主编：《石龙新语——剑川县沙溪镇石龙村白族村民日记》，中国社会科学出版社 2009 年版，第 257—259 页。

很多时候，村民对此事件津津乐道，并不是因为其中颇为特殊的男女之情，也不是因为处理这件事情的非常规手段，而是因为对本主搭救村民这一行为中所体现的灵验性的认可。所以，有的村民在讲述这一故事时，会单独讲述李茂才被判充军得到本主搭救的那一段。

甚至，为了彰显本主的灵验和神性，村中还流传着本主庙守门将军手中牵的马跑出去吃庄稼的故事，据说有的人不信，后来追到本主庙看见马嘴里还叼着吃剩的庄稼，这才相信是本主庙中的马跑到外面去了。既然本主庙中为本主守门的将军的马尚且如此具有灵性，本主的灵验不用说自然也就是题中之义了。

由上可见，本主信仰在村民心目中是具有不可替代的作用的。张吉昌说："村民崇拜的是本主，村民的心里本主就是掌管了一切。"① 李绚金也总结道："据我所知白族地区信仰本主是一大特色，但石龙一是受石宝山佛教影响，同时也因极度封闭，所以信仰本主的程度比别的地方既广又深。有的不论大小都想到本主，喜忧二事都必通知本主，即不论喜忧都要到本主庙供神。"② 在此，日志记录员所看到的、所参与的，也正是每一个石龙普通村民所实践的，对于本主的信仰和崇拜，是如此自然而然地嵌入村民的日常生活，构筑起了村民生活世界中人神相通的独特桥梁。

二、信仰实践中的性别呈现

从我在白族地区出生、成长并且作为白族群体之一员的人生感受来说，我认为白族的性别文化是一个比较复杂的问题。其复杂主要在于充满了一种矛盾性。从文化的传统当中去追溯，可以发现白族文化中曾经流淌

---

① 2019 年 6 月 11 日访谈资料，访谈人：董秀团，被访谈人：张吉昌。
② 引自云南大学聘请的村民日志记录员李绚金 2009 年 11 月 3 日所记日志。

着非常丰富和突出的女性意识。和别的民族一样，人类早期文化中的"大母神"崇拜现象在白族的传统文化中也曾经得到广泛认同。大母神是对原始初民心目对女性创世大神的描述性称谓，又称为原母神或大女神，"特指起源于父系社会之前的最大神灵，是狩猎的史前社会的意识形态核心，原始信仰中最早出现的神"①。甚至表现于语言层面，白语中称呼老天为"倒害卯"，意即"大天母"。白族的妇女往往是家庭中的"当家母"，是能够担负起家庭重担的。在生产劳作中似乎也不输男子，有些重体力活她们同样也要承担。在大理地区，随处可见或背或挑，负重行走于山林或田间的妇女，也可看到妇女在田间地头抡起锄头挖地的情景。但从另一方面而言，白族又深受汉文化的影响，在其传统文化和民俗生活中也不乏男尊女卑、重男轻女等现象和对父权、夫权的强调。在很多家庭中，家务活一类历来被认为是女性的责任，洗碗、洗衣这样的事绝大多数的男性是不会插手的。嫁出去的女儿在娘家就失去了继承权。如果未能生下一子，很多人是会耿耿于怀的。凡此种种，都说明了在现实生活中女性的位置是屈尊于男子之下的。因而就让我们看到了前述看似矛盾的两个方面。

这样矛盾的两个方面，在白族文化中更多被母性概念所勾连和疏通，在俯瞰一切的大母神和包容隐忍的世俗女性之间，有了一个缓冲，那便是对母性意识的抒发。白族民间文学中，有很多书写母性伟大的作品，比如歌谣《报母恩》："尿湿那块母亲睡，干处放你身。你不会吃嚼喂你，不会走路背母身；从小养大不容易，恩情比海深。"② 这样细腻的描写，蕴含的是对女性形象和其中透露出的母性意识的深刻理解和体认。这种母性意识除了基于人类共同的对母亲这一形象和角色的理解，也与神话和早期叙事文本中关注女性的传统不无关系。这样的母亲形象又成了早期大母神和后来隐忍卑微的女性之间的过渡和中介。也正因此，在男权的控制下，后世

---

① 叶舒宪：《高唐神女与维纳斯》，中国社会科学出版社 1997 年版，第 6 页。

② 大理白族自治州文化局编：《白族民间歌谣集成》，云南民族出版社 1997 年版，第 405 页、第 412 页。

的女性其地位显然较之男性要低得多，却总让人觉得白族文化中的男尊女卑不如汉文化中那么明显，这可能就是此种缓冲所起到的作用。

（一）日常生活中的性别区分

上面所说是对白族地区性别文化图景的一种简单描绘。那么，在石龙村，人们是如何进行着性别文化的实践的？也就是说在人们的实践活动中，性别文化如何得以呈现？从总体上看，我认为，石龙村的性别区分和性别文化与白族的其他地区并没有太大的不同，都是体现出上述的二元性的。

首先，男性与女性的区分在社会和家庭领域都有着较为清晰的表现。在生产生活中，男女各有分工又存在着协作。以前存在砍伐木头情况的时候，这个工作主要还是男性承担。另外，犁地这样的农活也是男性承担。其他诸如挖地、砍芸豆秆、种玉米、种芸豆、采菌子等活计，都是不分男女共同完成。捞松毛以女性为主，但男性也会帮忙。家中的家务方面，喂牲口、做饭之类男女都会承担，但就算男性做饭了，一般也不会洗碗，而男人打扫、洗衣服之类就很少见了。还有一点，如果男性洗衣服，也绝对不会去洗女人的内衣内裤，这些活计还是更多被与女性相联系。再如女性生产后，村中有一习俗，在满月时请产妇的姐妹、妯娌前来帮忙清洗产妇的衣物用具，这个活计男人们也是绝对不会插手的。

其次，总体上看，女性的公共活动时间和空间较之男性更少。石龙的村民大多很勤劳，但相对来说妇女会更累，因为女性除了与男性一样承担生产劳作之外，还承担了更多的家务和零碎活计。在村中，可以常常看到人们在休闲时聚集到代销店、小卖部或者是老村委会门前的中心地带，但在这些聚集的人群中，一是以老年人为主，二是以男性为主。老年的妇女也会三五成群围坐一起闲聊，家长里短是她们聊的主要内容，老年的男性同样会聚集聊天，天南地北地说着些他们感兴趣的话题。而那些聚集在小卖部等地的中年男子们，则喜欢玩点扑克、麻将作为消遣，但这样的场景中是见不到青年女性的身影的。在大理地区的别的地方包括我的家乡洱海西岸村寨中，也看到过女性参与打麻将的情况，但是在石龙，从来没有本村的女人玩麻将和打扑克的，有时会有外面来的女性跟男性一起玩麻将，村民们都会觉得不太能接受。女人们没有参与到这样的休闲和活动中，当然很重要的一个原因就是她们比男性承担着更多的家务和细活，没有大把的时间花在这些活动上。另外，这还与石龙村性别规约的限定相关，传统文化和民俗视野中认为女性的活动和场所还是应该更为内倾，所以女人一般是不会抛头露面地在公共场合进行这些消遣活动的。相对来说，女性还是被规训于家庭生活的场景，在公共场合的社会交往中，男女之间的划分也比较明显。村中至今仍严格遵守女性不能登上本主庙中戏台的规矩。

而村中也还存在一定的重男轻女的现象，有的家庭如果没有生下儿子会觉得是一个心病，虽然在计划生育的政策下，在这里并不存在像其他地区那样超生、为了生育而逃到外地等情况，却在心理上有比较大的包袱和压力。那些有生子诉求的家庭常常在每年农历二月初八太子会的时候主动提出承办当年太子会的请求。村中还流传着这样的故事：

> 有两个男的，他们曾结拜当富甲①，其中一个住在山上，一个住在山下。山上这个的老婆长得特别好看，而山下这个的老婆长得比较丑，但山下的这个是状元，他老婆也很能干。山上这个有八个儿子，山下的这个有几个姑娘，但是没有儿子。
>
> 这天，山上的富甲来山下的富甲家里面做客。山下的有点儿看不起山上的，他就让女儿们抬了张吃饭的桌子，并在桌子里面塞了好多钱，吃饭的时候就故意让山上的这个看见，以示他家钱多。
>
> 山上的这个就故意一会儿说冷，让四个儿子把桌子抬到有太阳的

---

① 富甲，意为老友，结富甲就是打老友的意思，指的是年龄相仿、兴趣相投的两个同性之间结为兄弟、姐妹的意思。剑川有的地方，男性之间称"富甲"，女性之间的结拜则称"哒"。

地方，一会儿又说热要把桌子抬到凉快的地方，以表明自己没钱但是有儿子，而对方只有几个女儿。①

在该故事的另一个版本中，对生儿生女的价值评判取向就更加明显了。

以前有一对富甲，一个富，一个穷，穷的有几个儿子，富的没有儿子。

一天，富的请穷的来家里，摆了一桌好酒好菜，还有水果，四根桌腿下垫了四块黄金。富的对穷的说："我们是富甲，不用客气。"穷的吃的时候心里想他招待我这么好，我虽然穷，也要好好招待回他。穷的边吃边想办法。一天，穷的又回请富的到家里做客，因为没钱只能随便买了些酒菜回来，他让四个儿子端出桌子来招待富甲。富的想："我富甲虽然没钱，但他有四个儿子，我有这么多金银可以垫在桌子下，但也没用。"富的就气倒在穷的家里面了。②

上述的性别文化在石龙村的信仰层面也有着独特的表现，从村民的信仰实践中，我们同样可以看到此种性别文化的展示和显现。

（二）念佛会与洞经会信仰的性别实践

石龙村民的性别关系不仅在日常生活中时有表现，也通过村民的信仰世界而得以表达。事实上，对于村民来说，这些民间的信仰活动很多时候就与日常的世俗生活贯穿在一起的，今天在家做家务，明天到本主庙或者观音寺做会，甚至一天当中这些场景交替上演，世俗与神圣交织于生活世界的图景中。

前面已述，石龙村民的信仰是多元共生的状态，我们自然可以从学术

---

① 讲述人：张福友，讲述时间：2015年7月26日，讲述地点：张福友家，采录人：董秀团、杨英、普燕、李昕、赵晓婷。

② 讲述人：张室顺，讲述时间：2016年7月31日，讲述地点：张室顺家，采录人：昂晋、古珊子、李银梅。

研究的角度去区分、厘清这些民间信仰的源流归属，比如念佛会与佛教相关，洞经会受到道教、儒家思想的影响。但是，对于持有这些信仰的村民而言，这似乎并不重要，村民并未建立起明确的宗教信仰的区分意识，他们只是在生活层面实践着自己内心的信仰。所以在日常的信仰活动中，常常出现诸种信仰和平共处或是交叉杂糅的现象。正因如此，我们在石龙村念佛会和洞经会的相关实践活动中看到的是性别关系的呈现，是村中男女两性参与、协作和博弈的状况。当然，念佛会和洞经会并非仅映射出性别关系，反之，村民的性别关系当然也不单是通过这样的信仰实践得到体现，然而，我们确实可以在民间信仰活动的展开中看到性别关系的维度。

念佛会和洞经会作为大理地区白族村寨中普遍存在的民间组织，在乡村社会的自运行逻辑中发挥着重要的作用。两个组织的参与者都是中老年人，并且它们一般又分别对应于女性群体和男性群体。比如在我的家乡，大理洱海西岸的村寨中，也有与念佛会类似的"莲池会"，也叫"老妈妈会"，不过这个民间组织的成员均为中老年女性，这一年龄和性别的倾向从其名称已经可以看出。"老妈妈会"的负责人被称为"经母"，她们是长期靠记忆习得当地流传的所有经文并能组织念经活动的人，这里的"经母"实际上在石龙村其职责是由"师傅"来担负的。在洱海西岸的村子中，男性无人参加"老妈妈会"，一些中老年男性会加入洞经会。此种性别区分在两个民间组织中的表现，实际上映射着白族的性别关系和社会性别差异。女性活动的范围相对内倾，"老妈妈会"的活动也局限于村寨这一地理单位，就算"老妈妈会"会离开村寨到各大寺庙去做会念经，但活动仍以本村为组织单位。老妈妈们多是不识字的人，有的从未上过学，这种情况在过去更加突出。相对而言，参加洞经会的男性其活动范围更趋外向，虽然其活动同样多在本村本寨的范围中组织和举行，但洞经会中的男性大多读过书、会识字，他们与外界的联系更加紧密和频繁，在外向联系的过程中，往往是由男性们充当中介。

白族村寨中两种不同的民间组织以及对男女性别的凸显在石龙村呈现

为有同有异的状况。石龙村也有类似的两大民间组织，而且也总体上对应着男女的性别区分，但是石龙村的念佛会和洞经会以及男女两性参与的情况又与上述其他的白族村寨有所不同。

先说念佛会中的性别关系。

在此，我们需要先追溯一下石龙村念佛会的源流。前面已述，念佛会属于佛教的民间组织，与佛教关系密切。大理地区曾被称为"妙香佛国"，佛教的浸染自南诏以来就十分浓厚。石龙村亦是如此：

> 石龙人深受石宝山宗教影响，自古以来宗教在石龙十分旺盛，小小村子（现总户数约200户，人口1000多，在旧社会人户可想而知）建有南观音庙、关帝庙、本主庙三大寺庙，石宝山是高一层寺庙，石龙和石宝山山水相依，寺院众多，村民凡是年满50岁，不分男女都要入佛教会，皈依受戒。今年我大女儿四同年届50，不无例外地皈依，佛会里父辈子辈同入会的石龙有李定鸿家，李根瑞家，张海应家等三家，大会小会父子都一起拜佛念经。佛会以石宝山为主体，那里的大会小会都去参加，本村也年年举办本主会，六月六、九月九等大会，会员一个不缺，还有初一、十五都吃素，家家都香火旺盛。①

看到李绚金在村民日志里的这段叙述的时候，我的脑海里很快浮现的就是元代郭松年在《大理行记》中所描述的情景：

> 然而此邦之人，西去天竺为近。其俗多尚浮屠法，家无贫富，皆有佛堂，人不以老壮，手不释数珠。②

上述李绚金日志中提到了石龙村佛教信仰与石宝山有不可分割的关系，事实确亦如此，石龙村的念佛会其缘起同样与石宝山宝相寺有关。

现在能追溯到的石龙村念佛会由村民张汝太创立。据说，中华人民共和国成立前，甸南一个姓李的木匠就在宝相寺吃斋念佛，后来做了宝相寺

---

① 引自云南大学聘请的村民日志记录员李绚金2008年3月28日所记日志。

② （元）郭松年：《大理行记》，王叔武校注本，云南民族出版社1986年版，第22页。

的住持，于是就集中起一批他的信众成立了"念佛会"，当时石龙的张汝太在石宝山宝相寺做"二师傅"。"二师傅"是剑川民间的叫法，相当于住持的副手。石龙距宝相寺仅约两公里，是离宝相寺最近的村子，由于地缘的亲近，石龙村和石宝山宝相寺的联系一直都很密切，有很多人还是宝相寺的在家居士。

从性别的角度去看念佛会，将会发现一些非常有意思的现象。首先，从人员构成来看，石龙村念佛会参与者的性别从该组织成立以来一直就是男少女多。现在，会员中男少女多的总体格局未曾发生改变，不过近年来男性所占比例有一定的上升。在石龙村，凡到50岁就主动加入念佛会的习俗已经形成，但是总体上女性对此的意愿要更加强烈也更为主动，男性方面，有的是跟随妻子一同入会，也有的是年轻时因各种原因没有入会，等到年纪较大才入会。加入念佛会的仪式环节对于村民来说都是不可缺少的，这一仪式环节，已经成为石龙村民认可的"通行证"，按照村民的说法，加入了念佛会，在百年之后，才能享有佛会会友们念经祈福、洞经会谈经演奏送亡灵归天的权利。以下记录就说明了上述问题：

> 今天趁"九皇"会第一天，村民参加念佛会的有4个人，他们分别是：张路章，女，今年47岁，职业务农，但她经常外出找钱，很少时间在家。张福九，男，57岁，务农。张明吉，女，45岁，务农。张俊宝，男，78岁，务农。他们有的年老、有的中年，为何一起参加念佛会？因为参加念佛会没有规定年龄，靠人自愿。张路章自愿加入。张明吉有病在身，算命算出要加入会，而张福九是她丈夫，且年龄也50几，索性夫妻一起入会。[1]

当然，加入了念佛会并不意味着非得要参加每一次的做会和念经拜佛仪式，一般来说，主要还是那些年纪偏大者在实践着佛会的具体活动。而那些刚加入者，50岁左右的年纪，还是家中的主要劳动力，不可能将主

---

[1] 引自云南大学聘请的村民日志记录员张瑞鹏2009年10月24日所记日志。

要的精力用于求神拜佛，所以也只有上了年纪的老人们能够经常性地参与活动。而不仅念佛会成员中女多男少，就是会员真正参与活动的同样也呈现出相似的情况。在念佛会的活动中，多数男性并不参与，每次念经拜佛，在这一男性师傅的带领下，实践着信仰的广大成员却大多是女性。

所以说，石龙村的念佛会，主要是由女性构成的组织群体，但其中也有男性。这一点，与洱海西岸的"老妈妈会"纯粹由女性构成有所不同。而其原因，与下面的探讨亦有相关性。

其次，虽然男性在念佛会构成比例中不占据优势，但在念佛会的关键位置以及与外界展开交往联系的过程中，却一直显示出自己的力量。这一点，可从石龙念佛会领头人的设置中窥见一斑。石龙的念佛会，主要负责人有两个，一个是"师傅"，一个是"当家"。两者分工明确，"师傅"主要管理佛事活动，带领众人念经拜佛，在会员加入的时候进行登记，是念佛会与外界联系时的代言人，他更像是一个精神领袖和象征符号。"当家"主要管理念佛会的日常事务和各项事宜，像念佛会的资金筹集、使用，做会的人员安排、活动组织和后勤保障等，只要和念佛会相关的诸等杂事都归"当家"负责。她们更像是家中的"当家母"一样操持着念佛会的诸种杂事，从某种程度上说，女性将她们在家庭中当家作主的角色移植到念佛会的管理当中。这两个角色在石龙村历来由男性和女性分别担任，也就是说，石龙念佛会的"师傅"一直以来都是男性，而"当家"则均为女性。

石龙村念佛会的创立者张汝太理所当然成为首任"师傅"。继张汝太之后，其儿子李定鸿（因上门到李家而改姓李）担任石龙村念佛会的"师傅"多年。李定鸿年老力衰后又传给其弟，也就是张汝太的小儿子张定全。值得关注的是，石龙村念佛会的"师傅"这一关键人物，均为男性。甚至在现实的传承中，还具有了某种家传的色彩。这当然也从一定程度上体现了石龙村念佛会虽与佛教有关，但又打上了村民世俗生活的烙印。

"师傅"除了在每一次念经拜佛的仪式活动中带领会员完成仪式之外，在会员加入这一过程中也起到关键作用。加入念佛会的环节，表面看起来

李定鸿

张定全

是女性为主，有些家庭夫妻二人会一起加入，这个时候，似乎在加入这件事情上操心的也主要是女性。但此过程中，实际还是体现出"师傅"这一男性角色的重要性。在石龙村，加入念佛会的程序并不复杂，也没有什么特殊的限制，村民们一般选择本主会、六皇会、九皇会或者其他的重要会期来完成相关的入会仪式。在这些会期来临之时，想要加入者就备上馒头、糖果和瓜子等到本主庙分发给众人，向本主磕头，让念佛会的"师傅"把自己的名字登记下来，这样就可以成为准会员。

> 新参加入念佛会的程序不复杂，只要本人愿意以后，说给念佛会的人们说要加入念佛会，然后再准备一些烟、茶、酒、糖果、瓜子、馒头等素食品，由亲戚朋友送到会场分给会友，向佛会负责人叩头说明情况并交20元入会费即可。①

村里念佛会的"师傅"会把这些准会员的名字报到宝相寺，到了宝相寺做会的时候，这些预备会员们要到宝相寺参加做会，这时宝相寺的"大

---

① 引自云南大学聘请的村民日志记录员张瑞鹏 2008 年 2 月 11 日所记日志。

师傅"会将他们的名字登记在册，他们交纳一定的会费，在宝相寺住持处领到一本"皈依牒"，小本子上的正式名称是"三皈依证书"，这样念佛会的会员也就成了正式的佛教协会会员。

> 有 8 个老人因前年和去年参加念佛会而今天上宝相寺皈依佛门，领皈依牒，皈依牒由宝相寺居士陈师傅发放，每人交 20 元的会费，领到皈依牒才算真正的佛教会员。①

所以，石龙村念佛会的"师傅"和宝相寺的"大师傅"都是村民加入念佛会过程中的重要人物。

与"师傅"均为男性形成对比和呼应的便是"当家"均为女性。与李定鸿长期搭档担任石龙念佛会"当家"的是李根瑞。李定鸿上了年纪由其弟张定全接替后，"当家"仍旧是李根瑞。再后来，李根瑞去世，当家换成了李福娘和张国庆。

"师傅"和"当家"构成了一种男女对立统一的视角，也映射着石龙信仰实践中男女的共同参与和协调。

最后，石龙村念佛会的性别区分和合作在念佛会的具体活动过程中亦得到表现。在念经拜佛和法会举办的过程中，祭祀供品的准备等具体事务会由女性承担，比如用"金银纸"②折金银元宝和锞子，或是用五色纸剪成衣物，用五色纸扎出纸花，或者

李根瑞老人

---

① 引自云南大学聘请的村民日志记录员张瑞鹏 2007 年 4 月 22 日所记日志。
② 当地自制的一面用染成黄色和银色的长方形的纸，可用来折成元宝、锞子等不同形状，也可直接烧化给神鬼。

是专门制作甘蓝、素供等祭祀用品，一般都是女性的任务。而祭祀中用到的"表"①、对联、符之类的用品准备则多由男性来承担。男女两性在既有区分又有合作的情境下共同参与和完成念佛会的仪式活动。

那么，为何石龙村念佛会与别的地方不一样，"师傅"这一男性角色在女性为主体的念佛会中占据着领头人及外向交往象征的特殊作用呢？石龙村的念佛会又为何会有男性会员的加入呢？事实上，这些都体现了石龙村念佛会与石宝山佛教特别是宝相寺的渊源。

最早创立石龙村念佛会的张汝太，曾在宝相寺担任"二师傅"，而宝相寺还有真正的住持，也就是民间所称的"大师傅"。早些年，宝相寺的住持是甸南的陈树金，法名崇树，石龙的村民喜欢称之为"陈师傅"。在陈师傅年老行动不便之后沙坪村的甘寿宝任住持，甘寿宝担任住持约7年，在2018年的下半年，陈师傅的儿子陈小舟正式继任住持。陈师傅在世时，村民很喜欢提到他，我在石龙村调查时也听过不少有关陈师傅的故事。比如村中漂亮的姑娘李丽琴和宾川能干的小伙李兴成的结合，据说就是陈师傅牵线做媒而成就的一段美好姻缘，当年李兴成在宝相寺进行佛像塑造工作，而李丽琴在石宝山当导游。后面继任的甘寿宝和村民也很熟识。陈小舟作为陈师傅的儿子村民自然也不陌生。在李绚金的日志中，就记录了这么一段：

> 沙坪村的70多岁老妈妈树玉到村中卖豌豆粉，每市斤6元，买的村民还比较多。因为她是村民的老熟人，几乎中老年一辈人人都认识她。她的老伴甘寿宝在宝相寺当主持，念佛会的会友们对她特别熟，而且她的老辈和村中张宝山的老辈之间有特别好的朋友关系，直到现在这一辈他们之间也经常来往，好像一家人一样，特别的亲和。因此只要她在村中卖点什么（她经常来村中卖豌豆粉、甘蓝、香等东

---

① 指表文，一般用特制的纸张书写好不同的内容后装入一个黄色纸质的大信封一样的外壳里，是祭祀时寄给神灵的文书。

西），凡是遇见她的，多少也向她买一点。①

从此段记录中也可看到石龙村民与石宝山宝相寺的密切联系所构建的更广阔的熟识网络。原本石龙村念佛会的成立就与张汝太在宝相寺的经历分不开，现在石龙村念佛会的"师傅"张定全亦长期到宝相寺生活和帮忙。宝相寺中是由"大师傅"在掌管一切事宜，此种模式会被石龙村念佛会模仿是很自然的，所以村中的念佛会设有"师傅"一职。不仅如此，宝相寺中的僧人、居士本就有男性，所以作为其下属民间组织的石龙村念佛会自然也吸收男性会员。

综上所述，石龙村念佛会中男女两性共同参与并构成微妙平衡的情况已经相对明了，这与别的地方的白族村寨之间确有不同。而究其原因，还是与石龙村念佛会与附近的宝相寺佛教组织之间具有密切关联是分不开的。

洞经会演奏

---

① 引自云南大学聘请的村民日志记录员李绚金 2013 年 9 月 1 日所记日志。

再来看洞经会对性别关系的表现。与石龙村念佛会是男女两性共同参与的情况不同，整个洞经会里并无女性。这样的历史可以追溯到洞经会成立之初，并且从未有例外。相比之下，洞经会似乎更体现出鲜明的男性特质。在这一点上，石龙村的洞经会与大理白族地区的其他村寨存在共性。洞经会从其存在之时起，就更多代表着男性的特质并与白族的民间精英文化关联在一起。

首先，从洞经会的洞经音乐演奏和使用乐器来看，与传统生活中男性的关联更密。洞经会的谈经演奏，需要相对专业的技能，乐器的演奏又是其中的难点，这些乐器的习得需要花费较长时间才能掌握，因而一般是年轻时有一定弹奏基础、上了年纪后有较多时间投入洞经会活动中的中老年男性才能具有此种优势。石龙村以往的历史中并没有女性使用乐器的先例，现如今，一些白曲歌手中的女性偶尔在弹一弹龙头三弦，但她们的弹奏技艺显然不能与男性相比，而洞经会中使用的乐器，笔者尚未看到石龙村女性去学习和掌握。在这里，我们想多说几句。为什么龙头三弦会有女性去探索学习，而洞经乐器却无女性去尝试？这当然与女性在更多的场景中参与了白曲演唱，却没有进入洞经这一系统是有关的。然而，从中我们也可看出，龙头三弦是更具本土和民族特征的内倾性乐器，而洞经会的乐器则更具外来文化的特质。

龙头三弦的本土和民族属性，表现在此乐器主要用于白曲伴奏，没有进入洞经会演奏或者乡戏伴奏等场合。村中还流传着一则龙头三弦来历的传说，其叙事逻辑中也体现了该乐器的本土特质：

> 明朝的时候，石宝山有条黑龙横行霸道，造成水土流失，周围的老百姓都遭了殃，石龙村也一样。石宝山飞来一只金鸡要制服黑龙，周围的百姓们闻声也赶来为金鸡助阵，最后终于制服了黑龙。为了庆贺和纪念这件事，人们就举行一年一度的石宝山歌会。人们还用龙的身体各部分来制作龙头三弦，龙头当三弦的头，龙脊骨当三弦的品，龙筋抽出来做成三条弦线，龙皮用来蒙鼓，又用金鸡的

爪当拨珠的套子。这样，人们用金鸡的爪来拨弄三弦，弹出欢快的音乐，来表达心中因金鸡制服黑龙而产生的喜悦之情。从此，就有了龙头三弦。①

这则传说的讲述者李根繁是石龙村著名的民间歌手，他在剑川乃至周边的兰坪、丽江等地都小有名气。其讲述在一定程度上代表着民间歌手艺人群体对龙头三弦的认知和理解。传说中事件的发生地是石宝山，前面已述这是石龙村民进出必经之山，村民世代与石宝山发生密切联系，采菌的季节不少村民会到这里采集，石宝山上的几大寺庙是石龙村民活动的重要场所，这里还是石宝山歌会的所在地，村民又是歌会的重要参与者。总而言之，村民与石宝山水乳交融的地缘和文化关联是外力无法斩断的。所以，石宝山本身可以算作是一个本土符号的象征。传说中，龙头三弦的产生与制服石宝山作恶黑龙的事件有关，这同样强化着龙头三弦本土化乐器符号的特点。制服黑龙的金鸡，是融汇白族传统文化中的鸡崇拜和印度佛教文化中的金翅鸟的标志性意象符号。金鸡制服黑龙的故事在大理白族当中流传较广，典型文本有《金鸡和黑龙》《灰龙、金鸡治黑龙》等。大理地区过去水患频繁，人们认为水患的发生与恶龙横行有关，所以，用龙的克星去制服龙和洪水就是人们的一种理想和愿望。金鸡战胜黑龙的故事成为白族民间文学中的常见类型。石龙村李根繁讲述的这则传说中，用金鸡的爪来拨弄由龙的身体各部分制成的龙头三弦，发出胜利的奏鸣声，这正是金鸡战胜黑龙母题最形象的体现。由此，龙头三弦这一乐器与白族传统文化和地域特点密切关联，是本土特征突出的乐器符号。

而洞经会中使用的乐器有京胡、板胡、大胡、二胡、锁呐、笛子、架鼓、大鼓、钹、锣、铙等，有吹的、拉的、击打的。有时候，一个人要交叉使用多种乐器。洞经会的洞经音乐，其来源主要是中原道教音乐并容纳

---

① 讲述人：李根繁，讲述时间：2004年7月24日，讲述地点：李根繁家，采录人：董秀团、段铃玲、赵春旺。

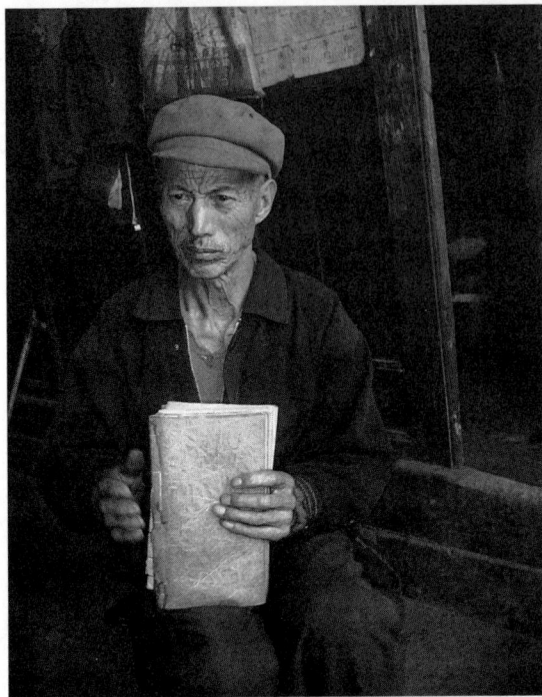

洞经会会长张灿兴

了一部分地方本土音乐，乐器也多是外来的。洞经会的音乐和使用的乐器都更倾向于表征外来的文化符号。

洞经会音乐和乐器的外向交往属性强化了其男性特质。前文已述，在石龙村，男女两性的社会性别仍以男主外、女主内的模式为主，因而，颇具外来文化标识的洞经音乐似乎与女性之间更多了一道屏障。

其次，洞经会的民间精英文化象征也更多与男性关联。洞经会是颇具道教色彩的民间组织，因谈演《文昌大洞仙经》而得名。但也有学者注意到，洞经会中儒、释、道的汇融性。在石龙村洞经会成员的观念中，也体现出这一点，他们多认为洞经会更多与儒家文化相关，道教的祖师是太上老君，洞经会的祖师是文昌皇神，洞经会属于儒家，或是具有"儒教"色彩。石龙村洞经会的现任会长张灿兴则表示洞经会有儒教和道教相结合的感觉，同时他认为儒、释、道是"家家同源、根根一理"，所以不管什么教，拜的都是相同的几尊神。

石龙村的洞经会产生之初又与宣善堂或称圣谕堂的讲圣谕活动联系在一起，而宣善堂的讲圣谕活动具有浓厚的儒家文化色彩。石龙洞经会的前身大约是清光绪年间张耀彩等人成立兴办的宣善堂。宣善堂是剑川白族民间知识分子组织的，以康熙皇帝的"圣谕十六条"为标准进行道德宣扬的

"圣谕会"下面的一个分会。当时沙溪设有"宣善总堂"，下设二十四分堂，石龙宣善堂就是其中之一。宣善堂平常的一项重要活动就是宣讲"圣谕"，逢初一、十五便进行宣讲。在石龙村，每到初一、十五就会搭棚子由张耀彩、张仁耀、李灿根、李四龙等人讲经说法讲圣谕。在 20 世纪 30 年代末 40 年代初的时候，由张士元[①] 开始掌管村中的宣善堂，张士元学过洞经音乐，也会咏经，于是就成立了洞经会，张士元担任第一任会长。村中人称之为"三块板，八片嘴"，三块板指的是洞经的板眼，八片嘴指的是诵经。宣善堂的成员转入洞经会，宣善堂解散。石龙村的洞经会成立后，张士元将诵、曲、弹奏教给成员们，会员还到羊岑新松学来洞经会整套的程序仪式。那时洞经会主要做的有两件事，一是讲圣谕，二是有人家做白事就去帮忙。因而原宣善堂的讲圣谕功能在一定程度上是被洞经会承继下来的。

从上面的追溯，可以看出石龙村洞经会中儒家

张灿兴收藏的洞经会经书之一

张灿兴收藏的洞经会经书之二

① 张士元，男，白族，1911 年生于石龙村，1981 年去世。

文化影响的痕迹。而此种风习又与大理白族地区整体崇尚的文化氛围相契合。大理白族长期以来崇尚汉文化，提倡耕读传家。早在南诏时期就已经有了对汉唐文化的高度向慕，从南诏王室到民间对汉儒文化的推崇备至和倾慕模仿也可看到这一点。石龙所在的剑川地区亦是历史悠久的文献名邦，自古以来对儒家思想也十分看重，石龙虽然是一个相对封闭的山区村落，但也深受此种风气的熏陶和浸染。中华人民共和国成立之前，石龙的有识之士曾在村中办过私塾教育，当时所教授的主要就是儒家思想及相关内容。石龙村也至今保留着剑川地区的一种独特现象，很多人家春节时门楣上贴的对联都由家中人自己书写，家中有年幼的小学生、中学生者，更会鼓励其书写，虽然笔力稚嫩，但仍然予以张贴，并以此为傲。如果家中实在没有会写字的，则必定会央求村中善于书写者题写。

洞经会对儒道思想的融合还可从以下例子中窥见。原本石龙村中有一个本主庙、一个三官庙、一个观音庙、一个魁星阁，这四个寺庙分别是白族地区本土的本主崇拜和外来的道教、佛教和儒教的祭祀场所。原来的三官庙供奉天、地、水三官，这三官是典型的道教天师道教派的偶像。后来，1958 年修建石龙水库时魁星阁遭毁。再后来，三官庙改建为关圣宫，供奉起关羽、昊天地母和魁星。魁星移到关圣宫和关羽、地母一起供奉，可见在石龙人心目中儒、道二家的相融并不是什么困难之事。

关圣宫

儒和道对于石龙白族来说，体现的是一种外来更为成熟的文化体系和象征，与本土的为何符号有所差别。汉文化作为一种外来精英智识文化，本身便更多与男性相关联。洞经会因与儒、道的关联，从产生之初，就被打上了民间精英文化的色彩，其成员由此也被贴上"民间知识分子"的标签，在村民心目中，他们是读书识字的民间精英。我们从前面对石龙村洞经会产生和发展过程的追溯中，也可看到那些民间文化精英们所起到的关键作用。比如张耀彩，那是石龙历史上最负盛名的人士。比如张士元，作为洞经会的首任会长，他多次在洞经会的发展历史中起到引领作用。而张士元毫无疑问也可当起石龙村民间文化精英之称号。他幼年读私塾，具有很高的汉语水平，擅作对联，毛笔楷书写得潇洒而隽秀，在石龙村德高望重。村里发生任何红白喜事，均由他出面应酬，负责组织管理，是石龙村历史上几位有名人士之一。现任会长张灿兴，同样在石龙村的各种集体事宜中扮演着重要角色。洞经会中的其他成员，往往也都具有读书识字的特点。这些都强化了洞经会民间精英文化的特质。而洞经会作为民间精英文化的象征，之所以与男性特质关联，正与白族地区和石龙村现实生活图景中男女两性的社会性别区分相一致。长期以来，男性比女性拥有更多读书识字的机会，也更容易被塑造成社会认可的民间知识分子形象。如此说来，洞经会中没有女性的身影也就不足为奇了。目前，在大理地区一些洞经会中，因舞台展演的需要，其表演行为中也出现了少数女性的身影，但此种情况还不能改变白族传统乡土社会中洞经会是男性之天下的整体格局。

前面我们从念佛会和洞经会中男女两性参与的状况分析了其中映射的性别关系。在石龙，由于男性也可加入念佛会，所以出现一种状况，有些村民既是洞经会的成员也是念佛会的成员，目前 14 个洞经会成员中就有 9 人同时参加了念佛会，而村民们也并不认为这样做有什么不妥。也因此，念佛会和洞经会并非截然分开，两者一起做会也是常事。六皇会、九皇会、本主会、观音会这些会期的时候，两个组织都会同时到场轮流举行着自己的仪式活动。洞经会下了堂，念佛会就做功课；念佛会下堂，洞经会就去诵经。私人办红白喜事，可以同时请洞经会和念佛会，但两者各按各的规程来举行仪式和活动。尽管互相之间的交流并不多，但两个组织同时在场无形中仍体现出石龙村信仰层面的交叉共融。这也反映出石龙村的两性同时被整合到重要仪式活动中的特点。在丧葬这一重要仪式上两者的交互展演很能说明问题：

> 在白族人的人生观中，混合儒、释、道与本主信仰色彩。丧俗中祭祀祖先来自儒教；引魂超度做功德来自道教；十殿阎王十八层地狱及转生思想来自佛教轮回思想。焚冥纸给亡灵则来自一般民间信仰。而石龙丧葬中一是谈经念佛超度亡灵、超升净界，而这过程需要念佛会和洞经会来共同完成，唯有祭祀可以由一般村民完成，他们不一定参加洞经会或佛教会。例如近期做祭文的小张瑞鹏、姜伍发、李根繁、张万和、张文坤等人，其中张文坤和张万和是洞经会成员外，其他人都未加入佛会或洞经会，他们是专一做祭文的专家（在石龙可以这样称）。①

当两个民间组织的活动超越本村范围的时候，这种交叉的情况仍然存在。张瑞鹏在日志中如此记录：

> 石宝山宝相寺修建一座塔，今天开工动土，举行开工庆典。我村老妈妈李根瑞、张福美、张花开、张石瑞前去寺中帮助做杂活，洞经古乐会中董佳兴、张兴旺、姜路宝被请去庆典时奏古乐。念佛会中张定全也去参加，还请村干部和老协主任张国用去参加庆典。②

> 海云居寺举行塑佛开光典礼，请村里的老人去做客，所以参加念佛会和洞经会的老人前去做客，没有去的老人照常在家做家务。③

也有一些特殊的时候，特别是这样的活动之于整个村落具有重要整合意义，甚至这样的活动可能会延伸和辐射到更广阔层面的外向交往的时候，这两个组织中的男女两性甚至是所有的村民都会在村落聚合精神的隐性引领下被整合进同一的民俗文化场域当中。以下的案例颇具代表性：

---

① 引自云南大学聘请的村民日志记录员李绚金 2006 年 11 月 11 日所记日志。
② 引自云南大学聘请的村民日志记录员张瑞鹏 2006 年 4 月 13 日所记日志。
③ 引自云南大学聘请的村民日志记录员张瑞鹏 2007 年 4 月 6 日所记日志。

　　今天老人们组织观音庙塑像开光活动，请剑川县内各地念佛会来做客，参加开光活动的大约有 500 人，其中，外来人员约 200 人。活动由张定坤和张灿兴主持，活动仪式过程如下：1. 开光典礼开始请宝相寺住持和佛会各分会师傅就座。2. 请塑像师傅就座。3. 请村干部就座。4. 请 80 岁以上老人就座。5. 敬茶水。6. 请宝相寺住持讲话。7. 请塑像师傅讲话。8. 请来宾讲话。9. 请宝相寺住持为开光剪彩。10. 由塑像师傅给观音像开光，塑像前摆设香火、素菜、馒头、水果，古乐队奏乐，塑像师傅用新买的毛笔点佛像，一点头，二点眼，三点耳，四点鼻，五点手，六点脚，点完就结束。村民每户 1 人参加，吃的是素菜八大碗，共收到功德款 15000 多元。①

　　此次的开光典礼，可以算是石龙村最隆重、盛大的集体活动之一，而且这样的活动并不是经常性的和固定的，因其涉及面广，家家户户都参与，同时还体现了石龙与村落之外相关组织和人员的交往互动，所以显得格外引人注目。由此可见，在参与村寨共同的集体性大事时，并不是体现为不同信仰组织之间的博弈和抗衡，反而是这些平常各自独立活动的组织和群体都被了无痕迹地整合到了一个整体之中。当然，此案例同样印证了前文我们对石龙村洞经会男性特质和外向交往趋向的描述，也符合石龙村男性在外向交往中占据主导这一看法。

　　信仰层面的男女性别区分，还体现于每年春节本主会期间的谢神活动

重修前的观音庙

① 引自云南大学聘请的村民日志记录员张瑞鹏 2008 年 3 月 26 日所记日志。

中。春节本主会，村中要搬演乡戏，届时会通过仪式恭请诸路神佛鬼怪齐集降临，而活动结束的时候，要送走神鬼，有意思的是，这个送神鬼的过程本身也被分为两部分：一是在本主庙的戏台上完成的扫台、烧戏神牌位等内容，这个过程主要是由男性特别是洞经会的执掌者兼乡戏师傅来带领和完成。二是敲打木鱼、念诵经文、烧化纸衣、纸花和纸元宝等物，这个过程由念佛会而且是女性们完成，念佛会的师傅并不会参与。女性成员会排队诵经来到石龙水库北坡平地处，完成这些仪式。在这个仪式中，为何会出现这样明显的性别区分？为何由念佛会完成的部分"师傅"不参与？其实原因就是前半部分所送的主要是神，而后半部分送的主要是鬼，也包括了孤魂野鬼，它们也来参加盛会，也要予以安抚并送走，否则滞留在村中会带来不安的因素。而神与鬼的二元划分在白族民众心目中还是存在着差异的，神、天、阳与鬼、地、阴等观念有着各自对应的关系，而前者是高位，后者是低位，如此一来，男性与女性在这个祭祀活动中的区分也就明显了，原因仍然是总体上男性把控强势话语权和高位，女性则在相对的弱势和隐忍中展开具体实践。王明珂说过："因此一个普遍现象便是，国族中的男性、知识分子、主要族群、都市居民等社会核心人群虽自豪于'我们的传统文化'，但他们却不实践'传统文化'，而是鼓励国族中的边缘人群，如女性、乡民、原住民、少数民族等等，来背负与展演'传统文化'。"①石龙的女性也在一定程度上被与那些更具传统特质的因素相联系，这些更具传统性特质的因素由她们来背负和展现似乎更加顺理成章。或许在这里，送鬼并非是传统文化的等号，但与送神所建构的人神关系相比，送鬼建构的人鬼关系某种意义上更具有社区和文化系统的内倾性，所以在知识系统的划分中，更容易与自我传统特质相联系。这就让我们感受到念佛会中社会性别的总体规约以及隐性层面男女性别博弈的痕迹。领头的、在关键的节点上起过作用的是男性，在与外部的联系比如与宝相寺的联系

---

① 王明珂：《反思史学与史学反思》，上海人民出版社2016年版，第43页。

中，出头的也主要是男性，而宝相寺的住持当然也是男性，可是在日常的宗教实践中却是女性作为主体也作为活动实际意义上的参与者。

从前面的描述中可看到，在石龙村，依托念佛会和洞经会这两大信仰实践的组织，男女两性被整合进入了统一的信仰场域。整体上看，男女分别归属到不同的组织。念佛会以女性为主体，但有男性领导力的介入，此种男性力量介入念佛会又在两个组织之间架构起了隐形的性别联系。男性作为师傅，掌控着带领一众成员念经拜佛的权力，但那些与世俗生活更为密切的部分，比如做会的柴米油盐这样的事宜，是由当家来考虑的。在念经拜佛方面有更高的参与度和更热衷的情感的还是女性。洞经会由于与汉文化和儒道思想的密切关系而成为男性活动和展演的舞台。两个民间组织各行其是，相安无事，但在男性成员一面又存在交叉。男女两性构筑的世俗生活体系被映射到了信仰实践的场域当中。既不能缺少两性中的任何一方，但在长期的汉文化的积淀和影响下，显性层面仍是男性占据着主导，而在隐性的层面，实际上却是女性也在建构和耕耘着自己的一块田地，收获着精神信仰层面属于自己内心的满足。

第四章　山里山外：日常交往与认同

学术界对族群认同和族群理论的研究，其分析和阐释工具逐渐形成了两种主要范式：一是根基论，或称原生论，该派认为族群认同主要仰赖于原生根基性的情感联系；二是情境论，或称工具论，该派认为族群认同会因情境改变而发生变化。也有学者想要综合两家观点，"认为只有在可行的根基性认同与可见的工具利益会合时，族群认同才会产生"①。事实上，如果将族群本身看作是一个具有灵活所指的概念，那么，对于石龙村民而言，其认同的理念和具体实践也是在不同的层面上展开的，同样在原生性的联系之外也具有变动和调整的一面。在石龙人对自我与外界和他者的认知中，存在着多元的视角和变化的标准，既从原生性和群体共性的基础出发，又常常会在不同的情境下，采取不同的区分视角和调整策略。

人类学家李亦园在为王明珂著作《羌在汉藏之间》所作的序言中指出，应该对"民族""族群"等概念有较宽广且较具弹性的认识，"'民族'、'族群'这样的概念本来就像人类早期对宇宙万物的认知分类一样，是把一个连续谱来作一种主观的切割，所以经常因认定者的基本立场的不同而异，因此民族的归类就有'他人分类'与'自我分类'之别。'他人分类'又可分为行政分类或政治分类、学者分类与他族分类等等；而'自我分类'则可因本身身份之不同，譬如知识分子、权力掌握者或是一般民众而异，更可因空间与时间的不同而有很大的差别。"②

---

① 孙秋云主编：《文化人类学教程》，民族出版社 2004 年版，第 79 页。
② 李亦园：《族群关系脉络的反思——序王明珂〈羌在汉藏之间〉》，《广西民族学院学报》2004 年第 1 期。

笔者在这里并非探讨石龙村的族群认同，但是在石龙村民的现实情境中，对内和对外的交往中实际上都体现着认同与区分的存在，并且由于情境差异和立足点的不同会产生出更为复杂和变动的状况。在村民的交往、认同和区分中，存在着多个层次和多种视角，具体的实践和呈现方式也有着多样化的基本特质。①

一、村寨内部的划分与交往

任何群体都是在内外的互动交往中确立起自我和他者的划分与边界。对于一村一寨而言，由于有自然地理上的天然联系和聚合性，自然村寨层面文化和族群认同的确立具备了基础依托，因而更加容易达成。石龙村从地缘上说是一个相对封闭的村寨，依托自然地理聚居在小盆地中的白族村民自然也就天然地具有了一种内在的亲和与凝聚。当然，有人之处必有碰撞，亲兄弟之间尚且可能会出现矛盾冲突，更何况是一个村寨。在石龙村内部，自然也就还会存在着更细小或者说次级的划分和聚合，这些划分和聚合可能会通过家族关系、姻亲关系等维度而凸显，村落因这些划分和重组，形成更为复杂的关系网络。

（一）基于自然地理格局的划分

首先最自然显现的是从内部地理格局方面带来的划分。这从村中本主庙的历史沿革和最隆重的节日火把节中可得到反映。最早的时候，石龙村有两个本主庙，在过火把节的时候，按照方位要竖4个火把。后来则是一

---

① 关于社会交往的一些论述参考引用了 2009 年石龙社会文化变迁专题调查中陈骞、段铃玲承担和撰写的相关内容。

社二社各竖 1 个火把，全村竖 2 个火把。当时的情况应该说是与石龙村内部的划分相关的。据张吉昌说：

> 原来石龙有二个本主庙，一个是现在村东的本主庙，一个是村西头神后箐那边，据老一辈说，当时一组和二组关系不好，各建了一个本主庙，供的都是大黑天神，后来经讲和，把二组的大黑天神接到了一组的本主庙，一座庙中供了两个大黑天神。直到"破四旧"时本主神像被破坏。再后来重修就只供了一尊本主像了。①

这里之所以两个社的村民之间在这个问题上能够讲和，统一起来，与村中发生的一件事情又有关系。这就是前述百年前通奸事件中村民李茂才被判充军之事。据说李茂才被押到按察司的当天晚上，按察司的官员做了一个梦，梦见有一只两人合抱那么粗的脚踏在按察司的天井里，抬头一看，上身是"大黑天神"神像。官员梦醒后一直考虑有何冤案惊动神灵显化。第二天李茂才在本主的保佑下顺利通过一路的机关，最后按察使当场判定其"无罪释放"。李茂才没有死，平安回家，村民都认为这完全是本主显化感动按察司官员的结果。因而村民就将村中的两个本主庙合二为一，虔诚合力供奉。本主庙虽合并，但还是维持着竖 2 个火把的局面。石龙村的火把节都是由从上一年火把节到次年火把节之间有婴儿出生的人家来组织完成的。2008 年，村委会为了民俗文化的统一集中，号召共同竖 1 个火把集中起来搞文化活动。但是，还是没有实际统一起来，照旧竖起 2 个火把，各自活动。到了 2013 年的时候，村民有感于村中出生孩童较少，再分为两组显得不够热闹，因而就在老年协会的倡议下变为全村共同竖 1 个火把。当时老年协会的告示是这样写的：

告示

今年我村传统的火把节照例举行，为了维护稳定和谐的大好局面，村老年协会倡议，今年火把节统一集中到村文艺广场进行，请全

---

① 2019 年 6 月 18 日访谈资料，访谈人：董秀团，被访谈人：张吉昌。

体村民大力支持，办好火把节。

村老年协会

2013 年 7 月 27 日

张瑞鹏也在村民日志中记录了此事：

村里白族有两个村民小组。自古至今每个村民小组竖 1 个火把各自举行活动，这个习惯石龙的历史有多少年就行了多少年。为了团结，今年村委会与老年协会商议决定两个村民小组共同竖 1 个火把，共同搞活动。以老年协会出公告，告知两组村民，火把节那天照公告执行。①

从此之后，石龙村火把节就只在目前村庄的核心区域文化广场处竖 1 个火把了。而联欢晚会也是在此统一举行。

竖火把

---

① 引自云南大学聘请的村民日志记录员张瑞鹏 2013 年 6 月 19 日所记日志。

本主庙和火把节所竖火把的合并，实际上都与村人弥合自然分野的努力不可分割。虽然自然地理的分野是一种现实的存在，但在村民的心目中，一个村子自然应该有统一的信仰符号和文化表征，这种之于村落本身的认同感和统一性的需求在李绚金日志中也有流露：

> 从髻岭向下就是石龙村的南坡村，南北两村中间有一条小河，古人取名为"仁里溪"，孔子说过"里仁为美"，因此借孔子之题示把石龙淳朴的民风寄名小河。仁里溪还包含南北两村和睦相处的淳朴的民风共创石龙新村的意思。①

李绚金将之称为两个村，实际上村民也会称之为一社、二社，再后来官方表述中是一组、二组，但在村民的口头表述中仍用一社、二社的时候居多。而这里的区分就是以自然地理的基本沿袭为主要依据的。当然，仅仅是一条小河相隔，甚至也不太能看得出来这种区分，所以在很多时候，在村民和外界的心目中，石龙仍是作为一个整体的村寨。

（二）家族、姓氏、姻亲的区分

除了自然地理的划分，家族、姓氏也是重要的区分和聚合标识，这同样是村落文化和权力格局中的重要一维。正是基于这样的原因，以村落为讲述空间而建构起来的民间叙事，必然会将焦点集中于姓氏关系的叙述之上。

石龙村有董、姜、李、张四个姓氏。有的姓氏还分为不同家族。尽管在婚丧嫁娶、人情往来中，是以每一个同祖的家族作为承担行为的基本单位，但在村落资源分配和权力博弈的过程中，村民是以共同的姓氏展开叙述和表达群体基本诉求的。这在当地流传度颇高的一则"谁是石龙最早的居民"的民间叙事中得到了集中表现。

对此，不同姓氏有着不同的叙述。董家人如是说：

---

① 引自云南大学聘请的村民日志记录员李绚金 2011 年 1 月 26 日所记日志。

　　据说，是董家的人最先来到石龙。来了以后，就先占地。其他家族的人是把草结起来占地，这样，一把火烧过去，标记就不见了。而董家的先人是用石头占地，把石头一堆一堆地堆在地里，这样，火烧过去也毁不了这些标记。所以现在董家的田地最好、最肥沃。①

　　姜家、李家的表述与此类似，都是说自己的先祖先到石龙，并搬石占地。张姓是石龙的大姓，张家人对此事件的表述最为复杂，第一种表述与前几个姓氏一样，认为最早到的是自家先祖且用石头占地。第二种表述认为张家先到，但在占地较量中，先祖结草占地，被后到者算计。第三种表述承认是其他姓氏的人先到石龙，但在占地中张家后来居上。第四种说法承认别的姓氏先到，且张家在占地中落了下风。还有一种说法是董、姜家先到，张家后到，且未参与占地之争。② 村中的张、李、董、姜四大姓氏在民间口述文本中都出现了，当然，发声的主体是张家人，这与张姓作为石龙村第一大姓的实际状况相吻合。

　　在石龙村的民间叙事中，对不同姓氏在村寨格局中的地位和力量对比的描述很多。尽管石龙村各姓之间表面上相安无事，实际上，相互之间的权力竞争或许从未停止。哪个姓氏人丁兴旺、经济实力强大，哪个就会在村社格局中占据有利的位置。基于此，"哪个姓氏的人最先到石龙""各个姓氏怎么占田地"等民间口述叙事，展现的是各大姓氏在村寨这一相对有限的生存空间里资源分配和权力角逐中的相互博弈。在利用口述史进行权力资本争夺的过程当中，各个姓氏利用了同一个资源，他们都试图通过对自己姓氏历史地位的强化来赢取现实空间中的筹码。

　　除了姓氏、家族的维度，姻亲的缔结也会带来相互关系的重新划分或组合。在石龙，遵循的是父系的家族谱系，很多婚丧嫁娶的大事要通过家

① 讲述人：董佳兴，讲述时间：2004 年 7 月 29 日，讲述地点：董佳兴家，采录人：董秀团、段铃玲。

② 关于石龙村民间叙事中对于家族和姓氏关系的阐述，参见董秀团：《村落民间叙事的焦点及意义表达——以大理剑川石龙村为例》，《思想战线》2014 年第 1 期。

族的帮助和支持来共同完成，但是在具体的操作和实践层面，姻亲关系同样不可或缺，甚至有时会显得更为亲密。比如说哪家因为什么事而耽误了农时，哪个人生病了、住院了，这时首先予以支持的可能并非家族中人，而是至亲，这其中也包括了姻亲。比如，李绚金日志中记录："赵雪莲脚病，今天其亲戚张四同、张四德、张四春、张四娟、张四卓等人帮她砍一天柴，用四聪的车子拉到石宝山大理饭店，以便煮饭用。"[1] 赵雪莲为张四聪之妻，此处前来帮忙的张四同、张四德、张四春、张四娟、张四卓均为张四聪的亲兄弟姐妹。再如，"今天张四春住院三天，他的母亲张海应、大姐张四同、二姐张四卓、三妹张四娟，还有他的妻兄、姨母的儿子等到县医院看望他，希望能早日安好"[2]。

还有一点也值得注意，石龙的婚嫁中长期以来形成了比较崇尚和认可表亲婚的传统，不论是姑舅表还是姨表，村人都怀有较高的认可度。而这种表亲婚的结果就是在村中造就了与家族关系并举的非常复杂的姻亲关系。初到石龙调查的时候，我总是惊诧于这种复杂而庞大的姻亲缔结所具有的强大力量，你会发现很多家庭之间具有复杂的亲属网络，而且似乎全村的人都在千丝万缕的关联中变成了亲戚。

从前述例子中，可以看到在村寨内部也是存在一种更为细微的群体划分的，村民由此而形成多重的圈子和聚合，其间又有着交叉，同时，村民从不同的维度和立场出发在维护着自身群体的位置和利益。

二、山区与坝区：区分和认同

除了村寨内部的互动和博弈，很多时候，石龙村也以一个整体的面貌

---

[1] 引自云南大学聘请的村民日志记录员李绚金 2008 年 11 月 25 日所记日志。
[2] 引自云南大学聘请的村民日志记录员李绚金 2009 年 4 月 12 日所记日志。

出现，并通过各种方式建构着村落与外部的社会关系。离石龙最近的村子是明涧哨，两个村子之间也存在通婚关系，因而两个村子的有些村民就成了亲属。但因石龙本身的相对封闭和地理上的隔离，石龙人历来都比较倾向于在村内缔结婚姻，这又进一步强化着石龙人文化格局和亲属网络的内倾性，所以，石龙与别的村子的关系实在算不上是特别紧密，在这一点上，就连明涧哨也不例外。在与石龙村民接触的过程中，经常听到的一种说法就是：石龙村的人，以前都是在村内找不到对象的才会到村外去找。而前面也提到，在村内缔结的婚姻中，绝大多数又是包括了姑舅表和姨表两种情况的表兄妹之间的近亲结婚。也常常会出现这家的儿子娶了那家的表妹，那么这家的姑娘又会嫁给那家表兄的情况，也就是两户有亲属关系的家庭中会有两对兄妹交换式的结亲。初到石龙的时候，我确实对村中颇为普遍的表兄妹近亲结婚现象感到惊诧，因为在我的家乡洱海西岸的乡村中，从我记事起，表兄妹是近亲不能结婚的意识已经非常深入人心，所以我没有想到在石龙还存在如此普遍的表兄妹之间的婚姻缔结，其实这种现象的形成，主要还是与石龙地理位置上的相对封闭孤隔和传统文化的内倾特质有关，没有形成更广阔范围内的通婚圈，以村内缔结婚姻为首选，其可选择的范围自然是有限的，资源也是有限的，而为了保障有限的资源的可利用性，从内部出发对亲属中的资源进行限定式的分配可能是减少争端和维持平衡的便利之举。所以当与外界的交往联系越来越多以后，这种表兄妹近亲结婚和村内通婚就会逐渐减少，而与外地的通婚比例就会越来越高。比如白族调和霸王鞭民间艺人李繁昌，按照传统的通婚选择，他应该要和年纪相当的表妹李丽琴结婚，但是他们都因生活交往范围的扩大而有了另外的选择，李丽琴与从事佛像雕塑的宾川小伙李兴成结合，而李繁昌则因外出从事文艺活动的时候认识了香格里拉的藏族姑娘，最终将姑娘娶回了石龙村。同样的情况还有，白族"歌后"李宝妹原本应该是和表兄张四聪婚配，但后来李宝妹嫁到洱源①，而张四聪则从大理娶

---

① 当然由于李宝妹的民间歌手身份以及被文化馆招收为工作人员，她婚后主要还是待在剑川。

回赵雪莲，夫妻长期经营饭店。

　　尽管石龙似乎缺乏与之有非常密切联系的一个或数个固定的村庄，但是，石龙却与沙溪之间形成了一种似紧非紧、似松非松的特殊关系。石龙人在建立自己对外界的认知关联的时候，一个很重要的参照系和坐标就是沙溪。所以，下面我想主要讨论石龙与沙溪的关系。

沙溪兴教寺

　　这里的沙溪，是从石龙人的角度出发的认知，所以它指的是整个沙溪镇，但又以其行政中心和经济文化中心寺登街以及寺登街周围村寨为主。从行政区划的角度来说，石龙村是隶属沙溪镇的，石龙也是沙溪的一分子，但是，在石龙人的观念中，又常常是将自己跳脱于沙溪之外来定位和审视的，于是，沙溪就成为石龙人观己和观人的一种参照。这和石龙与沙溪之间关系的时疏时密以及观照视角的可变性有关。

（一）山水相依

一方面，石龙是沙溪的一分子，石龙与沙溪坝子山水相连。沙溪也是石龙最密切的社会、经济交往的伙伴之一。石龙离沙溪车程约 20 公里，离剑川县城金华镇则约有 30 公里，所以离石龙最近的集镇中心也是沙溪，很多村民更乐于在周五到寺登古镇去赶沙溪街①。石龙的学子们在村中上了小学六年级后也要到沙溪镇的剑川三中去上初中。甚至在交通不便的 20 世纪 80 年代，石龙小学的教师们为了在周五搭车去赶沙溪街，曾经把周末休息时间进行了调整，周五当作周日过，也就是周五休息。

> 石龙小学以星期四、五为星期六、日。星期六为星期一，星期日为星期二，星期一为星期三，星期二为星期四，星期三为星期五，总之是提前两天休息。这是因为石龙位居山区，而星期五要赶沙溪街，为解决生活中的实际问题，例如油盐米面等，星期五老师就请假，不准假关系到老师的生活问题，准假误了课时，保证不了教学质量。为解决教师的生活问题，同时保证不误课时，从 1976 年始，请示乡教办，把星期五改为星期日。多年来不变。既安定了教师的生活，教学质量也有所提高。②

> 由于生活困难特别是粮食问题，很多家庭都是买一点吃一点，因此每个街天都必须上街。教师都请假上街买粮食解决生活问题。包括我自己在内，不准备的话生活问题如何解决？准备的话又影响教学，因为剑川县商业部门规定，星期日是县城街，星期一是马登街，星期二是上兰街，星期三是弥沙街，星期四是羊岑街，星期五是沙溪街，星期六是甸南街。因此，星期五街天老师往往请假，如果 3 个老师都请假，那学校就停课，这是不能允许的，如何办呢？开始时只和教师

---

① 赶街，是当地汉语方言，石龙白语发音为"自詹"，意为赶集。

② 引自云南大学聘请的村民日志记录员李绚金 2006 年 9 月 21 日所记日志。

们补好街天的课，后来干脆改星期五为星期天，星期六为星期一，星期日为星期二，星期一为星期三，星期二为星期四，星期三为星期五，星期四为星期六，星期五为星期日。这样既能解决街天请假问题，又能上足课时，结果教学质量不受影响，解决了教师的困难，皆大欢喜。从1978年始沿用至今。上级领导也无异词，只不过其他地方好像没有这种情况，似乎是独此一家。①

上述日志引文中，李绚金在两个地方提到了石龙小学调整休息日的做法。第一处的记录中说周四、周五休息，这应该是国家实行双休之后才开始的。但从很早的时候，就开始了将周五作为休息日来调整。这当然也体现了石龙人与沙溪的密切关系，连赶街也会选择赶沙溪街。由于位于山区，交通不便，教师们只好选择在周五村中有车有人去赶沙溪街的时候购买所需物资，所以就有了这样的调整。因而在交通便利，特别是石龙村有了更多的面包车可以随时载人载货灵活出入之后，这样的调整自然也就没有必要了。

同时，从自然地理角度而言，石龙与沙溪隔山而望，山水相依。也是由于这样的地理关联，石龙和沙溪之间的关系被不断强化。石龙和沙溪的车程是15公里左右，但石龙和沙溪坝子实际上只隔着一座山，以前交通不便的年代，还有交通工具不发达的时候，村民们都是选择走山路到沙溪的，学生们去上学也是走山路。如果从山间小路穿越大约2.5小时可抵达沙溪。在石龙与沙溪之间还有一个重要的联系就是水：

石龙是山区，好在山有多高水也有多高，石龙山上有几十个小龙塘，主要分布在马母菁，具体无人统计过，但估计至少10个以上，最后在菁汇集成能灌1000～2000亩的一股水。还有就是大菁，这里面积更广，大致50公里的山地，几十个小龙塘，其中有青龙塘和降神龙塘最大，汇集的河水可灌溉2～5千亩良田，马母菁和大菁两条河最后汇集于石龙水库。石龙石宝山，桃源南片，沙溪甸头，沙坪，

---

① 引自云南大学聘请的村民日志记录员李绚金2007年5月10日所记日志。

仕登的1万多亩农田都依靠石龙水库灌溉。还有石宝山整个旅游区的饮水也引自石龙山上。可见石龙是水源头。①

所以，无论是从行政区划的归属，还是从自然地理的关联，石龙和沙溪之间都具备了一种山水相连、生活相依的密切状态。

（二）微妙"对立"

另一方面，石龙与沙溪的关系又存在一种微妙的"对立"。对于石龙来说，沙溪并不是完全意义上的归属，而对于沙溪来说，石龙也常常显得有点另类，那是一个更加封闭、内倾、贫困的所在。在石龙的外部交往中，沙溪是不可缺少的一维，沙溪同样也是让石龙得以更加了解自己的一面"镜子"。在石龙与沙溪的互动模式中，石龙常常是相对弱势的那一方。这种微妙的关系，与双方的自然地理、经济文化等各方面的历史状况均有复杂关联。

石龙归于沙溪的行政划分并非自古皆然。前面已述，中华人民共和国成立前，石龙村隶属弥沙区而非沙溪。中华人民共和国成立后，石龙先是被划归马登，后又属于羊岑，到20世纪50年代末才划归沙溪。在1984年以前，石龙村称为石龙大队，属于沙溪。当时的生产队就相当于现在的一个村民小组。1984年以后，改称石龙乡，1988年以后，又改称石龙村。同时，1988年沙溪改称为乡，到2000年，沙溪乡改为沙溪镇。在这样的变动中，也动摇着石龙与沙溪之间内在的稳固关系，让此种关系变得相对游离。

此外，石龙因地缘的相对封闭，与周围村寨交往不多，这也导致石龙人的地缘交往呈现出较为内倾的特点。比如前面所述石龙人倾向于在村内

---

① 引自云南大学聘请的村民日志记录员李绚金2005年6月11日所记日志。见董秀团主编：《石龙新语——剑川县沙溪镇石龙村白族村民日记》，中国社会科学出版社2009年版，第323页。

选择配偶，虽然石龙人对过去村内择偶的倾向是持肯定态度的："只有在本村找不到的人才会考虑到外面找"，但这样的内倾性选择中似乎也不排除石龙人村落层面自我保护和防御机制的需求这一因素。因而，归根结底，石龙被周围坝区村寨看不起的原因，当然主要还是这里的穷困和相对后进。地处山区的石龙，经济发展水平相比地处坝区的沙溪更为艰苦。过去的长期岁月中，石龙人也只能靠山吃山，到山上砍点明子、柴火等卖到坝区以换取生活所需，这从一首石龙流传的白族调中可以看出：

> 李昌庆，67岁，原是石龙村人，早年丧母，其父一人抚养她和大哥昌胜、二哥昌荣三兄妹，当时流传至今的她父常唱的一首白族调："昌胜昌荣那工天，差英了增汉因天，阿爹咪奴霭中每，土喂那干天。子加演子双只去，加演们利当拥背。海米老利压鸦更，那祖英那杯。"意思是："昌胜昌荣两弟兄，早饭吃了招呼你妹妹，阿爹我上山砍明子，如果天黑不回来，你们自己做吃晚饭。"[1]

李绚金老人将这首白族调称之为"石龙悲歌"，并且在日志中两次提到这首歌谣。或许就是因为这样的惨况非常能够引起石龙人对过去穷苦生活的共鸣。

> 石龙悲歌。病稍好些，忽然想起儿时石龙的一悲歌："昌胜、昌荣两兄弟，早饭吃了看妹妹，阿爹我上山砍木明子（背到坝区卖或换点粮食），喂着你兄妹。有个伴不消说，没有伴也要去。天黑了我不回来你们自己做吃饭。"这说的是昌胜的母亲早逝，丢下昌胜6岁，昌荣4岁，小妹1岁，三兄妹，当时他家很穷，他父亲编了上述白族调唱给人家听，也是叫子女这样做。他既当爹又当妈是典型的可怜故事，人们称为悲歌，几十年人们都不忘记。[2]

---

[1] 引自云南大学聘请的村民日志记录员李绚金 2005 年 1 月 9 日所记日志。见董秀团主编：《石龙新语——剑川县沙溪镇石龙村白族村民日记》，中国社会科学出版社 2009 年版，第 227 页。

[2] 引自云南大学聘请的村民日志记录员李绚金 2012 年 3 月 15 日所记日志。

自然地理的不同、区位资源的差异、经济文化发展的不平衡等多重因素让沙溪和石龙的互动处于一种不太对等的情境中，这也在一定程度上强化着二者的事实差异。此种不太对等的交往互动在历史的情境中常常通过对一些口述叙事的渲染或者因由一些重要的事件、节点而被凸现出来。这在围绕水源、水库等问题的互动中有明显的表现。

在李绚金的日志中，除了对石龙悲歌的记载，还有大量更具体的感慨或实例描述。

> 石龙居住边远的高寒山区，是一个封闭的落后自然村。自古以来主产稗子、苦荞、大麦，连小麦、玉米都成熟不了。村民以稗子米和苦荞为主要粮食。也难怪附近的百姓看不起石龙人。而事实上由于穷，石龙人低人一等。①

> 当时石龙的生活状况是：吃粮靠国家。难怪区公所的干部下乡或在会议上经常点名，其实讨饭的还要比石龙人值价，石龙人由于困难抬不起头低人一等。穷和石龙是亲兄弟。②

> 剑川多数是山区，坝区仅有金华坝区，沙溪坝区，羊岑坝区，马登坝区，上兰坝区。所谓坝区仅仅相对而言，归根结底都是云贵高原。可是人们以坝区自居看不起山区的人民，造成严重的民族纠纷。③

类似的感受和感叹性文字在李绚金的日志中多次出现，这也说明过去石龙人与外界的交往中因封闭贫困带来的刻板标签给老一辈人留下了尤为深刻的记忆。

事实上，此种交往中的比较参照并非仅仅是石龙人自己的内心感受，而是也体现于沙溪等坝区人们的言行表现当中。在沙溪等地还流传着一首民谣，大意是沙溪人对石龙人穷苦的讽刺：

---

① 引自云南大学聘请的村民日志记录员李绚金 2008 年 12 月 26 日所记日志。
② 引自云南大学聘请的村民日志记录员李绚金 2007 年 5 月 10 日所记日志。
③ 引自云南大学聘请的村民日志记录员李绚金 2013 年 3 月 14 日所记日志。

　　我生于 1937 年，在国民党时代生活了 12 年，年幼无知，但有几个印象忘不了。一是生产落后，仅有苦荞稗子为主产，人民的生活以苦荞稗子米为主，人们的生活和牲畜吃的是一样，苦荞茅稗，有时还吃不饱。石龙的经济以木材为主，然而没有车路人们只能人挑人搬到坝区出售，当时流传一民谣："挂纸坪当须玩，须头工奴打英肥，用骂肥见（见：簸箕）打其（其：打翻，倒掉）次，骂伊尼奴史（别人找他的麻烦）。"汉意是"挂纸坪挑木料，在木料脚旁买吃凉粉，把卖凉粉的簸箕打翻了，卖凉粉的找他的麻烦。"（这是沙溪寺登街的人讽刺石龙的歌，石龙住山上，穷，砍木料到寺登卖，"须"就是方匹，"玩"就是梁。）①

这首民谣中的石龙人，看起来是那么的木讷和老实，千辛万苦挑木料到沙溪坝子去卖，没有钱下饭馆吃好的，只能去买一碗凉粉吃，却不想还把卖凉粉的人的簸箕打翻了，卖凉粉的要让他赔偿。连买碗凉粉都把人家的簸箕打翻了，这是运气差到极点了吧，当然并不仅仅是运气的问题，而是一个山民来到集市的时候手足无措、什么都不适应的一种生动体现。

沙溪寺登街

这样的描述和叙事并不乏见。在沙溪等地还流传着一些俗语和说法，比如"挂纸坪人抬张纸""水牛也降服纸是算什么"②，大抵也是在描绘沙溪人眼

---

①　引自云南大学聘请的村民日志记录员李绚金 2011 年 4 月 9 日所记日志。
②　引自云南大学聘请的村民日志记录员李绚金 2011 年 4 月 9 日所记日志。

中的石龙人的可怜可悲。据说，石龙人因为穷，只在一年终了的时候到街上买张纸去请先生写副对联，石龙人将纸抬在手里，可是冬天风大，纸又没有折好，于是乎风吹着纸发出很大的声音，更难拿稳，最后只能将纸揉成一团塞到口袋里去，嘴里还说着："水牛我都能降服，这纸算什么呢！"在这样的描述中，我们看到的是在冬天的寒风中拿着一张被大风吹乱的纸却又无可奈何的村民形象，我们还看到了这个村民无可奈何之中的自嘲。这样的形象，与前面被卖凉粉的人抓着不放的村民何其相似。

在沙溪人的眼中，石龙人与自己是那么的格格不入。

改革开放前，石龙人为了维持饱肚子，穿着破烂，如沙溪街天在街上凡是穿破烂的就是石龙人。有的人结婚借别人的衣服装点一下，过后脱掉还人家。德富为例。德富妻是羊岑的，德富去谈她时借了一套好衣服，穿上新衣服一表人才一拍即合，但回家不久才知事情的真相，她古稀之年开玩笑说："当时我上当了。"晚上盖的是破被，垫的是草席。据说有个石龙村民卖了木材买了一床草席，他在街上大叫："今晚回家睡个好觉。"这话现在还为沙溪人取笑石龙人的笑料。虽是笑话但它反映了石龙的真实生活。现在没有人再穿补丁的衣服，一天要更换几次衣服。很多老人惊叹现在的人穿戴完全和城市一样。①

为何买草席说回家睡个好觉就受到沙溪人的嘲笑，一是连衣服也穿不上，睡的盖的也很简陋。另外就是沙溪人认为石龙人因为买了草席回去饭也不吃就要睡了，也是讽刺石龙人穷苦。

过去石龙人确实很穷，连衣服都穿不上，连饭也吃不饱，这种情况在中华人民共和国成立前非常突出，而且比沙溪等地更加明显。在石龙与周边的地缘交往中，沙溪既是最亲密的伙伴，同时也是映射出石龙贫困图像的参照物。由于地理环境和资源的优越，总体而言，沙溪坝子的生活状况确实要比石龙要好得多。所以也才出现在沙溪流传着以嘲讽石龙穷苦为内

---

① 引自云南大学聘请的村民日志记录员李绚金 2009 年 4 月 1 日所记日志。

沙溪寺登街上的民居

容的笑话、俗语。

正因如此，石龙人在与沙溪人的交往历史中，似乎早就被奠定了一种被看不起的弱势基调。石龙村名的由来就是因为村中名人张耀彩去沙溪做客时被挂礼者将村名"蕨市坪"误写为"绝世坪"，而且村民认为这多半是挂礼者故意为之，是对石龙的一种侮辱。据传，张耀彩本人曾到沙溪读书，由于穷困，但是内心又怀有一身的傲骨，所以竟煎了鸡蛋专门摆给人看却不舍得食用：

> 相传张耀彩小时曾到沙溪江长坪（现叫北龙）投师读书，吃饭时煎两个鸡蛋摆在盘子里，有人在旁就摆出给人看，人去又收藏，反复多次，虽是寒酸，但用心良苦。①

沙溪与石龙交往互动中的此种历史情境，在石龙水库修建这一历史事件中也折射和体现出来。沙溪与石龙山水相连，石龙刚好位于沙溪坝子西部海拔更高的山区。沙溪坝子中的大片田地需要引石龙之水来灌溉，这让沙溪和石龙之间的关系越发无法斩断。李绚金的日志里对此实际情状和当年的历史有着近乎于传说的回顾和追溯：

> 石龙村海拔约 2500 米，处在约 4 平方公里左右的一个山区小坝中。四面高山环抱，唯有老天爷鬼斧神工把东山一劈为二，南部是石钟山即石钟寺石窟所在地，西边是顶山即宝相寺和金顶寺。两山间的

---

① 引自云南大学聘请的村民日志记录员李绚金 2005 年 3 月 7 日所记日志。见董秀团主编：《石龙新语——剑川县沙溪镇石龙村白族村民日记》，中国社会科学出版社 2009 年版，第 266 页。

箐称为大佛地箐，这是石龙唯一通向外界的必由之路。石龙居高寒山区，好在山有多高水有多高，从马母箐汇来一股河水，又从大场汇来一股水，二水在石龙坝南部汇合，沿宝相寺大佛地箐流向桃源，最后汇入黑惠江。石龙河水足够灌溉 5000～10000 亩水田，水资源可谓丰富。而沙溪坝海拔 2200 米，比石龙低近 400 米。沙溪坝土地肥沃，是一个鱼米之乡，黑惠江从坝子中间流过，但由于两岸地势渐高，而当代没有抽水的条件，无法灌溉良田。当然人们为了生存，一代代的千方百计地解决水的问题。沙溪甸头、沙坪、仕登等西片和石龙仅一山之隔，山水相依，康熙《剑川州志》记载，石龙原名蕨市坪，属羊岑管辖。当时的政府从羊岑经石龙至沙溪修了一条官道。所谓官道是在一部分路段上用毛石条石砌成，以便官方畅通无阻。毛条石现在仍有一部分残留，证明康熙年间石龙属羊岑，也证明官道的存在。官道经石龙坝的路段就是现在石龙水库的中南部。当时由于河水较大，在现石龙水库中南河南上建了一座石拱桥，此桥在修水库时拆除。官道翻越石龙要经一个垭口，垭口高不过 30 米，而石拱桥即河沟距垭口也不过 100 米。要把石龙的水从石拱桥沿官道穿越垭口地下引到沙溪这里是最佳选址。而石拱桥到垭口沿官道的田是董姓家的，那时皇家法律也承认私人田产不可侵犯。据说，沙坪甸头仕登即沙溪西片的古人们绞尽脑汁，最后想出了一个绝妙的计策——一个可行的圈套。

石龙和沙溪山水相连，自古以来人们今天不见面明天见，石龙的土特产和木材源源不断运到沙溪，沙溪的大米也滋养石龙人，双方存在婚姻交流等，因而不是亲戚也是朋友，人们深知这种关系。所以沙溪的古人们选了一个富有而有威望的老人，这人又和董家老人有一定交往，于是有个街天，沙坪的老人见到董家老人，百倍亲热，一定恳请董老到家休闲一晚，好意难辞，董家老人住了下来，晚上得到非凡的款待。早上起床，两人茶煨茶，相敬饮茶，过了一会沙坪老人说："你喝，我去解个手。"于是董家老人自酌自饮，十分快活。过了一会儿，沙坪老人回来，故意在茶罐里翻找，董家老人问："您找什么？"沙坪老人答："老友，我把金戒指放在茶罐里，现在不见了！"瞬间翻下脸来不认亲，硬迫董家老人承认他偷了金戒指，并引来众多观众七嘴八舌地责问。最后沙坪老人亮出了本来面目说："我们是朋友，不赔也罢，但有个条件，你必须把你的官道旁的田卖给我，否则就去见官司。"在他们的引诱和压力下，董家老人明知是莫须有，但也无可奈何，答应把田出卖，并立下文书，画了押，董家老人上了圈套，圆了沙溪西片引水灌田的美梦！

白纸黑字手里有了把柄，沙溪方面同心协力很快把董家的田从石拱桥沿官道至垭口水沟开通，同时从垭口下挖了一个高5米、长100米、宽2米的隧洞，不久水就哗哗地流到沙溪。

水已流向沙溪，几千亩稻田得到滋润，从道理上讲是一大好事，但有两个问题必须解决，一是自古以来石龙河水流向桃源，现沙溪截流于理不通，于是在石拱桥南二水分流处筑一拦水坝，把水一分为二，一股由原道流向桃源，一股流向沙溪，这样双方均满意，多年来相安无事，现在石龙水库同样给桃源留一河道，和过去一样公平相处。二是自从河洞开通后，垭口右边的李家坟山受到影响。李姓坟山坐东朝西，河洞位于左边说来也奇，从那时起李家人代有耳病，有几个一代传一代都是左耳聋，因而认为是河洞伤了坟脉。李家请巫公用弦线在洞上方从南至北埋没，意为接通所断的坟脉，但效果不佳，直到现在仍有此病。另外据传河洞开通后石龙灾害增多，文风下降，于是古人们在河洞上方建了一座奎星阁，在奎星阁左山建了一座7层的文风塔。当时塔石从东山李家坟山运来，一上一下有两个山坡，工程实在艰苦。当时没有运输工具，专从剑川江长门雇黄牛拖拉，到工程结束，牛都拉死了几条。奎星阁和石塔已建成，但石龙村付出了很高的代价。可惜的是1957年建石龙水库时把石塔和魁星阁都毁掉，把石头都用来造库坝，受损的又是石龙。

最后又说的是，开山引水和建造魁星阁和塔是在什么时间？前说到康熙年间政府从羊岑经石龙到沙溪修了一条简易官道，路过石龙河修建了一座石拱桥，从侧面说明当时河水全流桃源，流量大，而水一分为二后水流减半也不必修建中型拱桥了。说明开山凿河，挖沟引水是在清康熙年间或以后。至于建奎星阁和建石塔，我母亲生于 1901 年，1978 年去世，她在世时曾多次和我们谈到建塔的故事，但她年仅 10 岁左右，塔的故事现在 60 岁以上的老人都听说过，而塔则很多人亲眼见过，证明塔和魁星阁是清末民初所建，而毁于 1957 年或 1958 年。①

上面的叙述中，董家老人被作为值得同情的对象来加以塑造，石龙的水资源引到沙溪坝，这和后来将石龙的良田修建成水库用以灌溉沙溪的土地一样，是石龙人服从大局的举措，本身对于石龙人而言并无益处。面对这样的现实，石龙人显得无奈，在无奈中又透露了他们对沙溪古人行为的几分不齿。而河洞开通对李家祖坟造成影响导致李家人左耳多有疾病的现象，也是石龙村民对河洞引水至沙溪带来的伤痛的一种群体记忆，显然，其文化的意义更大于事实的意义。

关于此事，还有另外的叙述版本。2009 年元月 11 日中午，日志记录员李绚金去访问村民李德富②，访问内容是关于石龙水库闸门出口洞的历史。据李德富讲述：

> 据我爷爷和父亲介绍，原来石龙水库南边叫南甸，南山脚下有一条水沟灌溉耕地，当时有人把水引向沙溪，那个地方是董家田地所在地，引水每年交纳一定的水费，并且栽秧结束要举行聚餐，每次董家老人一定参加。而沙溪方面很看不起他，有一个人说："下次你们

① 引自云南大学聘请的村民日志记录员李绚金 2005 年 6 月 26 日所记日志。见董秀团主编：《石龙新语——剑川县沙溪镇石龙村白族村民日记》，中国社会科学出版社 2009 年版，第 332—334 页。

② 李德富，男，2015 年去世，享年 87 岁。年轻时在剑川常备队当兵，中华人民共和国成立后回家劳动生产。1995 年至 2005 年在石宝山宝相寺佛教会服务，2005 年后在家休养。

看我的。"这次聚餐到即将结束，这个人站起来说给姓董的："你年年白吃，碗筷也不洗。"于是对他施行暴力，最后把他捆绑起，他问他们到底要什么？他们说："只要你把丫口下面的田卖给我们那就一切无事，不然不放过你。"于是在逼迫的情况下董家老人不得不把田卖给他们，并立了文书。从此修通了闸门水道，每年交300斤稻谷作为办学用。后来董富荣（60年代去世，生一姑娘招李年登为上门女婿，李年登70岁，老伴早早去世，他抚养二女一子，他们已成家，子孙发达）在1949年前到沙坪追加田价，认为当时已便宜了，沙坪方面把他捆绑起来吊了几天，最后当然没有加着价。此事不了了之，中华人民共和国成立后也就更不提此事了。①

相比较于前面的叙述，此文本中对石龙人与沙溪人关系的描述可看出石龙明显处于更为弱势的地位，沙溪人对石龙人的轻视可谓溢于言表，也明显地表现在他们对董家老人那轻率和粗暴的处理方式中，前面文本中尚且要设个圈套假托戒指不见了，而这里，却连这样的设计和转弯都不需要了。

河洞的凿通将水引到沙溪，而石龙却没有得到真正的利益，虽然石龙占据了地理位置的优势，但是这种优势并没有给石龙人带来与沙溪发生资源争夺时候的筹码，或许也是因此，石龙人内心应该是颇有不满的。

然而，这样的村寨利益在更高、更广层面的整体利益格局之下只能屈从于大集体和大格局的需要。正因如此，才有了区域战略角度的石龙水库的诞生。这里需要追溯石龙水库的历史。

石龙水库坐落于村东石宝山石钟寺与石龙入村岔路口附近。据时任村支书的村民张俊宝老人回忆②，大约是在1958年八九月期间，当时的剑川县沙溪区党委书记几次亲自来到石龙村做动员工作，说上级决定在石龙这块土地上修建大型水库，要求石龙的所有村民搬到沙坪和甸头之间的地方

---

① 引自云南大学聘请的村民日志记录员李绚金2009年1月17日所记日志。
② 2008年7月董秀团带领黄红山等在石龙村进行调查所得资料，参看黄红山提交的关于"生态"部分的调查报告。

居住。与此同时，测量人员进入石龙开始了水库的勘测工作，初步决定将石龙村全部土地纳入库区范围，面积大约有五六百亩。石龙村民虽然不愿搬家，但迫于压力，还是有一些人家出去找地方建房。但是，绝大多数的村民经过反复考虑之后，认为祖祖辈辈在石龙居住，习惯这里的风土人情，况且搬到外村还要受他人管制，所以决定坚持留在石龙。最终只有6户人家在外面找到了房子，住了下来，其中张姓4户，李姓2户。上级之所以有了修建水库的决策，主要原因是为了解决沙溪坝子的用水问题。或许也是相互妥协的结果，最终没有把石龙全村都变成水库，但在村东占据大片良田来修建水库已经成为石龙人不可抗拒的一项工作。由于村民不愿搬家，所以水库面积缩小到二百多亩。

石龙的地势是西高东低，村中耕地大多集中在村西头，更重要的是当时上级修建水库的目的就是为了给沙溪坝子提供水源，所以自水库修成至今，石龙村的村民总是觉得自己并未从水库的修建中得到明显好处，甚至水库修建还给村民带来了不少始料未及的影响。水库所占据的是石龙村最好的耕地，当年修筑水库堤坝的建筑工程队开始进入石龙村时，村民已经在库区内栽种了三百多亩水稻。由于施工开始的关系，当年的这些水稻颗粒无收。施工过程中，还损坏了位于库区内的魁星阁、文笔塔和一座石桥。故而村民不满情绪很大，要求区党委给予补偿。区党委因此在其他村子划出部分耕地给石龙村，分别是：青凹42亩、羊岑灯尾38.5亩、黄旗坪16.5亩、甸尾38亩、舍下16亩、下南甸37.4亩。但是这些土地划归石龙之后，村民一直并不满意，因为这些地大多离石龙较远，不便经营和管理，所以往往产量很低。

水库修好后，区党委派沙坪村人负责管理，水库的水只供应沙溪、甸头等村灌溉田地用水。所以，石龙水库的修建，获利最大者便是沙溪。而像离石龙比较近的明涧哨，也只能分到一小杯羹，并且在使用水库之水时颇为受制于人。李绚金在日志中曾有一段记录：

　　昨天明涧哨村到石龙水库抽水受阻，石龙水库负责人不允许他们抽水，认为向上级汇报后才说准与不准。

这问题说来话长。和玉溪发源于石龙村西大谷青龙塘，流经石龙又流入石宝山大佛地箐，最后注入桃源，加入海尾河，下游叫做黑惠江。石龙坝子四面高山环抱，只有石宝山大佛地箐是唯一通道，因此自古以来和玉溪流经石宝山和明间哨注入桃源，水往低处流这是无可争辩的，单刀清朝中期（可能是康熙年间）沙坪人计划从山洞引和玉溪水道沙溪沙坪，但要和玉溪引到沙溪，一是要占用良田，二是要挖山洞。挖山洞只要出力就可解决，而难点是占用私人良田。于是沙坪人设计了一个阴谋圈套，私人田是董家的，于是有一个人表面和董家友好做朋友，乘街天约董家老人在沙坪住宿，友人热情接待，但第二天回家时沙坪友人说他的金戒指遗失，硬说是石龙人拿去，最后以允许从董家田里挖沟引水入洞，灌溉沙溪 5000 亩良田。旧社会和玉溪一分为二，一股至明涧哨，大部分流到沙溪，由专人负责管理，1957年修水库只留下少部分水给明涧哨人使用，今年干旱原留的部分太少，因此要增加水量。说句公道话，县应公平对此事，满足明涧哨人的要求，否则将会产生不良后果。①

此段记录中，我们可看到，古时明涧哨就能分到石龙山上引来之水，石龙水库修建后能分到的却更少。李绚金在最后也明显地表示了对此事的评判，认为明涧哨人用水也是理所当然的，应予以公平对待。如此看来，至少在部分石龙人的心目中，明涧哨也是没有得到应有的公平对待的，而这样的利益倾斜是否都转移到了沙溪，我们不好定论，但是从心理层面而言，石龙人是把明涧哨当作更像自己的弱势者的存在，而强势的那一方就是沙溪。当然，这与沙溪作为坝区和镇政府所在地等地理、政治和文化上的优势都是密不可分的。石龙水库恰似一面镜子，照出的就是石龙与外部世界的关联，照出的是石龙村民在与外部发生联系和交往过程中的互动和认同。

---

① 引自云南大学聘请的村民日志记录员李绚金 2012 年 4 月 20 日所记日志。

　　水库虽然位于石龙，占了石龙的土地，但是石龙人却未从水库中得到实际利益，所以围绕水库展开的争端时有发生。其中最激烈的一次发生于 1982 年 11 月，以村民小张瑞鹏为首的数百人在水库管理员不在场的情况下，打开水库闸门，想要放干水库中的蓄水，此举使得水库中蓄水量骤减，酿成严重后果。事情发生后，当时的乡党委十分重视，立即采取行动，派人到石龙村做思想动员工作，化解矛盾。但由于当时村民情绪失控，曾和乡干部发生严重冲突。在经过长时间调解后，双方达成一致，判处小张瑞鹏有期徒刑两年，乡里每年给予石龙人一定的小麦、大米补助，并解决由于修水库带来的土地损失和毁坏的桥梁、坟墓等问题。

　　直至今天，大多数的村民对石龙水库仍存在复杂感情。水库占了石龙最好的土地，造成粮食减产、气候变冷等损失，甚至还发生过意外，吞噬过生命，但是水库却没有给村中绝大多数的人带来实惠，村民并未得到满意的补偿。改革开放之后，随着石龙村毗邻的石宝山旅游项目的深度开发，石钟山石窟等地旅游价值的进一步凸显，村民逐渐意识到旅游对拉动经济的巨大作用，因此，村民们对发展旅游的意识大为增强。1998年，张四聪在宝相寺处租了石宝山管委会的房子开了一家大理饭店，直到 2008 年房子被管委会收回。大约在 2000 年，张四全、张瑞林等户开始承包石龙水库养鱼，有了一定的收益，到 2006 年，他们又依托水库养殖的鱼开起了饭店石龙渔庄，让客人品尝鲜美的水库鱼的同时也可提供打麻将、玩扑克、钓鱼等休闲活动。2007 年，张四聪也加入了水库石龙渔庄的经营。2014 年，又有张发根、张发明、李明、董二楞等 4 户合伙在水库边开起了四合园农家乐，主要进行餐饮服务。石龙渔庄和四合园农家乐都有一个特点，就是应客人要求可以在餐饮之外请歌手来唱白族调、教白族调或者跳霸王鞭等，这也算是结合石龙"白曲之乡"的特点而进行的一种文化开发的尝试。从村委的层面来说，早在 2005 年时，时任石龙村党支部书记的张四宝就已经向我们介绍了借助石宝山旅游的带动效应，依托石龙水库等核心区域将石龙开发成旅游度假村的设想，期待着通过旅游使石龙水库为石龙村经济发展起到推动作用。后来继任的村党支部书记张四春以及多届村领导班子同样持有这样的想法，加上 2007 年以来石龙村被纳入大理州千村扶贫工程，又陆续获得了各级各部门各种民俗文化村之类的称号，也得到了不同渠道的硬件、资金的支持，使得村容村貌发生较大变化，修建了文化广场，修建了环水库道路，这些都为村寨的旅游发展奠定了基础。2017 年，剑川县旅投公司出资，石龙村委会出地，喜林苑老板运营，总共投资 800 万元在石龙水库南侧山上建宾馆，当年 7 月开工，原本预计 2019 年的 10 月竣工，可 2019 年年底时还没有按预计时限完工，当时也有村民说这变成了一个"马拉松工程，还不知道要搞到什么时候呢"。经过了较为漫长的建设工期后，2021 年的 2 月，工程基本结束，宾馆开始试运行。同时，相关的绿化工程和道路修建工程直到 4 月仍在继续。对于绝大多数还没有能够直接从水库获益的村民来说，当然也会对依托水库带动石龙旅游发展怀着一种美好的期待，然而这些大型的旅游项目和工程又非普通村民可以掌控的，操作起来也存在不少困难。但是村民可以从自己家开始迈出这第一步，现在，村中也已有姜伍发、李芬、董二楞、李根立、张瑞林（一组）、张吉昌等户新建或改建了住房，建设了供游客住宿的标准间，具有一定的接待能力。其他村民或许也会期待有一天游客多了之后，在村中也可以卖点小东小西的，不用再等着逢年过节才跑到石宝山景区去卖。就算没有这样的打算，村民们对水库的感情似乎也在岁月的推移当中越来越深，水库从某种程度上说也成了石龙村的一种标志、一个组成部分，那一池微波荡漾的洁净之水，成了村民心目中最秀美的景致，清晨或者傍晚，围着水库走上一圈也成了部分村民的一种爱好和休闲方式，看着波光粼粼的水面和那摇曳的群山倒影，看着牛马在水库边的草地上吃草，听着耳边吹过的风声，那一刻，水库从那个吞噬良田的怪兽变成了高原山间的一颗明珠。在一些村民的微信朋友圈中，也可常常看到石龙水库的美景风姿，特别是那些没有经历曾经岁月的年轻一代，对于水库的接受显得更加自然而然，他们早已把石龙水库当成自己村中最具标

石龙水库远景

志性的一张名片，并为之而感到自豪。

随着社会经济的发展，石龙人与沙溪之间的差距也似乎越来越小，但是此种历史情境以及其在人们心里留下的烙印却不是那么轻易可以消除的。

初中生特别是住校生一两个月前家长就开始奔忙，第一要准备好行李，比较好的一套行李一般要 500 元以上，一般的 300—500 元一套。住校生是偏远山区人，如果行李太简单受人看不起，因而最低也要 300 元以上的一套。衣服一般 200—300 元一套。儿女们到坝区读书受人欺负，家长要在各方面都要不便宜，以免受辱。因此一两月前家长就开始准备。山区子弟读书不简单，比城市和坝区困难得多。①

———————————

① 引自云南大学聘请的村民日志记录员李绚金 2012 年 8 月 19 日所记日志。

山区与坝区的区别仍然存在，不同的生计方式、生活状况以及相应的文化心理和价值追求等在石龙与沙溪的民众身上也不会完全趋同。当然，这样的区分是在相对的交往范围中的一种细微呈现，石龙与沙溪不论是地缘上还是经济文化上的密切关联仍然是两者交往互动中最基本的支撑，也是两者在更大的格局中被视为一体的重要原因。区分与认同就是在这样的一种稳定与变异中调整着自己的存在策略。

三、与彝族、傈僳族的交往

石龙村在历史上曾经是一个单纯的以白族人口构成的村落。直到 20世纪 50 年代，彝族被纳入石龙村的范围，石龙村的民族构成才发生了变化。彝族在 20 世纪 50 年代进入石龙村的时候，被单独地划分为一个大队——彝族大队，即第三大队，后面进来的傈僳族也被划进第三大队。这明显是与纯粹以白族人口为构成的第一、第二大队相区别开来的。后来改称社，彝族和傈僳族是三社。再后来，实行"村改委"后，称为村民小组，彝族和傈僳族村民属三组，一组、二组沿袭传统格局为白族。三组的彝族、傈僳族散居于石龙周围群山上。由于白族是石龙村的主体民族，也由于白族是更早到达此地的群体，所以白族的语言在村中显示出相对的强势地位，村中的彝族、傈僳族和白族进行交流时，都是用白语。甚至，彝族和傈僳族之间的交流也多是通过白语来完成。

（一）三族共居格局的形成

追溯起来，彝族、傈僳族居民最早搬迁至石龙周围山上居住大约是20世纪 50 年代的事。三组村民主要分布在村西南、西北的群山中，分布和居住较为分散。主要有马母箐、沙漠箐、花椒树箐、三工队和格子箐等相对集中的定居点。傈僳族则都是居住在通往羊岑方向的屋里箐处。从村中出发，最近的松坪约半小时可到，最远的三工段要走 2 小时。

> 石龙三社彝族、傈僳族分别居住在三工段、隔子箐、屋里箐、桑木箐、松坪、胡椒箐、马母箐 7 个地方。①

在西北的格子箐，村民习惯称之为后山。而西南的马母箐等居住点，村民习惯称之为前山。前山的彝族有罗、沙、郭三个姓。罗姓是 1989 年从丽江的白沙搬到此处的。大约是当时在丽江生活困难，罗家的人就选择了举家迁徙，但为什么搬到了石龙这个地方原因已不清楚了。那一年搬到石龙来的就只有他们一家。罗家搬过来的时候，沙家已经在此地居住了。沙姓是 1958 年的时候从沙溪的华丛山搬过来的。郭姓是从兰坪的通甸搬来的，大约是 20 世纪 80 年代的事。傈僳族有几户人家也是 20 世纪 80 年代从华丛山搬来的，只有叶劳芭一家是从象图搬过来的。即使是同为三组的彝族和傈僳族，在地理分布上，也有着明显的界线。

石龙村本身就是地处山区，可如果说白族村民还是置身于山间较为平坦的小盆地，那么，三组的彝族、傈僳族村民则就是名副其实居于山上了。所以，三组村民面对的最大的一个问题可能就是交通不便。

> 三组彝族的沙务三等 10 多人到羊岑大佛殿村去做客，事由大佛殿姓沙的一位老人病故。他们 10 多人租用李明的微型车，但由于人多车子超载，有 2 人驾摩托车去。说到石龙村民的交通工具全村有 9 部面包车，7 部农用车，5 部拖拉机，3 部大货车，白族居住区有 2 辆摩托车，彝族居住区 95% 的农户有摩托车，彝族村民居住比较分散，最近的距村委会 3 公里左右，最远的距村委会 10 多公里。由于彝族村民都居住在林区，林区有解放初期采伐林木的林区公路，但是年代已久，无人维修大多数路段已经长满林树，除经常有人经过的那些路段零星的被村民维修，其余的已经没有路样了。三组村民居住最

---

① 引自云南大学聘请的村民日志记录员张瑞鹏 2014 年 3 月 19 日所记日志。

集中的也只有 10 来户，电也是 2012 年才通，路那就更遥远了。2011
年冬季县政府拨了 1 万元资金，村民投工投劳，挖通了村委会到距村
委会近的马母箐、飞坪两地公路，但是只是最简单的那些路面，仅供
无雨期使用，因此彝族村民只能适应买摩托车以做交通工具，雨水季
节他们的摩托车来往也就是半驾半推，车也没有车样，比在田间作业
的旋耕机还难看。[1]

交通的问题还体现于户与户之间，彝族、傈僳族都是散居于石龙周围
山上，每家每户之间往往也有不少距离。因而虽然是归于同一个"三组"，
但实际上并不是想象中的一个聚落整体。上级政府也曾想让他们集中住于
山上某地，但针对三组村民的异地搬迁工程实际上在实施中是经历了很长
一段过程。开始的时候，村民们因习惯了分散而居，并不愿意集中搬迁
到某地。

今天村委会召开第 3 村民小组户主会议。会议由村委会主任姜伍
发主持。会议内容主要是：1.散居少数民族异地搬迁扶贫项目和有关
政策的宣传动员。石龙村散居的村民全部是彝族和傈僳族，要叫他们
搬迁集中居住在山上的一个地方。项目资金由上级政府安排，每人住
房资金 2000 元，公益建设资金 3000 元。但是因为搬迁后没有耕地，
原来的耕地离得太远而不能耕种，所以，村民们不愿意搬迁，最后项
目落空。2.宣传计划生育政策。3.宣传林业政策。[2]

直到后面政府为村民们修路、建房，才让这项工程得到了有力推进。

石龙的山区现居住着 40 家彝族，他们都是新中国成立后从外地
到石龙山区居住，最早的如鹅金坡杨妹子，石龙的观音地山区搬来沙
家和罗家等到现在已有 40 多家。彝族喜欢居住在高山，而且住一段

---

[1] 引自云南大学聘请的村民日志记录员张吉昌 2013 年 8 月 15 日所记日志。

[2] 引自云南大学聘请的村民日志记录员张瑞鹏 2004 年 6 月 3 日所记日志。见董秀团主编：
《石龙新语——剑川县沙溪镇石龙村白族村民日记》，中国社会科学出版社 2009 年版，
第 426 页。

时间就搬家，搬来搬去居住是他们的最大特点。没有固定的居住地点当然住房等将就，仅有沙金全别人搬而他不动，死命守着他居住的一座小山，山上的松木什么别人都不能动，他守着这座山。他的大哥沙金华在兰坪和下关成立公司等，但他仍然不参与，后来大哥得癌症死了，但他仍依旧住在原地，因为他所护的山林他吃不完、用不完。但多数彝族随时搬迁。去年和今年政府关心彝族群众，给他们修路架水电，拨给款项建安居住房，今年政府决定每家补助 30000 元建房。最近公路上天天都有彝族租车运弹石、水泥、空心砖、石棉瓦，掀起建房高潮。①

彝族村民属于石龙三社，他们与本村隔着一段距离，最近的彝族村民从本村出发步行 35 分钟就可到达，最远的要走 2.5 小时才能到达，彝族村民住得较分散，这儿一户，走一小会那儿又有一户，现在好了，国家免费为她们建新房，把住在同一地段的彝族农户聚拢在一起，为每户人家建 5 间平房，如今正在修建当中，本村有 10 多个男性村民每天也都他们建房子，每人每天报酬 120 元，这些村民从这个项目一开始就帮他们建房子，一直到所有的房子都建好为止。②

目前，在原来的几个点基本实现了相对集中居住，也就是说以前每个点的分布都是分散的，现在则是在各个点有了相对的集中。目前的分布情况是，马母箐点 13 户，胡椒箐点 9 户，松坪点 13 户，桑木箐点 11 户，三工段点 7 户，屋里箐点 13 户。屋里箐是彝族傈僳族混居，其他点均为彝族。也就是说傈僳族只居于屋里箐处。而格子箐的彝族已经搬到桑木箐和屋里箐集中居住。

由于长期以来地理环境的条件限制，交通不便，总体来看，在石龙村，彝族、傈僳族的生活水平相对而言要低于白族。

---

① 引自云南大学聘请的村民日志记录员李绚金 2013 年 4 月 2 日所记日志。

② 引自云南大学聘请的村民日志记录员张海珠 2016 年 10 月 26 日所记日志。

村干部今天的主要工作是填写本村年均纯收入低于637元以下农户的调查表和民兵整组表。经调查，本村年均纯收入低于637元以下的有40户，其中彝族29户，傈僳族7户，占彝族、傈僳族总户数的100%，他们的困难特征是散居深山，水、电、路不通，生活的各种条件差。白族有4户，是张福炳（因家中残疾1人）、李金海（因妻子智力差）、姜路宝（因夫妻年老，儿子还小）、李祖德（家中残疾1人，造成收入低）。①

根据扶贫办的工作安排，对贫困户建档立卡，入户调查贫困情况。我村是县内贫困村，贫困人口多，贫困面大，三组彝族、傈僳族的全部农户均属贫困户范围。②

从上面的记录可知，白族的4户中都是因为家中有残疾等客观原因导致贫困，而彝族和傈僳族则是一种普遍性的贫困。三组的彝族、傈僳族也有比较富裕之户，但总体来看，这样的情况很少见，基本只能说是特例。应该说，传统中因生计等原因而形成的迁徙流动特点其初衷是为了追求更好的生存环境和生活条件，但也有一些三组村民在多次的搬迁中非但没有改善生活状态，反而越来越陷入贫困。

三组傈僳族余金秀，女，1998年生。30多户村民到她家做客。余金秀父亲余阿富，母亲叶翠香，她们有三兄妹，两个哥哥早已成家立业，孩子也上小学了。叶翠香夫妇出生在石龙村常年居住在沙漠菁、1998年因生余金秀而移居，直至2006年才搬回石龙居住。1998年石龙村的计划生育政策处于相当严峻的高峰期，政府得知叶翠香怀孕后，三番五次到她家做工作，让她引产终止妊娠，可她坚决要生下

---

① 引自云南大学聘请的村民日志记录员张瑞鹏2005年2月25日所记日志。见董秀团主编：《石龙新语——剑川县沙溪镇石龙村白族村民日记》，中国社会科学出版社2009年版，第546页。

② 引自云南大学聘请的村民日志记录员张瑞鹏2005年11月6日所记日志。见董秀团主编：《石龙新语——剑川县沙溪镇石龙村白族村民日记》，中国社会科学出版社2009年版，第642页。

小孩，连夜将家中值钱的东西带走跑路，跑到洱源乔后那一带居住，从此政府将她家的户口消了。然而她跑路生下余金秀半年后，回到家中将房子和开挖的田地以低价一万多元卖给了三组彝族村民杨天云。但是到洱源后由于交通等很多方面比石龙还要落后得多，加上开发田地相当局限，以至生活更加艰苦难受，在实在无奈的情况下2006年又重新回到石龙开挖田地搬回石龙居住，这样搬来搬去导致至今也生活比较艰苦。①

余金秀的情况如果是发生在白族村民身上，不管解决的方式会是如何，却不太会出现逃到异地的情况。因为在整个白族群体中，不管是居住在坝区还是山区的民众，基本上都在相应的生计方式下习惯了定居式的生活。白族民间俗语"六六三十六，起房盖屋"，在石龙同样适用。建盖住房成了白族村民一生中最重要也是最艰巨的任务。而三组村民却由于经常搬迁，对住房稳固性的需求和重视程度不如白族村民那么高，总体上不愿意也不可能在住房上投入和花费过多，因而其住房较之白族也显得更为简陋。流动性带来的另一个问题就是对户口这一特殊的行政归属标识也更加不重视，但这样的流动中确实体现的是同一区域中不同民族文化传统的差异。

　　以前，村民对出生小孩的落户问题不重视，至今有部分五六岁甚至十多岁的少年儿童户口未落，特别是居住在深山的彝族和傈僳族，有的十七八岁也无户口。现在儿童入学需要户口，没有户口学校不收，为此没有落户儿童的家长纷纷来村委会要求开证明补办落户手续。为了使每个儿童都能上学，村委会积极帮助无户口的儿童办理落户手续，到派出所协调，解决了户口问题。②

　　石龙后山彝族某某某原住丽江，他参过军，退伍后居住在丽江，

---

① 引自云南大学聘请的村民日志记录员张吉昌2013年12月9日所记日志。

② 引自云南大学聘请的村民日志记录员张瑞鹏2009年10月9日所记日志。

但经常酗酒打人，因此在丽江无法再居住。于是他搬到石龙后山居住，但几年来户口未落。①

（二）多族共居、和谐相处的整体图景

那么，石龙白族与彝族、傈僳族交往的情况到底又如何呢？我认为，总体上来看，几个民族之间是一种和谐共居的状态，团结共聚是主流。当然，小的冲突和摩擦也是不可避免的，但这并不会对民族相处的大格局构成影响。

从彝族、傈僳族搬迁进入并成为石龙的一分子那时起，村中几个民族相处的主流可以用和谐融洽来描述，村民间从未因为农田、经济、森林、水源之类的问题产生大的冲突，只是偶尔会有一些小磨擦，这也属于正常的情况。

> 石龙村委会辖石龙自然村与团结自然村。石龙自然村白族，团结自然村彝族、傈僳族。石龙村现有户数 210 户，人口 980 人。团结村 50 户，179 人。团结村居住在西山，居住分散，近的距村委会 3 公里，远的距村委会约 15 公里。两个村三个民族，民族团结搞得好，无民族之间冲突事件发生，被县政府命名民族团结进步村。②

> 石龙村有白族、彝族、傈僳族，三个民族之间关系很好，上级政府把石龙村定为民族团结示范村。今天，县民宗局在镇政府有关领导的陪同下来村里调查有关民族团结示范村方面的情况。③

> 石龙村第三村民小组散居在村西山，共有 54 户，275 人。其中彝族 45 户，246 人，傈僳族 9 户，29 人。长期以来，水、电、路三不通，2010 年镇政府安排给 1 万元修路资金，加上村民投工投劳，

---

① 引自云南大学聘请的村民日志记录员李绚金 2006 年 2 月 6 日所记日志。
② 引自云南大学聘请的村民日志记录员张瑞鹏 2010 年 9 月 14 日所记日志。
③ 引自云南大学聘请的村民日志记录员张瑞鹏 2011 年 6 月 8 日所记日志。

修通了距村委会最近 3 公里路程的 29 户农户便路。今年上级政府拨下一笔通电资金，实施无电村通电工程，经过 3 个月的施工，今天，有 29 户农户通电。庆祝通电，村委会与三组举办文艺活动，请县委书记、镇党委书记等有关领导来指导工作。在文艺活动中，石龙村霸王鞭队、白族调队也参加演出，三组彝族歌舞队也表演了节目，呈现了民族团结的局面，活动在三组组长沙四海家中举行，电力公司和施工队也来参加通电活动，活动结束后在沙四海家共进午餐，下午离开三组回到村里，各级领导出村返去。①

石龙村由白族、彝族、傈僳族共 3 个民族组成，分三个村民小组，第一、二村民小组是白族，占总人口中百分之八十六，彝族占百分之十二，傈僳族占百分之二。历来各民族相互团结，和睦相处。上午被大理州政府创建为民族团结示范村。为此，今天大理州电视台来村采风，拍录有关民族团结方面的影像，还拍录了民族文化，用于民族团结示范宣传片。②

从上述的记录中，可以看到，"民族团结"这样的标识已经成为石龙外部视角中频频出现的语词，而在村民的内部视角中，对这一标识也是泰然接受的。事实上，村中的三个民族确实有着颇为密切的交往互动，此种交往互动已经从日常的生产生

彝族少女

---

① 引自云南大学聘请的村民日志记录员张瑞鹏 2012 年 7 月 5 日所记日志。

② 引自云南大学聘请的村民日志记录员张瑞鹏 2013 年 1 月 8 日所记日志。

活延伸到人际往来和礼俗情感的交集。白族村民会向彝族或傈僳族村民购买烧柴、木炭、木材、芸豆杆、土豆（吃的和种的）、芸豆、竹编制品（如采菌子用的小竹篓）等。以往，多数白族人家会在规定的时间里自己上山去砍烧柴，但有极个别人家因家中劳动力缺乏或者有突发状况等原因会向居住在山上的彝族村民购买烧柴。日常的来往互动也很频繁，双方在婚丧嫁娶和节日的时候会相互请客、做客。

今天是彝族沙万三给儿子结婚，他发贴子请石龙全村人去做客，但由于年终多数人忙于购年货，因而可能只有30%的做客。①

石龙村有白族、彝族、傈僳族3个民族，3个民族和睦相处，相互关照，有事常来常往，不分种族，共同发展。今天傈僳族李剑华之女结婚招婿，大多数白族人去他家做客，虽然他家住在距白族村约7公里，又没有公路通他家，但人们走山路也去做客，体现民族团结。②

本村三组傈僳族村民余润花，女，1998年5月出生，现年16岁，居住在石龙村与羊岑乡六联村交界地，一家4口人，其父母及妹妹。由于散居山里生产、生活条件比较落后，封建思想存在，各种因素导致她们早婚。今年才16岁，今天就结婚娶亲，因为没有兄弟，所以不是出嫁而是招夫，新郎也是傈僳族人，比她大4岁，外乡人。虽然不是本民族，但是一个村，况且白族与傈僳族相处比较好，所以白族村民大多数去她家做客。③

今日石龙三组傈僳族村民李路萍结婚，请了村里的一组小张瑞鹏记账。因为她们属于石龙村民但居住在石龙与羊岑交界处，并且与羊岑交通较为方便，因此她们一般与羊岑方面的人群来往比石龙的多，然而今天她请的客人，石龙村仅有8户和她的同班同学们。④

---

① 引自云南大学聘请的村民日志记录员李绚金2011年1月31日所记日志。
② 引自云南大学聘请的村民日志记录员张瑞鹏2013年11月30日所记日志。
③ 引自云南大学聘请的村民日志记录员张瑞鹏2014年1月1日所记日志。
④ 引自云南大学聘请的村民日志记录员李绚金2013年11月30日所记日志。

在上面的个案中，虽然傈僳族村民结婚请的客人里白族村民并不算多，但非常有意思的是，主人家请去帮忙记账挂礼的张瑞鹏却是白族村民，应该说在一次婚丧嫁娶的活动中，记账是一个重要的工作，涉及钱物往来，还可通过这个窗口窥见亲疏远近的人际聚合及区分。所以，请白族村民去记账的这一行为中，我们自然也可看出其中体现的是双方村民之间高度的相互信任。

节日、婚丧等活动无疑为不同民族村民之间的交往提供了最佳的润滑和粘合剂。由于彝族和白族火把节时间差一天，所以彝族过节那天会邀请白族去山上过，而到了白族过节那天，又会邀请彝族下来村中同乐。

　　农历六月二十四是全国彝族同胞的"火把节"节日，今日三组村民就宰羊杀鸡欢度火把节。下午有20多个村民也冒雨到了三组村民那朋友家中过节。①

　　农历六月二十四日是当地三组同胞火把节节日。今日村中部分白族村民因受三组彝族朋友的诚请，到三组朋友家中过火把节。彝族同胞全年中最为隆重的节日即为火把节和春节。②

此外，三组彝族、傈僳族村民的孩子上小学都是在石龙小学住校。彝族村民赶集、用车等也会到山下白族中寻求帮助，去赶集或外出常常要先到山下村委会处找白族村民的车子共同搭乘。有时白族和彝族、傈僳族村民之间会互相帮忙、相互学习、取长补短。

　　三组组长沙四海请石龙村中年霸王鞭队到老君山演出，时间是明天，今晚她们全体集中到一起进行了节目彩排，据说老君山居住的彝族们搞集体文艺汇演，所以沙四海就请了石龙霸王鞭队。③

前几年，石龙村开办了有关民族文化的传习班，还曾邀请傈僳族村民传授歌舞技巧。

---

① 引自云南大学聘请的村民日志记录员张吉昌2015年8月8日所记日志。
② 引自云南大学聘请的村民日志记录员张吉昌2016年7月27日所记日志。
③ 引自云南大学聘请的村民日志记录员张吉昌2013年7月28日所记日志。

晚上传习班春节后正式开学，受村干部邀请三组傈僳族杨瑞花等
3 人，到传习所为传习班授课，授课内容为傈僳族的集体舞，实到学
员 68 人。①

晚上传习班正常开课，今晚照旧昨日授课的三组傈僳村民教傈僳
族舞蹈，据了解白族村民学习傈僳舞蹈三、五天后，再学习彝族舞蹈
几天，以作农历二月二十八那日表演，二月二十八日是古戏台翻新领
导组将其定为古戏台的竣工庆典日，据了解领导组邀进了县政府的各
局部委和全部的各乡政人民政府来做客。②

由于三组住户中彝族本身户数和人口都要比傈僳族更多，加上总体来
说傈僳族住得更远，所以，石龙村白族与彝族之间的交往相对更多，傈僳
族与另外两个民族的交往则要少一些。

除了民族间存在的整体性联系交往，在一些村民身上会体现出更明显
的与他族交往的倾向。村中就有这样的村民，其与彝族、傈僳族交往的频
率、深度都比一般村民要更高、更深。有的是由于做生意而产生的交往，
如在村中经营着代销店的村民张国宝就与三组交往较多，相处得也较好。
张国宝与三组彝族、傈僳族的交往就是从做生意开始的。三组因居住分
散，没有代销店，三组的村民就时常下来张国宝代销店买东西，他们最常
买的东西就是烟、酒、茶等日常用物。他们下来村中买东西，有时就在张
国宝的家里吃、住，有时手头没有现钱，买东西的时候就先赊着，等到收
获的季节，收了白芸豆等物品，再卖给张国宝，以抵销所欠货款。如果三
组的村民要出售牛、马、药材，他们也会优先地卖给张国宝。在收菌子、
卖白芸豆的季节，张国宝还经常会用马驮一些货物上山去卖，有时两三天
就去一次。这样一来二去，相互间就比较熟悉和信任，过年过节时，大家
也就互相请客。也有村民因到彝族、傈僳族中收菌子而更多接触三组居

---

① 引自云南大学聘请的村民日志记录员张吉昌 2014 年 3 月 17 日所记日志。
② 引自云南大学聘请的村民日志记录员张吉昌 2014 年 3 月 18 日所记日志。

民。还有的村民是因为与三组的村民相互交流生产劳作的各种经验，如采挖草药、养蜂等而有较多交往。彝族和傈僳族也经常下山到村中来，购买生活用品，他们生病了也要下来村卫生室找医生打针开药。

在村民日志中，对于白族村民与彝族、傈僳族村民的交往情况，也多有记录。

> 张国宝、张柱宝、张福正、张海宝等人到彝族那里收购芸豆，据说是每公斤 2.4 元。今年芸豆大减产，按理说价钱可高一些，但由于彝族和傈僳族在困难的时候，会下来村中向村民借钱，同时很多时候是有借无还，于是借了他们钱的村民就只有在此时硬性向他们收取芸豆，不然就没有办法收回钱，虽然这种做法有点苛刻，但也是不得已。这样，收购价不会太高。比如说去年芸豆价是 2.8～3 元每公斤，但因欠人家的钱，不得不以 2.1 元每公斤还账。去年以上几家收回芸豆 2 万市斤，每斤差价 0.7 元算就是 7000 元，即是彝族傈僳要亏 7000 元，但有什么办法呢，只有富裕后才能解决这个问题。①

再如：

> 石龙的李宝生、张茂根、姜寿六、张春胜、李生宝、张海龙、张四春、李元生、董二楞、张塔宝、张四代、姜福宝、张国宝、张柱宝、张瑞繁、张四德、李生龙、张增虎、张灿青等大约 30 个中青年，菌市一始就分别到明涧哨、石宝山、羊岑、弥沙和石龙交界处收购松茸和牛肝菌。因为石龙四面高山围绕，各种菌子产量颇丰，而且山上仍居住着几十户彝族和傈僳族，这些居民坐山吃山，找菌很方便，菌类在其经济收入中占较大比例。但他们离村远，不便出售，石龙的青年抓住这一特点，自动到山上收购。当然那不是市场，而是零星销

---

① 引自云南大学聘请的村民日志记录员李绚金 2004 年 11 月 15 日所记日志。见董秀团主编：《石龙新语——剑川县沙溪镇石龙村白族村民日记》，中国社会科学出版社 2009 年版，第 179 页。

售，价钱比较便宜。石龙人上山收购有利可图，同时也方便了山民售菌。两厢情愿，此种方式经久不衰。例如张国宝每天驮一驮食用品，到山上可兑换，可各折各价，既销售了商品又收购了菌子，多方得益，何乐而不为。又如收菌子的人为山民回村购买生活用品，然后山民把菌子卖给他们，既方便了双方，同时也亲密了民族关系。①

因而，很多时候，石龙的白族和彝族、傈僳族就像一家人一样相处。白族村民有一种习俗，谁家买了车或者有重要事情，村民都会以放鞭炮等形式来表达自己的祝贺。车子开回村中的时候，沿途都有各家各户放鞭炮迎接和庆贺，这家的才放了，那家又开始，鞭炮声不绝于耳。当有彝族的村民买车时，白族村民也是以同样的方式在向他们表达祝贺的：

> 彝族队已修通车路（从石龙村里过，再到村西三公里处和红旗局原修公路相接），罗家买一部车子昨晚接回家。在村里受到村民欢迎，放了几十串鞭炮。白彝民族团结的典范。②

有时发生一些特殊的突发事件，白族和彝族、傈僳族的村民还会合作完成一些活动或仪式。比如山林着火，白族村民会上山和彝族、傈僳族一起灭火。再比如，2005 年 6 月发生持续性干旱，村民就举行了一次求雨的仪式活动。因求雨的龙潭是在山上，所以求雨活动虽由白族民众主导，但也涉及了彝族村民。求雨地点一是青龙塘，二是降神龙塘，求雨的人们分成两路，最后在合口处彝族罗卫珍家吃午饭，饭后举行文艺活动，除白族村民表演霸王鞭、巫舞、白族调之外，彝族罗卫珍二儿子和媳妇也跳彝族舞。③ 在此次求雨除旱的活动中，白族村民到彝族村民家中吃饭，求雨

---

① 引自云南大学聘请的村民日志记录员李绚金 2005 年 8 月 28 日所记日志。见董秀团主编：《石龙新语——剑川县沙溪镇石龙村白族村民日记》，中国社会科学出版社 2009 年版，第 363 页。

② 引自云南大学聘请的村民日志记录员李绚金 2010 年 6 月 27 日所记日志。

③ 参见云南大学聘请的村民日志记录员李绚金 2005 年 6 月 11 日所记日志。见董秀团主编：《石龙新语——剑川县沙溪镇石龙村白族村民日记》，中国社会科学出版社 2009 年版，第 324 页。

过程中表演的仪式性舞蹈，也有彝族群众的参与。这中间并没有让人觉得有什么疏离之处，相反，却更让人感受到了两个民族之间的亲近无隙。

由于平常的相处已经奠定了和谐的基调，所以在面对一些大是大非的问题时，村民们都还是以大局为重，讲求团结和谐。

> 村委会和林改领导组今天去到借山居住的彝族、傈僳族社，划分给他们山林地。照林改有关文件精神，他们不纳入林改对象，但本着照顾现实，还是分给他们每户一块，不详细丈量面积，他们也感谢政府对他们的关心，不参加一、二社平均分配也无话可说，毫无意见。①

当然，村中还未出现白族与彝族、傈僳族村民通婚的现象。通婚是族际交往的重要方式，在这个方面各民族都有着一些传统的规则，比如彝族倾向于本民族内部通婚，而且族内还存在比较严格的血统和等级划分，不同等级之间也是不能通婚的。从石龙白族来说，已经逐渐在打破这种地缘和民族内部的选择倾向，用村民的话来说，以前是有本事的在村内找，没本事的到外地找，现在是有本事的都在外面找。因而白族村民与汉族以及其他少数民族通婚的情况也越来越多。比如白曲歌手、霸王鞭传承人李繁昌就娶了香格里拉的藏族姑娘。村中还有与汉族、纳西族通婚的情况。也有个别村民娶了外地的彝族姑娘，但是本村内部，尚未出现白族与彝族、傈僳族通婚的情况。彝族和傈僳族之间早先也不存在通婚现象，但近年已经出现了这方面的案例。② 这在一定程度上体现了民族之间的区分和界限仍然是比较明显的。也就是说，石龙村作为一个多民族共居的村寨，各民族的民俗文化产生相互影响的同时，总体上仍保持着多元发展的状况，不同民族之间既密切关联、你中有我、我中有你，同时又保有各自的群体意识、文化传统和民族区分。

---

① 引自云南大学聘请的村民日志记录员张瑞鹏 2006 年 11 月 8 日所记日志。
② 2019 年 6 月 18 日访谈资料，访谈人：董秀团，被访谈人：张吉昌。

山中歌者：大理石龙白族村民的生活世界

（三）大和谐之下的小摩擦

俗话说，牙齿还有咬着舌头的时候，亲兄弟之间也难免会产生这样那样的矛盾和冲突，更何况是在同一个区域中生活的多个民族。在石龙村，几个民族的村民之间总体上是团结和谐的，但也不可否认相互之间也会存在一些摩擦和冲突。这些问题，大多是因资源的分配或者争夺而引起的，并非因民族本质差异而产生，换句话来说，因资源争夺和博弈而产生的冲突问题就算是在同一民族内部也是常常会发生的。前面已述，历史上，石龙一组、二组的白族之间也曾有水火不容的时候，不同姓氏和家族之间也会发生权力和资源的争夺，所以，这样的摩擦出现的时候，不应该将之归因于民族差异。我们可以看到，石龙村民对于不同民族彼此之间文化、习俗的差异其实是眼观耳闻的，但是对于这样的差异村民首先认为是一种正常的多元化的表现，而不会放大这种差别，更不会由此上升为民族矛盾。再说，不同民族村民之间发生的这些冲突，绝大多数的矛盾也不是严重到不可化解的程度，很多问题都是经过沟通和商量就能妥善解决的。

一个问题是砍伐树木引发的摩擦。彝族、傈僳族村民居于山上，对山林存在更大的依赖，加上监管的困难，因而砍伐树木的现象比白族村民更为突出。山林原本属于公共资源，彝族、傈僳族过度砍伐，而白族居于山下砍伐起来自然没有彝族、傈僳族那么方便，所以也可以说是彝族、傈僳族占用了更多的公共资源。这种占用，从长远来看，又是对石龙大的生态格局的一种破坏。在村民日志里，讲到此类砍伐问题的内容随处可见：

> 昨天石宝山林管所和县林警6人，他们到三组彝族那里检查，发现罗卫海和罗卫珍兄弟家里自己砍伐的木材，1.2丈圆木11根，8尺长椽子29根，1.2丈长椽子15根，工作人员当场给以没收，两家用4匹骡子驮到村委会。同时把罗卫珍和罗卫海的儿子罗阿金2人拘捕到县林业局，等待处理。石龙乱砍滥伐的现状之所以累禁不止，一是有关部门责任不到位，二是彝族居住在山区。乱砍滥伐的现象严重威

胁了天保工程的实施。①

剑川县森林派出所副所长和村干部在村委会召开三组彝族傈僳族村民会议。主要是向他们宣传《森林法》，制止他们乱砍滥伐。最近几年实行天保工程后，石龙的乱砍滥伐有所制止，但彝族和傈僳族居住在山上，由于无人监管，他们大批砍伐童松，使石龙的森林资源受到了严重破坏，因而召开如是的会议是有必要的。②

彝族有 10 多家分居在离村 3 公里的西山脚下，2009—2010 年县扶贫办同意他们从石龙村挖到西山脚下堵水处，因为此地有三家彝族居住，是彝族的中心地点。2009 年从村里到 200 米处浇灌了路边，今年增大拨款，租大型掘土机挖路面，现已通到彝村，这是一件民族团结的大好事，然而有一利必有一害，有些彝族群众不爱护山林，乱砍滥伐，据说已把山搞得面貌皆非，石龙人搞建设问他们购料或到县城购买，总之公路的修通危及石龙的生态环境。③

驻村天保人员赵春旺、刘洪正今天上山巡山，遇见彝族村民罗二弟偷砍椽子，把他叫到村委会处理，没收了他的椽子。④

近日来，由于第三村民小组彝族村民经常上山偷砍森林，部分水源林也被砍伐，为此今天石宝山森林治安队与村委会配合，去三组整治偷砍森林行为，村里支部书记一同前往。⑤

---

① 引自云南大学聘请的村民日志记录员李绚金 2005 年 4 月 15 日所记日志。见董秀团主编：《石龙新语——剑川县沙溪镇石龙村白族村民日记》，中国社会科学出版社 2009 年版，第 288 页。

② 引自云南大学聘请的村民日志记录员李绚金 2005 年 5 月 12 日所记日志。见董秀团主编：《石龙新语——剑川县沙溪镇石龙村白族村民日记》，中国社会科学出版社 2009 年版，第 309 页。

③ 引自云南大学聘请的村民日志记录员李绚金 2010 年 7 月 9 日所记日志。

④ 引自云南大学聘请的村民日志记录员张瑞鹏 2005 年 5 月 20 日所记日志。见董秀团主编：《石龙新语——剑川县沙溪镇石龙村白族村民日记》，中国社会科学出版社 2009 年版，第 582 页。

⑤ 引自云南大学聘请的村民日志记录员张瑞鹏 2011 年 5 月 25 日所记日志。

三组彝族的风俗则与我们白族不一样，冬至节这天，他们照常耕地与驮东西。今天，两个彝族村民上山偷驮木料，被下乡天保和村林管员抓获，没收其木材，并上交林木损失补偿费1500元。他们违反了森林法规，无话可说，当场交了补偿费。①

由于地势的关系，石龙的白族居于山下盆地之中，长期都是依靠山上的水源生产、生活的。再加上石龙白族以农耕为主要生计方式，在山下进行农耕种植，也需要山林涵养水源，这就造成了石龙白族对于山林水源的高度依赖，相应地，石龙白族非常爱护水源树和水源林，在文化习俗中一直存在着以相关的村规民约规范人们爱泉护林行为的传统，不敢轻易去触碰这些水源树、水源林。但彝族、傈僳族个别村民却由于生计、文化的差异，曾出现过砍伐水源树的情况。

石龙村地势西高东低，西边群山起伏，水源在西边山中，山泉水自西向东经过农田和村子后流入石龙水库。由于森林茂密，水资源丰富，丰富的水资源不但保证村里的农田灌溉及人畜饮水，石龙水库还灌溉沙溪坝里甸头村、沙坪村的几千亩农田。近年来，偷砍盗伐森林致使水源减少，特别是水源树。村委会已加强对水源树的保护，严格制止砍伐水源林，但是有部分村民为了个人利益，不顾大局，砍伐水源林。前几天，彝族罗某某上山砍柴，到水源林区砍伐水源树，砍了水源树4棵，对此，村委会向县林业局汇报，今天，森林公安分局派人来调查，村干部和林管员配合去实地察看、取证。②

昨日县公安局和森林纠察两家到石龙，主要传讯罗某某两兄弟，他们是彝族居住在石龙西南山上，最近几年他们大发森林之财，他们两家居住在石龙青龙塘下面，青龙塘是石龙的主要水源，自古以来谁也不敢砍伐龙塘周边的水源树，过去谁砍伐一棵树，就会受到严惩，

---

① 引自云南大学聘请的村民日志记录员张瑞鹏2011年12月22日所记日志。
② 引自云南大学聘请的村民日志记录员张瑞鹏2011年3月1日所记日志。

罚肇事人用纸币把树根烧尽，这严厉的乡规有力地保护了水源树，但近年来不法分子到处滥伐，把水源树、几百年老树，凡成材的都砍尽。有人看不下向县反映，昨日有关部门到石龙传讯罗家兄弟。①

保护生态，重点保护森林。保护森林，重点保护水源林。如果水源林没有了，水就干枯了，村民生存就有问题。为此村"两委"决定，如果谁砍伐水源林，就报森林武警严惩。昨天，青龙井水源林一株，直径80公分的千年古树被砍伐，据村民报告是彝族罗某某所为。今天县森林武警和镇天保人员及石宝山林区治安队一起来调查处理此事，但是，没有真实证据，罗某某又说不是他砍伐，所以此案没有结果，待今后慢慢调查。②

另一个是生计方式的差异导致的更具体的冲突。石龙的白族以农耕作为最重要的生计方式，村民的生活在很大程度上要仰赖耕种下去的农作物的成长情况，所以对自己的土地、农作物怀有特别的感情。而彝族村民传统上以游牧为主，傈僳族过去以打猎和游耕为生，两个民族即使现在已经定居山上某地，也会采取盘荒开荒的形式种一点玉米、洋芋、芸豆等农作物，但还是保留着放养牲畜等习俗，农耕传统没有白族村民那么深厚。比如，以 2015 年的统计数据为例，全村农作物播种总面积 4526 亩，其中，一、二组白族村民播种 3311 亩，播种的主要是玉米，还有部分芸豆、马铃薯、大麦、稻谷，另外尚有少量的油菜和蔬菜。而三组的彝族、傈僳族村民播种面积是 715 亩，种植作物均为马铃薯。也就是说，彝族、傈僳族也会少量盘荒种地，但这并不是其传统的和占主要的生计方式。这样，就在村中屡次出现彝族、傈僳族喂养的牛羊跑到白族村民田地里吃庄稼的情况。白族村民不堪其扰，有的采取了极端的方式应对，比如在田地庄稼里下毒，毒死了牲畜。这说到底也是一种外化于生计方式的资源争夺的冲突。

---

① 引自云南大学聘请的村民日志记录员李绚金 2011 年 12 月 27 日所记日志。
② 引自云南大学聘请的村民日志记录员张瑞鹏 2011 年 12 月 21 日所记日志。

　　石龙村一、二村民小组是白族，聚居在村委会住地。三组是彝族和傈僳族散居在石龙西山。三组主要以放养牛羊为主，农业生产种洋芋、芸豆、苦荞，不播种小春作物。他们的牛羊下山吃一、二组的小春粮食作物时有发生。今天，5头黄牛下山吃张寿华家的小春作物大麦，为此他们来村委会反映，请村委会予以解决，经村委会与双方协调，结果以每头牛赔偿张寿华家 50 元钱解决。①

　　彝族三社罗卫海的绵羊一次被毒死 30 多个，损失 1 万元以上。原来张国才家的耕地在罗卫海家的附近，那是承包地，今年他种上小麦，可是生出来一茬被糟蹋一茬，简直没有办法。而罗卫海家的牲畜乱放，于是为了个人的生产生活他在地里即麦苗中放了毒。而罗卫海的 30 多只绵羊一齐跑到他的麦地里吃，不仅吃了麦苗，同时也把毒药吃了，于是 30 多只羊子的尸体堆在一块地方。损失是大的，但也是活该的。中华人民共和国成立前石龙没有傈僳族、彝族。中华人民共和国成立后从各地搬来彝族、傈僳族。他们来后居住在石龙坝子的边地，石龙饮水在他们的房前屋后接过来，他们经常破坏水管，特别严重的是他们住在山上乱砍滥伐十分猖狂，把森林都破坏掉，还有他们的大牲畜乱放牧，严重影响到石龙的生产。白、彝族是和睦相处的，只要他们不乱砍滥伐和乱放牲畜，团结是没有问题的。②

　　前面记了彝族罗卫海的羊吃了张国才的麦苗后中毒而死亡多只，损失惨重，这应该说是自取灭亡。种下的庄稼牲畜随便糟蹋，那么人民要不要生活？一年产一季农民如何生活？这些问题无人理解。罗的羊死后，据说他们在张的地里多处放置迷信的物件，在张的儿子的拖拉机上也放了一些迷信的物件。据传傈僳族人会摄别人的魂魄，也叫做压人家的魂魄，据说一被压魂人就三魂落魄疯疯癫癫，总之不正常

---

① 引自云南大学聘请的村民日志记录员张瑞鹏 2010 年 12 月 14 日所记日志。

② 引自云南大学聘请的村民日志记录员李绚金 2009 年 1 月 15 日所记日志。

生活，有的甚至死亡。例如羊岑六联施兴昌天命而亡，谣传是有人压他的魂，人们越说越神秘，越说越害怕，总之石龙人谈压魂就色变，十分恐慌。而此次卫海知法犯法，在山上公然大搞迷信是不对的。①

昨天县公安局沙溪派出所来了五个人。据说是彝族的黄牛偷吃村民的小春（如小麦、大麦等）苗，有人在庄稼地里放毒药，因此把他们的黄牛毒死 5 头，半死两头，于是报案。去年罗卫珍的羊 20 只又一次毒死也报了案，但不了了之。彝族居住在石龙村边缘的山脚下，他们近水楼台到处乱砍滥伐大发其财，给石龙带来不可估量的祸害，因为破坏了森林，冬季他们叫做放野，把牛羊赶到山上几天才去照管一下。石龙周围的山上到处都有应养大牲畜，最近几年他们牛羊放到石龙的田野的粮苗地里，村民不能长时在庄稼旁守卫，于是苗势一出，彝族的牛羊几十几百入田喂养。石龙广种薄收更兼受彝族喂养的牛羊的侵犯，实在难过生活，但不知公安如何解决此问题呢，石龙人没有办法的办法就是放毒，谁愿意来尝试？②

关于彝族黄牛中毒死 4 头的问题，报案后县十分重视，这关系到民族团结问题。经多方协调，吃掉的春小麦苗适当赔偿，“人不犯我，我不犯人”。如果无制约的乱放糟蹋庄稼是不行的。但放毒也是犯法的，于是多方协商，最后决定由放毒方赔 700 元，村公所赔 400 元，乡政府和县合计赔偿彝家 4000 元。③

昨天彝族的牛羊多只到石龙马母场把张四全、张四聪、张国宝等家的玉米苗吃光，这是无法补上的问题，因为一是时间已超季节，二是籽种问题。虽然已上报村委解决，但已是马后炮，村民受彝族的害苦不堪言。他们放牧是把牲畜赶上山，几天几夜后再去看一下，于是

---

① 引自云南大学聘请的村民日志记录员李绚金 2009 年 1 月 16 日所记日志。
② 引自云南大学聘请的村民日志记录员李绚金 2009 年 12 月 18 日所记日志。
③ 引自云南大学聘请的村民日志记录员李绚金 2009 年 12 月 19 日所记日志。

石龙的庄稼遭殃，村民叫苦连天。①

本村三组是彝族，傈僳族所组成，居住在西山。三组彝族村民罗文华户，家中养黄牛11头，由于不认真放养，黄牛跑下山到二组李红坤地里吃种下的作物，使农作物受到损失。李红坤在地里投毒，致使罗文华6头黄牛毒死，2头毒伤。毒伤的2头经镇、村干部及时请兽医站来抢救救活，死去的无法挽回。为此，罗文华户报案，要求解决。镇司法所、派出所和村干部及时去解决，但今天没有解决成功，有待明天继续处理。②

今天，镇政府、司法所、派出所和村干部再次调解关于彝族村民罗文华和白族村民李红坤两家因黄牛吃庄稼被毒死纠纷事件。罗文华家黄牛被毒死6头，价值18000元，他要李红坤赔偿1000元，李红坤的理由是罗文华家牛吃他家农作物已多次，已经说给罗文华加强黄牛放养，并且说给他我要投毒，保护自己庄稼，毒是投进自家庄稼里，不是投在其他地方，坚决不赔。罗文华家召集了二十几个彝族村民，说要把死牛抬到李红坤家，并对石龙村白族有意见，说要与白族大干一场后搬到别的地方住，此事造成民族之间不和。为了解决好此事，增强民族团结，不让事态扩大，镇政府、派出所和村干部做了大量思想工作，最后得到解决。解决结果是：一、李红坤赔偿700元。二、镇政府民政救助2800元。三、村委会救助500元和帮助支付抢救黄牛2头医药费148元。四、去参加解决的工作人员和村干部每人捐助100元。总共使罗文华家得到5000元。工作人员和村干部到夜间两点钟才从山上回来。③

上述的记载，当然不乏李绚金作为白族一员更多站在白族村民的立场看待问题的倾向，或许如果听听彝族村民的声音，他们也会有自己的理由

---

① 引自云南大学聘请的村民日志记录员李绚金2011年5月22日所记日志。
② 引自云南大学聘请的村民日志记录员张瑞鹏2009年12月13日所记日志。
③ 引自云南大学聘请的村民日志记录员张瑞鹏2009年12月14日所记日志。

和解释。但无论如何，从中都可以看到此种现实困境的存在。由于生计方式和生活习俗的差异，加上山林涵养、资源争夺和牲畜到田地中吃农作物等事件的发生，山上的彝族和山下的白族之间偶尔也会产生一些摩擦，而此种潜在的因素又会在双方之间形成一种无形的隔阂，有时会引起一些误会和误解：

> 阿龙带着家狗到山上找菌子，结果彝族罗文兴打了一枪。他们即时回村请兽医抢救，同时也报案村委会要求解决。①

> 村民张双龙上山采集野生菌，家中的狗跟他上山，到山上。住在地名叫马母箐的彝族罗文光在山上放羊，看到张双龙的狗走来，认为狗来咬羊群，拿起猎枪，一枪把狗打死。为此张双龙与罗文光两人引起纠纷，互不相让，后来到村委会要求解决，村干部经过调查弄清情况后，此事罗文光不对。一是近几年政府不准私人有枪，所有枪支一律交公安机关，而他竟私藏枪支。二是张双龙的狗并没有咬他的羊，他不分青红皂白地把看家狗打死。村里有句古话：偷鸡事小，杀狗事大。根据情况，决定让罗文光赔张双龙一定的经济，赔多少由他两人协商。经双方协商最后决定赔 600 元钱。村委会调解了矛盾纠纷。②

这里因误会导致的纠纷，实际也是与不同的生产生计方式以及资源的占用是相关的。白族在山下耕作，彝族在山上放羊，又都要去采集野生菌，彝族村民之所以开枪是因为他认为白族村民的狗要来咬他的羊群，这样的冲突看似偶然，实际也存在着上述隐性因素所带来的必然。

当然，在石龙村，除去这些小摩擦之外，似乎并没有发生过更大的冲突。这也再次说明了村中白族、彝族、傈僳族的相处以和谐共荣为基调和主流的事实。

---

① 引自云南大学聘请的村民日志记录员李绚金 2010 年 7 月 28 日所记日志。
② 引自云南大学聘请的村民日志记录员李绚金 2010 年 8 月 2 日所记日志。

（四）文化习俗保持传统、多元并存的同时出现局部的影响和融合

石龙村的白族和彝族、傈僳族在同一片土地上生息相处，相互之间有很多的交流甚至有时也会出现文化的影响和融合，但是几个民族的风俗习惯和民间信仰总体上还是各自保持着原有的传统，呈现多元并存的丰富图景。有些活动可能在民族之间会相互邀请，你来我往，共同参与，但并不是所有活动都如此。

比如白族村民喜欢念经做会，但白族村民做会的时候彝族、傈僳族是不会参与的，白族崇拜本主，还有观音、关公等信仰，而彝族、傈僳族也不拜白族的这些神灵，他们有着自己的信仰。

石龙彝族村民家中，门板开向的地方也就是门对着的地方是"主位"，这是祖先住的地方，也是祭祖的地方。只有男子和年老的女子才可以坐在这个地方，一般年轻女子不能坐。"主位"的对面是"客位"。彝族村民认为门坎外和门坎里是两个世界，门里的是活人的世界，门外的是死人的。家里除了祖先的魂外，还有鬼，但没有像白族一样的家神。火塘烧的时候是有讲究的，烧柴的方向要顺着门，门开的方向就是烧柴的方向，烧柴的时候要先从根部烧起，而且烧柴的时候不能把柴从其他方向放进去，只能从门开的方向放进去。不论男女，都要遵循不能跨过火塘的禁忌。

石龙的傈僳族崇拜山神，在他们的心目中，山神是一棵树。在家中，忌讳很少，他们认为家中无神佛，只祭祖先。祭祖宗的时候也要准备一些菜蔬，到门外找个地方祭一下就行。他们认为家里也会有鬼作祟，人生病的时候他们会吃自己找的草药，偶尔也会到村子里看病，如果认为是招到了鬼，就会到门外倒一碗冷水饭，想要看是招了什么样的鬼时会用一块布来卜卦。在石龙村的傈僳族中，原来有李建国的父亲会卜这种卦。傈僳族村民大部分都会看日子，看人是在什么时候出生的，属相是什么，然后看什么时候可以下葬，看会和什么人犯冲。以前傈僳族的坟只是一个土包，也不用棺材，现在他们做的坟也和白族的一样了。人死了也会请人来诵指

路经，诵经的人一般是从华丛山请来的，女的叫尼玛，男的叫尼叽。清明的时候也会到坟上拜一下，但是坟远的就不去了。人死了要送钱，送几十元的也有，亲一些的人则会送一只羊。他们不参与白族做会，也不参与白族和彝族的歌舞表演，他们自己会在结婚和过年的时候"踏歌"来进行庆祝。

> 石龙村绝大多数人口是白族，只有四面山上的彝族和傈僳族约40户。从9月4日起，他们开始进行一些宗教活动，由彝巫祈祷，求全村平安。他们也不烧香点烛，只是杀几只牛羊，供大家享用。从昨日始，轮流由每家供应全部人一天的烟酒等。①

年节方面，石龙彝族的年节主要有过年、火把节等。过年过的是按照彝族传统十月太阳历计算的新年，通常是在农历的十一月十五日到十一月三十日之间，石龙前山和后山的彝族人家会分别派人到羊岑的毕摩那里选日子，毕摩看好哪天过年，那么住在一起的这几户人家就在那一天过年。所以，过去前山和后山过年的日期也是不一样的。过年的时候要由别家的任意一个男性，通常是自家男主人的兄弟或侄子抬上羊，自家的人则披上羊毛毡，围成男性一圈，女性一圈，抬羊的男子要在男的头上绕九圈，女的头上绕七圈，这个过程叫"退口实"，甩羊的人在甩羊的同时还要说些"无病无灾、全家安康、不要把魂放跑""全家无病无灾"一类的吉利话。

石龙彝族过火把节是在农历六月二十四，比当地的白族早了一天。这里的彝族群众说他们过的火把节和白族是不一样的，他们的火把节是过给粮食和庄稼的，只要杀一只鸡、一只鸭，晚上点上明子，烧了鸡毛，把明子插在田间就可以。这样做的目的是告诉天神不要下冰雹、下大雨之类的毁坏庄稼。石龙的彝族过火把节是不竖火把的。石龙彝族村民将火把节称为"在"，有还债、借债的含义，据说是因为以前，剑川的一个人来了，

---

① 引自云南大学聘请的村民日志记录员李绚金2004年9月5日所记日志。见董秀团主编：《石龙新语——剑川县沙溪镇石龙村白族村民日记》，中国社会科学出版社2009年版，第129页。

彝族人把他杀掉了，后来就在这一天赔他们，赔钱给剑川人。① 在凉山彝族中，有一种火把节起源的说法，是人间的大力士和天上的大力士摔跤，人间的大力士摔死了天上的大力士，引起天神震怒，派虫来吃庄稼，人们点燃火把去烧虫。联系此种说法，是不是石龙彝族所说的还债也与人间力士和天上力士比赛摔跤的传说有一定关联？再者，说剑川的一个人来了，彝族人将之杀了，这种说法中似乎也有石龙流传广泛的活埋一对通奸男女的事件的影子，那么，石龙彝族认为火把节有还债之意，是否是彝族传统故事和石龙本土事件合流交融导致的产物呢？

　　石龙村现有农户总户数 267 户，其中白族 207 户，彝族 51 户，傈僳族 9 户，3 个民族风俗不同，白族明天过火把节，彝族今天过火把节，傈僳族随白族明天过节。彝族今天过节，他们的风俗是每户都必须杀一头牲畜，不论猪、牛、羊、鸡，杀一头就是。现在大多数户杀羊，少数困难户杀不起羊就杀鸡，没有农户不杀一头牲畜打破他们的风俗。白族则与他们不一样，做八大碗吃，主要以猪肉为主，所以，今天村民当中有 6 户杀猪卖肉，供应全村村民过火把节需要的猪肉，村民不需要上街去买肉。②

　　石龙村有三个民族：白族、彝族、傈僳族。三个民族关于火把节有不同的风俗。傈僳族不过火把节；彝族火把节是农历六月二十四日，但不竖火把；白族是农历六月二十五日火把节，竖火把、舞霸王鞭。③
火把节作为彝族和白族都过的重要节日，有的村民认为彝族过得反而没有白族那么隆重，也有村民认为彝族过得更加热闹。

　　石龙村的彝族也过火把节，但他们的节期是农历六月二十四日，他们不像白族这样竖火把，也没有仪式，只是杀一只羊子，没有羊的

---

① 访谈人：赵春旺，被访谈人：罗二弟，石龙村三组花椒箐居住点观音房人，访谈时间：2019 年 10 月 22 日。
② 引自云南大学聘请的村民日志记录员张瑞鹏 2012 年 8 月 11 日所记日志。
③ 引自云南大学聘请的村民日志记录员张瑞鹏 2013 年 6 月 19 日所记日志。

就杀鸡，有的人家如果家庭比较困难的话可能连鸡也不杀，什么都不弄。①

　　彝族的火把节比我们白族提前一天过，所以今天彝族村民过火把节，彝族人过火把节比我们白族要隆重得多，彝族人过火把节要宰羊、杀鸡（大部分彝族家庭都养羊)，本村村民张四华、李根立等5人被邀请去参加彝族的火把节。②

　　本村彝族村民今天过"火把节"，每家都要杀一只羊，相当隆重，家里没有羊的也要想方设法买一只羊。一部分本村村民也受到彝族村民邀请到家中做客，彝族村民那是相当的热情好客，又个个会喝酒抽烟，能歌善舞，相当热闹，彝族村民们过节，兄弟姐妹，几个小家庭聚成一个大家庭，大家聚在一起开心为主，大家一起干杯、喝酒、唱歌、跳舞，比白族村民过节热闹得多。因为村民们过节都是自家过自家的，而且女人一般都不会喝酒、抽烟。而男人们也很少有人会喝酒。因此节日过得没有那么热闹。③

这里，两位日志记录员对石龙村火把节在白族和彝族村民中的差异情况都有所把握和体会，但对于哪个民族中这个节日更隆重却有着不同的认识。张瑞鹏作为更年长的村民的代表，认为白族的火把节更隆重，主要表现是白族要竖火把、有相关的仪式，而彝族只是杀只羊或者鸡，甚至什么都不弄。而张海珠作为中青年的代表，认为彝族的火把节更隆重，主要原因也是彝族要杀鸡宰羊，要请客聚会，而白族多数是自家过节，没有相互请客聚会的情况。感觉在张海珠的描述中，更注重的是节日的热闹程度，彝族火把节亲朋相聚的特点比较突出，歌舞娱乐多，显得更加热闹，所以

---

① 引自云南大学聘请的村民日志记录员张瑞鹏2004年8月10日所记日志。见董秀团主编：《石龙新语——剑川县沙溪镇石龙村白族村民日记》，中国社会科学出版社2009年版，第445页。

② 引自云南大学聘请的村民日志记录员张海珠2016年7月27日所记日志。

③ 引自云南大学聘请的村民日志记录员张海珠2018年8月5日所记日志。

扎火把

她认为彝族的更加隆重。确实，以前石龙白族的火把节更突出的是集体的仪式过程，比如扎火把、竖火把、祭火把，现在则在祭火把之后也增加了联欢晚会的歌舞娱乐，所以应该说白族的火把节也比以前更加热闹了。

除了过年和火把节，现在石龙的彝族还会过一些其他的节日，如"过十五"，时间在正月十五，需要半个猪头、一只鸡，一般是各自在自己在家里过；八月十五中秋节，这个节日以前是不过的，现在他们会买些水果和粑粑来吃；春节，据彝族村民自己说，这个节只是看别人过，很是热闹，觉得在别人过节的时候自己也要热闹热闹所以才过的，并不是很重视。这些节日大多是受汉族或白族影响而开始过的。

白族村民比较看重的七月十四鬼节，在彝族和傈僳族中并不流行：

今天是农历七月十四节，此节是自古至今传统的祭鬼节日。这个节日在本地白族人家家都过。彝族和傈僳族人不过节。①

今天，农历七月十四日，传统的祭鬼节，但是各民族的风俗不同，全村271户中傈僳族9户、彝族49户不过节；白族213户，户户过节。②

除了过年过节，白族与彝族、傈僳族在建房、婚丧等方面也存在不同。彝族建房不举行竖房仪式，在整个过程中也不像白族那样讲究一些比

---

① 引自云南大学聘请的村民日志记录员张瑞鹏2006年8月7日所记日志。
② 引自云南大学聘请的村民日志记录员张瑞鹏2013年8月20日所记日志。

较琐细的仪式环节，比如动土、竖房、乔迁，这些在白族村民中都会举行相应的仪式。究其原因，彝族过去多以游牧为主，很多时候在一个地方住久了，便要搬到另一个地方去，流动迁徙在他们的传统观念中显得十分平常，所以他们不像白族那样以农耕为主，讲究安土重迁。同样作为氐羌族系的后裔，彝族和白族的传统中都有与畜牧相关的文化因子的遗留，但白族对农耕定居式生计和生活的追求比彝族更为突出。在石龙村，白族村民中也有蓄养羊群、牛马的，但总体所占比例不高，牛马更是主要作为农耕的生产工具在使用。由于较晚进入，同时保持着较突出的迁徙特质，所以石龙的彝族和傈僳族很多是没有山林权的，甚至也没有落户。

> 林权改革人口统计结束，上级又叫统计无山林权寄山居住人口和寄山居住有户无籍人口。按照上级指示，经统计，我村彝族、傈僳族无山林权、寄山居住人口148人，39户。有户无籍人口3户，12人。①

而彝族、傈僳族游动性的一个具体表现就是频繁搬家。这两个民族来到石龙也不过几十年的事，由于具有游动的传统，其中的有些人家虽然来到了石龙，但也并未把这里当成永久的家，也会因一些原因而再次选择离开，甚至就连起房盖屋，也不像白族那样要受到政府部门更严格的审批。

> 话说彝族搬家，昨天从石龙后山迁到华坪县的两家彝户，他们也没有什么家什，仅有5匹骡子，他们租张海宝的货车运到华坪，他们的骡放野成性，在石龙上车，几个人硬拖拉才把骡装上车，5匹骡上了半天才上完。他们打一枪换一个地方，说走就走，我们看到他们简单的家产不免产生杞人之忧。②

> 彝族组沙四和竖新房，请白族一、二两组农户去做客，共收到

---

① 引自云南大学聘请的村民日志记录员张瑞鹏2006年9月2日所记日志。
② 引自云南大学聘请的村民日志记录员李绚金2007年12月16日所记日志。

800 多元钱。彝族人建房不举行任何仪式活动，也不申请审批地基，建的是土木结构平房 3 间。由于他们居住在山中，政府也不管他们的地基问题，对他们放宽政策，不像对白族那么严。[①]

由于不像白族那么安土重迁，对于家屋的概念和理解自然也有不同。对于石龙的彝族、傈僳族民众来说，可能更加看重的是家中的家神等所在而不是作为承载空间的房屋，所以在家屋的营造方面，很多在白族民众那里必不可少的仪式环节在石龙彝族、傈僳族中却是不举行的。

危房改造工程户罗秀花今天竖房，她是本村三组的彝族，居住在离村约四公里的西山中。帮她做木工的也是彝族群众郭建生。今日竖房，她家请客，村中有 20 个白族去她家做客，全部都是去送钱，有的送 10 元，有的送 15 元不等。到她家吃午餐后回来。她家杀了几只羊，吃的是羊肉，别无他菜。也没有举行竖房仪式。[②]

在婚丧嫁娶的民俗方面，总体上，石龙的彝族、傈僳族和白族保有各自的民族传统，传承着不同的仪式活动。当然，由于长期的同处共居，民族之间经由婚丧嫁娶而产生的交往还是比较多，这种交往主要体现于相互请客做客，待客的方式、饮食等方面存在相互影响的痕迹，但在通婚规则、婚丧仪式方面仍倾向于保持原有的传统。

比如婚俗方面，村中未出现白族与彝族、傈僳族通婚的情况，但在一些具体的婚俗方面存在影响和融合的现象。

本村三组傈僳族女青年叶金香订婚，她们的风俗是订婚不请客，只是晚饭后，男方亲戚 10 余人送来衣服 2 套（包括鞋子、袜子、帽子）、还有酒 60 斤、烟 8 条、糖果、瓜子给女方。双方共同饮酒，吃糖果、瓜子。然后围着大火跳傈僳族舞过夜，午夜当中煮吃面条，每

---

① 引自云南大学聘请的村民日志记录员张瑞鹏 2006 年 3 月 25 日所记日志。

② 引自云南大学聘请的村民日志记录员张瑞鹏 2004 年 8 月 10 日所记日志。见董秀团主编：《石龙新语——剑川县沙溪镇石龙村白族村民日记》，中国社会科学出版社 2009 年版，第 445 页。

人一碗，面条和配料也是男方拿来，女方一点都不负担。订婚就这么简单。①

　　彝族村民沙务三的女儿出嫁，本村白族村民去他家做客的有50人。沙务三家居西山脚下，离本村约3公里，去做客的人们在他家中休闲一天，到太阳落山才回来。村里人都叫沙务三的女儿阿妹。她现年17岁，从小父母就将她许配给了洱源县西山上的一个彝族人。彝族的风俗与白族有所不同，加上经济条件较差，家中办事也不怎么热闹，客人只有他们本组的彝族20多人和一、二组的白族50人，别无外客。客人全都送礼金，不送别的礼物，今天他家共收到870元钱。我（张瑞鹏）去帮他记礼账。吃的几乎与白族待客相同，也是八大碗，但其中有一碗羊肉是彝族待客中必不可少的，而这碗羊肉恰恰是白族待客时所没有的。关于礼仪方面，也很简单，不举行任何结婚典礼和其他的仪式。男方也不来迎亲，明天女家将她送过去。当然也并非所有的彝族结婚都是这样，他家因经济特别困难，男女双方为了省钱就这么简单地办理。②

　　彝族村民沙四春，男，现年19岁，文化程度初小。今天结婚娶妻，妻子是洱源县乔后镇西山彝族，两人都务农。彝族结婚与白族不相同，三天前派两个人去娶亲，今天才把新娘娶回来。也不举行仪式活动，女方送亲的只有五六人，就这样简单办事。但是请客还是请的，做客的人送去钱，不送其他粮食物资。以前彝族人结婚，吃的是牛肉或羊肉和荞面粑粑，而且是分吃，来做客的人每人分有一份，一块肉，一个粑粑。吃不完也归你，吃不够也不管。现在随着形势的变化和白族风俗的影响，已经改变，吃的和白族相同，八大碗待客，而

---

① 引自云南大学聘请的村民日志记录员张瑞鹏2006年2月25日所记日志。
② 引自云南大学聘请的村民日志记录员张瑞鹏2005年11月27日所记日志。见董秀团主编：《石龙新语——剑川县沙溪镇石龙村白族村民日记》，中国社会科学出版社2009年版，第648页。

且做菜的人中请白族人参加，饮食卫生方面大有改观。①

今天是彝族沙四雄嫁女，他邀请石龙村大约 70—80 家。她的姑娘原嫁马登江头村木瓜菁（均为彝族，在马登和象图的交界处）的李姓，彝族有个习惯，子女一出生就给以定下终身婚姻，而李家姑爷 8 年前考取云南艺术学校，去年毕业，毕业后不承认这桩一婚姻，由其父赔女方 5000 元损失费了事，后来嫁到后山，现在沙家住前山，只翻一座山就到新郎家。沙四雄请的客多，沙溪羊岑、弥沙、兰坪、洱源，到处都有，婚礼很热闹。②

三组村民杨某女儿出嫁宴请很多村民及其外地的亲朋好友。设宴形式与白族村民一样全天设宴，酒席为五碗四盘。客人很多，非常热闹，上午 11 点开始，赌博的就有 10 余伙之多，输赢多的上万元。下午 5 点钟迎亲队伍到达你追我赶进入婚礼的高潮。三组彝族嫁人婚礼日男方迎亲队伍进家门就是婚礼的最高潮。女方在招待客人的同时随时提防男方的迎亲队伍到达，并且在房前屋后准备了一些冷水，男方迎亲队伍一般有 3—5 人组成（新郎和 2—4 人小伙），他们当中有一人提有编织袋里面装有新娘的服装其他人都空手而来，到新娘家附近他们就躲在某一处找机会进门（当地三组村民 100% 居住于林区，房前屋后都有森林），一旦他们认为女方防备松懈时他们就跑步悄悄地跑进新娘家，但是没被女方发现的几率为零，女方防备人员发现迎亲队伍后（防备人员由女方的亲戚若干女人组成，男人不参加）你追我赶的挡住男方的迎亲队伍不准进入女家，而迎亲人员则想办法强行进入，在追赶过程中如迎亲人员被女方抓到，则会被女方泼冷水泼得全身淋湿这样追来追去直到手提编织袋的那个人进入家门才结束，过程非常有趣。③

---

① 引自云南大学聘请的村民日志记录员张瑞鹏 2006 年 2 月 16 日所记日志。
② 引自云南大学聘请的村民日志记录员李绚金 2009 年 1 月 3 日所记日志。
③ 引自云南大学聘请的村民日志记录员张吉昌 2014 年 11 月 16 日所记日志。

从上面的记录中，可以看到，在白族记录员的眼中，彝族村民的婚俗是一种与白族不太一样的习俗，颇能给人们带来新奇之感，特别是最后一段的描述中，似乎还带有"抢婚"习俗的某种痕迹，另外就是认为相对于白族婚礼来说，彝族婚礼显得更简单一些，没有太多的复杂仪式，而从待客和饮食方面来说，过去也是比较简便，现在则有受白族影响的痕迹，也像白族一样以"八大碗"待客。确实，白族的婚礼要经过比较漫长的仪式过程，从请媒说亲到订婚、成婚，每一个步骤中又包含着更小的仪式环节和仪式规程，比如成婚至少要三天，有搭棚、拜本主、送砂糖钱、开席、迎亲、吃同心饭、客老席、拜堂、闹房、回门、会亲等主要的仪式。

丧葬仪礼方面也是如此，在保留着自己的传统的同时，在一些局部特征方面有所改变。比较明显的区别是白族行土葬，而彝族、傈僳族则是火葬，白族的丧葬礼俗由接气、浴尸、停尸守灵、吊唁、念经超度、诵祭文、出殡发丧等环节构成，仪式比较繁琐，而彝族、傈僳族仪式更加简便。而在丧葬的待客、宴请等方面，则也逐渐受到白族的影响。

石龙的彝族与别处的彝族一样行火葬之俗。彝族认为非正常死亡和未成年的人死了以后就会变成鬼，这些鬼会危害活着的人，所以家里闹鬼的时候要请苏尼来念经。正常死亡的人请毕摩来念了指路经后会把人送回到祖先在的地方，这样死掉的人和祖先就会保护家里的人了。请毕摩念经，念的是指路经和保平安的经。石龙的彝族认为念过指路经后亡者才能最终回到大凉山的某个地方，死的人往那里走了，活的人就回来了。非正常死亡的人死后也要火化，但是不会请毕摩来念经。因为石龙的彝族中没有毕摩，只有一个苏尼，所以家中有了丧事就会请羊岑那边的毕摩来做会念经。人死了之后，要砍一整棵松树，把松树砍开搭成"井"字状的样子，女的要搭七层，男的要搭九层，把死者置于其上，再在上面搭个棚子。亡者的身子全部用毡子裹住，这件披毡很特殊，彝族人一生只穿两次，一次是结婚的时候穿，一次就是死的时候穿，头和脚用白布包住，浑身要没有一个地方露出来。火化尸体的时候要请本家以外的人来烧，如罗姓的人去世了要请不是姓罗的人的来烧，并且在烧的时候旁边不能有罗姓的人。现在他们也会像白族人一样在办白事的时候请丧客，村中的白族也会到彝族村民家中做客。

彝族结群择山而居，几乎山上都有人居住。住几年又搬走，住几年换一个地方。例如此次沙万章丧事，从丽江来一群，沙溪来一群，羊岑来一群，每群大致 10 人左右。他们一到沙家，沙家鸣炮欢迎，而他们不分男女，高声哭泣，可以说炮声震山谷，哀声响山里，他们前一伙后一伙，伙伙如此。①

虽然同一个村，但不同民族，死人的后事也不同，白族土葬，彝族火葬。请客招待客人吃饭菜也各异，白族招待客人八大碗，彝族分给每人苦荞粑粑一个，牛肉两块。随着社会发展，如今他们有所改变，但是，待客还是简单，一碗米饭，一碗牛肉或羊肉就可以待客。②

三组彝族罗艳清，女，现年 61 岁，因患癌症今天死亡。彝族与白族风俗不同，死人实行火葬，办事比较简单，请先生择吉日，把死人抬到山岗上，用柴火烧完了事，也不保存骨灰。招待客人的饱含也简单，不像白族做八大碗，每人发一块牛肉一个苦荞粑粑，但对白族客人则以白族风俗对待，还是做八大碗接待。③

彝族村民沙万章，是本村中最高龄的老人，今年 86 岁，今天因病死亡，彝族的风俗与白族不同，他们人死后用火葬，不举行任何宗教仪式，砍一堆柴点火把死人烧了就完事。请客也不像白族人那样隆重，以前招待客人很简单，每人发一块苦荞粑粑和两块牛肉。现在向白族人学习，改成八碗菜，基本上与白族待客差不多。④

---

① 引自云南大学聘请的村民日志记录员李绚金 2006 年 9 月 18 日所记日志。
② 引自云南大学聘请的村民日志记录员张瑞鹏 2011 年 6 月 23 日所记日志。
③ 引自云南大学聘请的村民日志记录员张瑞鹏 2007 年 5 月 24 日所记日志。
④ 引自云南大学聘请的村民日志记录员张瑞鹏 2006 年 9 月 14 日所记日志。

　　彝族村民罗大妹，因患癌症医治无效，昨日死亡，今天请客，明天火化。一、二组白族村民约 40 人去做客。以前，彝族招待客人不像白族招待八大碗，发给客人人均一块煮牛肉，一个苦荞粑粑，现在，形势发展，生活也改变，风俗也随之改变，不像以前发牛肉、发粑粑，而是像白族待客一样做菜八大碗给客人吃。彝族死人用火葬，人死后，临近人家帮忙上山砍柴，砍到一堆柴点火烧死人，直到死人烧成灰才完成火化工作。①

　　本村傈僳族社员李福才，男，现年 68 岁。前天醉酒而死。今天出殡安葬。由于他们的风俗与白族不相同，加之家庭生活十分困难，没有举行出殡仪式，只请 8 人抬棺材出去安葬。也不举行宗教仪式。但家人请客，共收礼币 500 多元，没有粮食物资。他家是特困户，几乎一无所有，村委会在缺乏经济的情况下，想办法救济给家属人民币 100 元，米 50 斤，香油 5 升，直接由村委会主任和副主任送到他家中。②

李绚金记录了一个比较有意思的饮食方面相互影响的例子。

　　我问村中的一个孩子："午饭吃了吗？"他说："吃了，今天妈妈给我做吃牛打滚。"有一个彝族姑娘在旁听后觉得很奇怪，问："怎么牛打滚也可以吃？"我说："牛打滚是把糯米粉揉成薄饼放进锅内煮熟，捞出放在碗里，放一层撒一层糖和燕麦粉，一层一层拌着吃，这就是牛打滚。"她说："知道了，今后我也会做牛打滚了。"③

这是一种饮食上的差异，但是由于民族之间的密切、频繁的交往，这样的饮食差异或许就会慢慢被时间改变而达到一种新的融合。

以前三组村民没有杀年猪的习俗，而随着时代的变化，他们也有受到白族影响，发生着改变。

---

① 引自云南大学聘请的村民日志记录员张瑞鹏 2012 年 6 月 19 日所记日志。
② 引自云南大学聘请的村民日志记录员张瑞鹏 2006 年 2 月 8 日所记日志。
③ 引自云南大学聘请的村民日志记录员李绚金 2007 年 5 月 25 日所记日志。

三组村民沙成凤向张国宝买了一头肥猪，生猪称9.5每市斤，称得235市斤，2235元。以前三组彝族和傈僳族的村民很少杀年猪，有的杀年猪也是杀五六月大的年猪。一顿就吃完，他们偏向于杀羊牛，可是随着时代的变化牛羊价格不断增涨，甚至山羊价格已成为高端食品，一般农民是舍不得吃，为此三组的村民们也和白族群众一样，陆续改为饲养年猪，杀年猪价格也比较实惠，更适合目前石龙的生活状况。①

住房方面，也有向白族靠拢的趋势。

前天即5月31日，由县民政局、建设局、检察局组成的验收组来到我村验收"3.3"地震恢复重建的拆除重建和局部加固工程，我村拆除重建18户是3组彝族和傈僳族，局部加固20户是1、2组白族，虽然民族不同，但建设工程相同，彝族、傈僳族住房建设按照白族民居建设，青瓦、白墙、堂屋安装格子门。通过逐户验收，合格。②

节日方面，既有邀请对方共同参与自己的节日的情况，也有在交流中开始过一些原本自己民族不过的节日的情况。比如，六月二十五白族村民过火把节的时候，这几年都会在文化广场举行联欢晚会，彝族村民也会下来参与，有的还会登台表演。比如以下是2013年的节目单：

1. 古乐队演奏古乐

2. 幼儿班表演《心肝票》

3. 老年霸王鞭队表演《四季发财》

4. 青年霸王鞭队表演《广场舞》

5. 幼儿班表演《弦子弹到你门前》

6. 李坤琳演唱《姑娘我爱你》《伤不起》

7. 幼儿班演《阿勒勒》

---

① 引自云南大学聘请的村民日志记录员张吉昌2013年12月4日所记日志。

② 引自云南大学聘请的村民日志记录员张瑞鹏2013年6月2日所记日志。

8. 彝族青年表演队表演现代舞

9. 张静池、李湘、张欣演唱《阿旺旺》

10. 李生银、李辉、张松茂、李江、姜涛演唱《十二生肖》

11. 张玉萍、张玉英、黄丽萍跳《心肝票》

12. 李丽珍为首青年队表演霸王鞭

13. 李丽珍为首青年队表演《金花花儿遍地开》

14. 张敏、李佳棋演唱《阿旺旺》

在这次联欢会中，就有彝族青年表演的现代舞。2014 年的火把节，同样出现了彝族和傈僳族村民的身影。

一年一度的火把节，出生小孩的父母早上到山上选松树做火把，砍松树火把运回村里。上午有的人到农户家中集柴火，有的人捆火把，有的人挖洞，把火把做好，下午竖火把，晚饭后点火。去年火把节后至今年火把节一年，村里出生小孩 23 人，今年的火把就由这 23 家负责完成竖火把工作。以前两个村民小组竖两把火把，在两处活动。今年同在文化广场共竖一把火把，集中在一起搞活动。传统的火把点火仪式过后，表演霸王鞭、白曲、洞经古乐等民族文化。第三村民小组彝族、傈僳族青年也来参与活动，各自表演本民族歌舞。来董二楞家吃晚饭过火把节的外来游客 50 人观看了竖火把的全过程和文艺表演。①

另外，原来傈僳族是不过春节和七月十四的，或许也是受到白族影响的原因，现在也开始过这两个节日。对于他们来说，这两个节日是他们祭祖的重要日子。过春节的时候也和汉族一样，要互相拜年。

民间信仰和观念层面的相互影响以及相应的日常行为中也同样可以看到此种文化交流的发生。

以前也谈过，老人太老（一般指 80 岁以上）他会克子女的命运。

① 引自云南大学聘请的村民日志记录员张瑞鹏 2014 年 7 月 21 日所记日志。

这一种信念是十分落后和残忍的。不仅白族有，彝族也有这种恶念。例如沙万章86岁，他们也有克子女之说。这种信念究其根源，一是迷信封建，听信巫婆的谎言。例如老人80多岁，他的子女也将40－50岁的年龄，而此段年龄正是人生中的更年期，疾病多，经巫师一指点就认为是因父母太老克自己所以才多病。于是产生"老克"的错误观念，实在是要不得。①

前几天有好几家连续合伙到本主庙叩平安头。原因是据说上20天左右三组傈僳族村民叶金堂（男，19岁）在三组彝族村民某家吃晚饭，晚饭后叶某一人从他家前往村中准备到姜某家住，当他走到途中（松坪）突然听到似中年妇女的声音在唱白曲，他停下来仔细听了约分把钟，那唱白曲声又突然转变为哭声，而且哭声相当凄惨。②

石龙的白族在听到一些奇怪的声音的时候，很喜欢到本主庙供神。在上面的记录中，是傈僳族和彝族村民听到怪异之声，结果却是多户白族村民去本主庙祭拜。还有如下的个案，比较有趣的是，笃信"神药两解"的白族村民，跑去找傈僳族看香问卜。

趁张中丽夫妻回深圳打工，几个亲戚把她的父亲张四德拉到大理州医院检查病。张四德害的是一天天瘦下去，思想糊涂，剑川的医生们都说不出所以然来，这次由亲属带到医院他的二弟张四全陪他在医院检查，今天第三天下午可得出初步鉴定。有了鉴定再考虑如何医。与此同时家里到傈僳族阿富那里看香，阿富人们传说是会压人的灵魂，也能会搞用邪教方式帮人摆脱灾难。按阿富的指示今天张四德亲属分为两个组，一组到石钟山石窟的北山龙王塘献龙王，因为今年6、7、8三个月他在这里收杂菌，有一天傈僳族的姑娘带粑粑在场的人都吃了，但张四德从此脖子堵塞，以至不好说话，阿富说应该到那

---

① 引自云南大学聘请的村民日志记录员李绚金2006年9月19日所记日志。
② 引自云南大学聘请的村民日志记录员张吉昌2014年9月8日所记日志。

里献龙玉同时解脱傈僳人和他们之间牵挂。第二组在本主庙宰公鸡煮猪头并请巫公张庆长帮助祈祷，祈求本主保佑张中丽夫妻和女儿，保佑张四德康复。①

虽然白族村民也经常到金顶寺等地找巫婆看香问神，但这个案例中是找了傈僳族阿富去看香，这也算是对阿富特殊能力的某种认可。这种认可，从某种意义上说也是文化认同的一种表现。或许阿富看香也并未能真正解决张四德一家的问题，但是因长期的相处，白族村民对于傈僳族的信仰文化也有接受，所以才会出现上述的情况。而傈僳族村民阿富的存在和以看香为业，也从某种程度上印证着身处共同的区域和村寨环境中的傈僳族对于白族村民浓厚的"神药两解"风俗的明了和认可。

除了婚丧嫁娶，石龙白族与三组村民传统习俗的差异也体现于处理矛盾纠纷方面。几个民族历史上都有对于习惯法和村规民约的依赖，但也存在不同。总体上，在白族中，习惯法的软性控制力仍然存在，但与基层政权相融的倾向比较突出，经过村委会认定的新的村规民约也体现出与时俱进的特点，并且在现实生活中，当村民之间发生矛盾纠纷的时候，与以往最先想到的是诉诸于族长、民间权威不同，现在一般会请村委会干部调解。而在石龙的彝族中，则依据传统习惯法来解决和处理问题的方式更加常见。作为后来进入并成为行政区划上石龙村组成部分之一的彝族和傈僳族，对于这个行政意义上基层组织的依赖似乎没有白族那么突出，而与本文化传统的勾连特质却更为凸显。所以，他们会与石龙之外各地的本民族之间保持着相对密切的联系。在突发一些事件的时候，也更倾向于以传统的方式来应对。

比如彝族村民中存在传统的"讲理"习俗，就是在本族内部发生冲突或者与外族发生纠纷的时候，倾向于按传统"讲理"习俗进行处理解决。"讲理"就是老少青壮集中起来，在长者的主持下讨论冲突和纠纷，双方

---

① 引自云南大学聘请的村民日志记录员李绚金 2012 年 12 月 16 日所记日志。

各自陈述理由，大家来评论事情的大小，比如打架，那么是谁打了谁，受的伤害有多大，该怎么赔，赔多少等等。李绚金在日志中记录了多次村中发生的"讲理"习俗，其中一次是他的亲身经历。

李绚金在日志里回忆，2002年7月的一天，他的儿子张四德开农用车回石龙，因之前几天连续大雨，路面积水深，方向失控，车撞到了正带领民工在宝相寺停车场下300米处石桥旁清理侧沟的县城建局驻石宝山风管所所长张中山。张中山是彝族，事情发生后，除了医院治疗，张中山一方的亲属要求按照彝族"讲理"传统进行处理，从他的老家马登来了近百人的彝族同胞到剑川县城阿鹏宾馆参与"讲理"。最后，经过协商，李绚金方赔偿3000元。而在这个事情解决的过程中，原本亲属们不答应只赔3000元，但张中山的大哥反而去解释和说服大伙。第三天李绚金把3000元钱交给张中山时，张中山还退回了300元。也就是说，这一次的事件中，张中山一家人获得的近3000元赔偿基本上用于支付了当天在宾馆吃饭喝酒的开支。所以，李绚金在日志中也感叹："我想3000元应是医药费才好，而一餐就吃掉3000元，令人百思不解，其实这是古老风俗。"①

虽然时隔多年，但或许是这一事件给李绚金留下的印象实在是太过深刻了，所以当看到彝族群众又以"讲理"的方式处理问题和纠纷的时候，李绚金又想起了当年发生在自己和儿子身上的一幕，于是在2011年3月16日的日志中又一次进行了记录，篇幅有缩短。

上述的案例中，张中山亲属参与"讲理"的积极性比较高，而且按照传统习俗，他们这样做也是极其自然的。但张中山和哥哥在处理这件事情上，显然并没有完全遵从传统习俗。只不过，从事件中我们还是可以看到传统习俗在彝族民众中发挥的影响相较来说要更大。

事实也是如此，在石龙村彝族村民中发生纠纷的时候，采用"讲理"

---

① 引自云南大学聘请的村民日志记录员李绚金2005年3月18日所记日志。见董秀团主编《石龙新语——剑川县沙溪镇石龙村白族村民日记》，中国社会科学出版社2009年版，第273—275页。

的方式解决问题的例子一直并不少见。

后山彝族杨家讨了一丽江姑娘，可能是感情不和或没有善待媳妇，昨日县公安出面并邀请石龙支书，丽江来了几十人到后山"讲理"，但由于两家意见不统一，丽江方面把姑娘接回家，解决问题再说。他们有事往往不报政府机关，要自己解决。双方有关人员集中起来，杀猪宰牛以酒为中心，一面喝一面提条件商讨，最后以长者定案，事情也就结束。①

与婚姻相关的还有一例：

三组村民卢某生俩男孩，长子已经上学，但是前年其妻与他人外逃，到卢某找到她着落时，她已经和他人同居并且身已有孕。于是双方家族按照彝族的习俗"讲理"，最后卢某得到妻方 3.8 万元的经济补偿就离了婚，两个孩子归卢某抚养。②

彝族村民对习惯法的重视频频在日志中出现，说明在日志记录员看来这也已经成为一个值得书写的现象。而记录员对于此种现象的强烈、深刻感受，从很大程度上说，是在与自身即本族风俗的参照对比中得出的。"讲理"的传统习俗至今沿袭说明彝族村民的社会生活中传统习俗的影响力还比较大，他们遇到问题首先考虑用传统习惯法解决，而不是诉诸法律，这自然是现代法律意识比较淡薄的表现，说明法制现代化在乡村社会中的推行还任务艰巨。但是，对于彝族村民中传统习惯法的功能，也不能一概予以否定，"讲理"二字蕴含的也是双方在解决问题过程中对公平和道理的遵循，体现的是对传统权威和习俗的认可。而且我们也看到，在彝族村民"讲理"的过程中，也不乏新的变化，比如"讲理"中公职部门相关人员包括村支书等人的参与，说明"讲理"既遵照传统习俗，也是在合法的大框架下进行的一种特殊的解决方式。

---

① 引自云南大学聘请的村民日志记录员李绚金 2009 年 9 月 9 日所记日志。
② 引自云南大学聘请的村民日志记录员张吉昌 2015 年 12 月 11 日所记日志。

当然，总体上是各自保有各自的传统，但在长期的交流中，有些习俗也难免会产生互相影响、趋同或融合的现象。这在日常生活、饮食习俗、请客做客等诸方面都有存在，甚至有时在信仰和观念层面也有所表现。

（五）相互的评价和看法

石龙村内部分布着白族、彝族和傈僳族三个民族，因为历史传统、文化背景等不同，各民族之间还是有一些差异。大家都知道自己的语言、服饰、宗教信仰、节庆活动等和别的民族间存在一定的区别。这又主要体现为生活习惯、生产方式、观念传统等方面。

彝族和傈僳族虽是居住在石龙村后的山上，但他们的信仰和文化与石龙白族村民不同。生产和生活方式也各异。他们之间不通婚。彝族以畜牧为主，傈僳族以耕种为主，彝族的经济情况要稍好于傈僳族。[①]

后山居住着 10 多家彝族，族类分为黑彝和白彝，黑彝属于贵族一类，前山居住着 10 多家彝族，同样也有贵贱之分。而他们都是一般，唯有后山陈金华和陈金全两兄弟不仅身份高，而更主要大胆敢于闯。改革开放后他们先在石宝山经营饭馆，后到沙溪街建房经商，然而都是昙花一现，经营几天就亏，于是他们转行做木材生意，先在大理市成立公司，有女秘书、专门的房屋，不久亏损只得回家生产。后来又到红旗林业局成立木材加工厂，专门加工门窗等建材出口东南亚，生意大为兴盛。然而陈金华有过度饮酒等不好的习惯，最后陈金华患上肝病，医治无效去世。据说他死后欠账几百万元。他的弟弟陈金全比他理智，他死后可能由金全经营加工厂。[②]

---

① 引自云南大学聘请的村民日志记录员李绚金 2004 年 9 月 5 日所记日志。见董秀团主编：《石龙新语——剑川县沙溪镇石龙村白族村民日记》，中国社会科学出版社 2009 年版，第 130 页。

② 引自云南大学聘请的村民日志记录员李绚金 2009 年 9 月 30 日所记日志。

由于白族在石龙村是主体民族，在人口、生活水平等各方面均具有一定优势，因而在文化的层面，也会渗透和显露出此种心理上的优势。

据笔者所知和调查，旧社会石龙没有彝族居住，而羊岑、沙溪华丛山等地都有彝族，但他们山不高不住，住几年又搬走，毁林开荒，过着游牧生活，一般人脸也不太洗，饮食粗糙简单，例如煮吃羊肉血不熟就吃，有时羊肉没洗干净，风俗和本地白族有所不同。还有一点，据彝族杨二妹（男）说："哪个抢人凶，本领大，讨媳妇最容易，因为嫁女要考虑这个，抢人凶说明本领大。"这话不知是真是假，但还是让人们心理上形成一丝恐惧。中华人民共和国成立后，石龙先后迁移来不少彝族，石龙有三个社而彝族占一社，即是有三分之一的彝民。他们不仅会说白族话，在生活习惯等方面都有很大的进步，和白族都差不多。①

石龙小学

———————————

① 引自云南大学聘请的村民日志记录员李绚金 2007 年 1 月 28 日所记日志。

此种文化心理上的优越性，可能与村中白族的教育程度总体高于其他两族也有一定关系。从人口构成上来说，石龙的白族、彝族和傈僳族形成了递减的序列。从教育的程度上来说，也基本呈现出同样的趋向。在石龙小学读书的小学生中，白族最多，其次是彝族，最后是傈僳族。总体上，相较于白族，彝族、傈僳族学生的成绩要稍差一些，这可能与这些孩子长期住校生活，家长在学习上的监管较少有一定关系。

20世纪70年代，为了方便山上的孩子上学，曾经于1973年在彝族村民居住的地区建立了团结小学，有一年级至四年级，到五、六年级再下山到石龙小学读书。当时，由彝族村民罗文龙任教。罗文龙，男，文化程度为初中二年级。1973年团结小学组建的时候，共有5个学生，到1974年增加了2个学生，到1975年共有9个学生，到1978年有11个学生。罗文龙在团结小学教了五年的时间，到1978年，他当时的身份是民办教师，被劝退，发了190多元的补助。1978年后，学校停办了两年。后来，华丛山有一名公办教师叫马天桂，也是彝族，高中毕业，被调到了团结小学，在这里教了三年多的时间。马天桂教的时候有六七个学生。马天桂之后，1989年9月到1991年8月，石龙的村民李根繁(白族，现为民间歌手)上山代课，到1991年以后，由石龙村民张全德上山任教，一直教到2002年9月。由于1991年以来，只有张全德一位老师，到张全德2002年退休，因缺乏老师，加上生源少，团结小学停办，并入石龙小学。山上的10余个孩子只能到石龙小学住校读书，每个星期周末回家一次，带点柴、米、生活用品，自己在学校做饭。2006年白语班新教学楼投入使用后，基本解决了这个问题，白语班的外方负责人专门请了一位村民为彝族傈僳族的小学生做饭。这些年幼的孩子不用像以前一样下课还要自己烧火做饭了。最近几年，据说白语班外方已经没有再注入资金，但学校还是出资聘请了一个老妈妈给孩子们做饭，顺便进行一些管理工作。

石龙三组是彝族和傈僳族组成，分别散居在西南方山中，距离村委会最近的约3公里，最远的约25公里。他们原有一所小学，设一名教师，教一、二年级，但因上学不方便，多数适龄儿童不上学，学生只有8人，2002年教育部门根据上级文件精神，将学校拆除，归并入石龙小学。让他们住校上学，并安排给一定补助款，召集学生增加到30多人。①

我村小学住校学生有30人，是居住在山中的彝族和傈僳族，他们因自然条件限制而生活特别困难，为此，世界少数民族语文研究院东亚部的毕百灵和毕丽丝夫妇赞助学生生活费每月500元，并请1人给学生煮饭，工资由他们发，而且还买给每个学生行李1套。②

曾在团结小学任教的张全德老师认为，相比之下，彝族、傈僳族的家长不太重视教育，有的家长即使是上课时间，如果碰上家里有事也就让孩子去干活，比如去放牛、放羊，有时牛马不见了，也让孩子去找。再加上村民居住分散，家离学校较远，有的孩子去学校上学要走个把小时。有时候，已经到了放学的时间，学生才刚走到学校。今天这个来，明天那个来，老师也只能来了几个就教几个。有时，老师在那空守着学校，却没有学生来上学。这种时候，老师只能去家访，但效果也不大。有一次，有两个学生未来上课，张老师去追究，最后才知是其中一个学生帮另外那个学生家种洋芋去了。这种情况在彝族和傈僳族孩子到石龙小学住校读书后也仍然存在。本来就有老师觉得石龙村的家长对孩子的教育问题不够重视，在家庭的作业辅导等方面基本是缺失的。然而，跟三组的彝族、傈僳族比起来，白族村民对孩子的教育还是要显得更加重视一些。当然，彝族、傈僳族学生成绩普遍较差可能与语言、生活方面的不习惯也有一定关系，教师授课在低年级中会使用白语，但彝族、傈僳族的孩子也需要一定时间才能掌握白语。

---

① 引自云南大学聘请的村民日志记录员张瑞鹏2007年3月18日所记日志。
② 引自云南大学聘请的村民日志记录员张瑞鹏2005年9月22日所记日志。见董秀团主编：《石龙新语——剑川县沙溪镇石龙村白族村民日记》，中国社会科学出版社2009年版，第629页。

在教育的层面，孩子年纪较小需要管理，而出于文化差异，由谁来管理也就成了一个问题。

石龙小学有一位年近花甲的老妈，彝族，不识字。原来石龙小学由白、彝两个民族组成，以白族为主，彝族大约有包括学前班在内一年级至六年级学生 30 人左右。由政府和白语专家供给伙食、衣物行李，他们常住学校。由于语言习惯的差异，经常出现不良行为，例如打架吵架、纪律坏散、不讲卫生等。经几年的实践，学校觉得竹要篾扎，还是找一个彝族人来管理为佳，于是经筛选，决定由昌宏的老伴参加学校管理，当然主要是彝族的学生，工资每月 520 元，这就是编外教员的来历。[1]

石龙小学由白族（本村）为主体，另外还有傈僳族和彝族 3 个民族组成。石龙村 200 户白族居民，田野四周山上住有彝族 40—50 家（他们迁移不定，因而只能有个概数），傈僳 8 家。他们的子女到石龙小学读书，政府保障他们衣、食、住，有专人炊事。但他们白语、汉语很不懂，学习起来比较困难，特别是不好管理，最后决定请一个彝族老妈当助理，主要管理彝族学生的生活和学习。经一段时间的工作，她力所能及地管好学生，她任劳任怨，学生们都听她的话，几个民族和谐共处，受到村民的好评。但 2010 年伊始，石龙小学校长和彝族老妈争吵，最后校长炒了她的鱿鱼。很多村民认为还是要由彝族来管理，如果让不懂彝语的人来管理彝族小学生，特别是低年级学生，效果可疑。[2]

学校的彝族助教，她有时恶，学生不听她打他们骂他们，可是她注意他们的卫生，组织纪律、品德、生活即什么时候应吃饭，应休息，如伙食差她能和事务员办交涉。她恶得有道理，因而受人们的默

---

[1] 引自云南大学聘请的村民日志记录员李绚金 2008 年 6 月 17 日所记日志。

[2] 引自云南大学聘请的村民日志记录员李绚金 2010 年 3 月 6 日所记日志。

许和称赞，而校长和她吵架，最后开除，受到人们的批评，特别是彝族人强烈反对。提出如果这样他们将退出该校，或另找房子不住学校。①

石龙小学由石龙村（白族）、彝族、傈僳族三个民族组成，新中国成立以来都很团结友好。改革开放前他们没有自己的学校，21世纪开始政府把他们的学校合并到石龙小学，并对他们的住宿，伙食全包干。2010年前由一个彝族老妈住校管理彝族学生，这是什要篦扎，管理效果不错。②

小学生们同校读书同室共处，自然也就会建立起更为密切的关系。

昨天石龙小学六年级生张元栋，五年级生马继华二人打架。张元栋在前走，马继华在后走顺手打张元栋一拳，张元栋回头也给马继华打了一拳，正好打在鼻梁上，于是血流满面。马继华是彝族，小时上山放牧从树上掉下成残废，此次被打鼻出血，于是家长要求到县医院住院检查，经老师和医生的评论，鼻出血不是大病，小娃娃打架以和为好。于是马的父母也同意和解，最后"不打不相识"，他们二人交朋友，原是纠缠不清，但经调解最终一笑了之。③

说两个小学生成为民族团结的典型或许有些夸大了，但是，反过来讲，如果这样的矛盾没有处理好，确实是可能会引来两个民族之间更大的冲突和更为严重的民族问题。

由于总体上看三组村民对教育没有白族村民那么重视，这种情况的长期延续也就造成了三组高学历人员的缺乏。

三组村民沙四雄之子今年高考，被某二本学校录取。今日沙四雄为其儿子举办升学宴。30余名村民前往三组沙家做客。沙四雄之子乃是石龙三组彝族村民里自新中国成立以来的第一个大学生。三组村

---

① 引自云南大学聘请的村民日志记录员李绚金2010年3月12日所记日志。
② 引自云南大学聘请的村民日志记录员李绚金2010年11月22日所记日志。
③ 引自云南大学聘请的村民日志记录员李绚金2010年12月12日所记日志。

民历史以来对子女读书教育并不那么重视，就现在上学到初中以上的寥寥无几，多数仍然到四五年级就辍学娶妻或嫁人。①

而在白族村民中，考上大学早已经不是那么令人稀罕和羡慕的事了。最近几年，考上大中专的学生也越来越多，在一定程度上改变着长期以来石龙教育水平较低的状况。

当然，彝族、傈僳族村民人口基数原本就比白族少得多，加上居住地更为偏僻，教育资源也比白族村民要更加稀缺，教育条件和便利度都比白族村民要更加欠缺。所以，总体上呈现出上述的状况也是有许多客观缘由的。

从三个民族相互间的认知和评价来说，总体上，村民既对自己和他者的差别有着比较清晰的认识，同时也都能对对方的文化和习俗持尊重理解的态度。

村中的白族认为，总体上当地彝族、傈僳族要相对后进一些，但白族村民也表示，当地彝族、傈僳族的后进主要是由于交通造成。如果交通改善的话，他们也会有很大的发展。特别是彝族，是聪明、敢想敢干的民族。从民族性格来看，白族受汉文化影响较大，性格敦儒平和，待人诚朴而相对含蓄，故白族村民觉得彝族村民容易激动又情感外显，直爽热情，有时显得比较凶悍蛮干。有的村民还说，如果村中的白族与其他民族发生了纠纷，虽然自己心里可能会有什么看法，有点气，但不会出手帮忙村中的人，因为他们一般不过问自身以外的事情。可如果是彝族、傈僳族就不一样了，发生矛盾的话，他们可能会拿刀拿枪，比较喜欢用武力解决问题，打架之类也多发生。还有，彝族、傈僳族平时的性格很好，但似乎普遍更喜欢喝酒，喝多了有时就会闹事，人就会变得凶起来，和平常大不一样。有时发生磨擦，并没有大的矛盾，主要是由于喝酒而引起的争执。

我们也访问了前山的彝族村民。他们认为村里的白族还是比较好相处

---

① 引自云南大学聘请的村民日志记录员张吉昌 2017 年 8 月 5 日所记日志。

的，但在石龙村，白族人多，处于强势，彝族人少，处于弱势。同时，他们也认为，彝族比起白族要更团结。在性格上，他们也认同彝族比白族要凶悍一些。彝族人认为村里白族人最勤快，其次是彝族，再次是傈僳族。认为由于当地的傈僳族比较懒惰，他们的经济生活也显得更为困难一些。

当然，不论是彝族、傈僳族还是白族，都处于不断变迁的过程当中。大家都在接受着新的理念，适应着现代化的生活方式，生活、医疗、文化等方面也在不断的进步。

> 今天中午三组彝族罗××和陆××领着小孩到卫生所打预防针。三组的群众自觉接受给孩子们打预防针也是石龙医疗事业发展的一大转变。5 年前的三组群众让他们给孩子接种预防针那比登天还难，他们推脱的理由是怕孩子打针疼，人要是生病预防针也没用等等。但是经过这几年乡村医生们的宣传、动员，他们已逐渐在自觉的接受，但是还有少部分人还是在刚转变的起步点。①

随着时代的发展，这种原本因地理或经济上的优势带来的自信可能反而会成为一种弱势。白族村民认为，彝族和傈僳族的生活环境、生产方式的某些特点在现阶段反而体现出更多的优势。

> 村民们的身体健康，那个年代虽然贫穷，但是像癌症病也很少见，当然与医学的发展也有很大关系。自从使用了农药化肥，各种癌症病人都有，发病率明显上升（这个没有科学依据，但以我村彝族傈僳族与白族对比，彝族、傈僳族的生活相对比白族单纯些，因此他们的癌症发病率就大大低于白族），所以原生态与现代生活粗看也是天壤之别。②

以上不论是白族村民眼中的彝族、傈僳族，还是彝族眼中的其他两个民族，都是在相互的交往中基于自身体验和感性印象而做出的简单评判。

---

① 引自云南大学聘请的村民日志记录员张吉昌 2013 年 6 月 6 日所记日志。

② 引自云南大学聘请的村民日志记录员张吉昌 2014 年 2 月 22 日所记日志。

这样的评价具有个人色彩，或许也不能代表整体，却让我们看到了石龙村多民族共居格局下人群之间的互动。由于都是生活于同一个地区，石龙村的三个民族之间总体上是认同大于区分的。村里人普遍认为白族、汉族、彝族、傈僳族等各个民族其实没有多大区别，大家都是一样的，所有民族都是平等的。就石龙村而言，各民族彼此之间没有高下之分，都是一个地方生长起来的人。这就体现出一种包容性来，也可说是质朴的民族个性在族群认同上的一种表现。

在石龙村内部，存在不同民族的分别，但石龙作为一个整体的时候，不论是白族还是彝族和傈僳族，其实都一样要面对外部的世界和变迁的环境，在村民的心目中，其实也存在着"我们石龙"的观念，毕竟石龙是所有石龙人的石龙，不是哪个民族或是哪些个人的石龙。

第五章 我之为我：石龙村民
生活世界的一种呈现

在本章中笔者所要思考和分析的问题，基于前面几章中以不同侧面对石龙村民俗生活的呈现及显影。在这些民俗场景、意义观念逐渐呈现的过程中，到底石龙村民的生活世界是一幅怎样的图景？此种生活世界中所蕴含的生活逻辑和生命哲学又是什么？石龙村民的生活世界之于石龙村这一现实中存在和不断被建构的共同体的意义何在？归根结底，此种生活世界与石龙村民的"我之为我"之间是一种什么样的关系？

我认为，石龙村民"我之为我"的区分和认同，正是建立在其生活世界显影的过程和结果当中的。

对这个问题的讨论似乎又要从两个层面展开。一是石龙是否是"这一个"而非"那一个"？二是如果石龙是"这一个"，那么其"我之为我"的特质是如何建构和呈现的？哪些因素和特质成就了石龙的"我之为我"？

一、石龙村是否是"这一个"?

从理论上说，任何个体都是独一无二的"这一个"，那么一个村寨自然也是如此，生活在其中的俗民个体的差异以及由独一无二的个体所组成的群体自然也是独特和不可复制的。在这个意义上，石龙确实是"这一个"而非"那一个"。以往的个案研究比较注重个案的代表性，随着质性研究的日益深入，人们似乎更为关注每一个个案自身的独特质素，也就是说，个案作为"这一个"的特性同样具有深入研究挖掘的价值，在它的身上，我们可能会看到与别的个案类似的质素，但是这已不是一种必然的要求。对于石龙村来说，我们自然也是从内外交织的格局中去观照此研究对象的，在其身上，既可看到少数民族、山区、白族文化等基本共性，同时，作为不可复制的"这一个"，石龙村的身上必然也有着自己独有的那些因素。

那么，石龙村作为"这一个"，其构成因素或者显现特质中有哪些是必须要提及的呢？

（一）具有相对独立和内倾的生活空间和民俗系统

初到石龙的人，总会产生一种感觉，仿佛自己到了一个世外桃源。要想到石龙，必须先要穿过石宝山蜿蜒盘旋的山中公路，在充分领略了石宝山峡谷的美景之后，会因不间断的山谷穿行产生一种很快就要晕车的感觉，而此时，在眼前却呈现出一片别有洞天的景色来。眼前的小盆地在群山的环抱中显得那么秀美，而坐落于盆地中的村庄则显得格外静谧。作为外来者的我，被一种无形之力吸引，这种巨大的力量吸引着我以毫无保留的姿态投入这山村的怀抱。这个时候，可以暂时忘却原有的那些繁忙纷扰。其实，每次到石龙进行田野调查，我们的日程总是排得满之又满，从自然物理的时间角度而言，并没有太多歇息的时间。但是，从心理文化时间的角度来说，到了这里，却每每体会到那种时间似乎静止凝滞的感觉，好像已经置身于另一套的时间系统，更换了时间的运行轨道，外界的那一切已经与我无关。我只需去参与、感受和体味山村的一切人和事，以尽可能"主位"的角度去"融入"。正因如此，所以每次从石龙出来到了沙溪或是县城的时候，一种又回到了繁忙喧闹的俗世间的感觉便会在心头油然而生。

自然地理的相对封闭带来了相对独立的生活空间，在这样的环境中相对容易保有自我传统，虽然不可能完全与世隔绝，但是其民俗文化系统却更加能够在惯性逻辑的支持和制约下发挥作用，其民俗文化的系统因而也更具有内倾性，以处理民俗文化系统内部因素的关系从而构建系统自身的良性循环为主要使命。

石龙的很多具体民俗事象都体现了这一点。比如通婚范围和社会交往方面，传统观念中石龙村民都是倾向于在村内缔结婚姻，特别是非常愿意"亲上加亲"，由于资源的有限，所以村民会比较得意地说："以前我们村的人，有本事的都在村内找，是那些特别没本事在村里没办法找到对象的才会想办法去外面找。"或许这确实是以往石龙社会中资源分配时个体占据优势的一种突出表现，因为资源有限，先占用了资源的自然是那些绝对的强者。但这种局面的形成，也恰恰反映了石龙村以内部消化为主要方式来解决存在问题的传统惯习。

再比如口头传统方面。我们知道石龙村有深厚的口头传统，白族调、本子曲、乡戏表演、口述故事等都是这些口头传统资源的组成部分。在这里，各种各样的文艺活动仍然与村民们的生活连为一体，以更为"日常"的方式上演于村落生活当中。唱白族调，跳霸王鞭，奏洞经古乐，演乡土戏剧，凡此种种，都体现了石龙村浓厚的传统文化积淀和氛围。那么，为何在这么一个山村里，能保有如此丰富的口头传统？这自然也与其生活空间的相对闭合以及民俗文化的自运行不无关系。以白族调为例，为什么石龙人格外喜欢唱白族调，为什么这里流传着丰富的白族调？笔者认为生活圈子交往相对有限，人们在这样一种半封闭的文化系统中需要自我的调节机制，而对歌唱曲就不失为一种调节的方式。再比如口述故事，或者说讲故事的问题。在传统的乡土生活语境中，讲故事是一种常见的交流方式。西南很多少数民族特别是氐羌系统的族群，过去家中多有火塘，这火塘便是讲故事的一个独特场域，围坐在火塘边听老人讲故事成为很多人难忘的童年记忆。但是，20世纪80年代以来，几乎所有的少数民族地区也和汉族的很多地方一样，进入了经济社会发展的新时期，现代化、全球化的浪潮和生活方式的改变使得民族文化中民间文学的生存语境发生了巨大变化，民间故事的演述活动逐渐减少，村寨当中自发、自然的讲述场景难得一见。如果不是在田野调查和学术历程中邂逅了石龙村，或许笔者的头脑中仍然是"现在白族民间村落中已经没有几个人能讲故事了"的成见，但这个看法在与石龙村的一次次深度接触中逐渐得到改变，通过数次调查，我们在石龙村收集到的民间故事不论从数量上还是从内容上都远远超出了原有的想象。从 2004 年至今，我和团队成员总共在石龙村向 43 位村民采录到了 290 多则民间故事，石龙村民张明玉，一人便为我们讲述了 71 则之多。或许这个数字从绝对数目上说并不算多，但是，在民间故事等口头文学逐渐式微的今天，从相对意义上来讲，我仍为之感到震撼。笔者也相信，我们已经搜集到的民间故事绝对还不能代表石龙民间故事的全貌，因而也就更为这一富矿的存在感到惊叹。在我看来，石龙村民间故事的相对完好保存与前述石龙村的地理区位环境以及文化传承的内倾性不无关系。石龙与外界联通的唯一一条公路也要经过石宝山再延伸出去。如果翻越周边的高山，也可联通其他村落和坝子，但总体而言，群山成为天然的分隔屏障。石龙附近没有其他村落，离石龙村最近的明涧哨也有约 4 公里的距离。加上由于地处山区，外界传媒和现代信息传播方式对这里的影响存在"减速"现象，所以当地的传统文化氛围长期得到较好保留。正是在这样的环境和氛围中，石龙村的民间故事也得到了较好的传承，不仅故事的数量多，而且故事的题材、内容较为丰富。

除此之外，不论婚丧嫁娶还是节日系统，石龙村都以自己的方式按部就班地运行。没有太过急速地变化，也没有明显的焦躁和不安，一切似乎都有既定的章法，不疾不徐，缓缓而行。

所以，当我每一次到石龙的时候，总是能够在她的缓慢里体味到属于石龙自己的那份节奏，在她偏于内倾的文化系统中探寻到更多的未知。这不也是石龙作为"这一个"和成为"这一个"的特质之一吗？

（二）在生死旋律中谱写现实与理想结合的乐章

石龙村的民俗系统内蕴着对生与死的高度关注，能够在生与死的旋律中谱写出现实人生与理想情景相结合的乐章。

生死是每一个生命个体都需要面临的大关。群体的民俗生活链条中，生死循环所谱写的旋律也是最为重要的环节。对于所有的民族和民俗文化系统而言，都会对生死问题倾注巨大的关心。石龙当然也是如此。但笔者想要强调的是，石龙村民对于生死旋律的谱写中，体现了既立足现实人生但又在某种程度上超越现实生活苦难而充满理想祈盼之特点。

第一方面，对生与死的高度重视，生死观与民俗系统密切结合，生死问题和相关文化成为民俗系统中最显眼的部分之一。

石龙村民对生与死的高度重视，体现为相应的禁忌和规约特别多。如果不是特别重视，就不会倾注如此巨大的关心，禁忌之所以出现，自然也是重视的一种表现形式。

先看生的方面。

过去，石龙村对于婴儿诞生及相关问题的信仰及规定是较为复杂的，从孕妇和产妇的言行举止到婴儿出生后的活动和内容都有特殊的规定。女性怀孕以后，一般不做重活，不可有剧烈的身体运动，手不能往上伸，不能从高处往下跳，这些都是为了不惊动胎气。孕妇只能做适当的家务，平时还要多吃鸡蛋之类有营养的食品。怀孕期间若家中有亲人去世要戴孝，孝帽、孝鞋、孝衣都可穿，但不能在肚子上系孝带。村中要是新修了路桥，孕妇不能在修通之后第一个通过，要等有人过了以后才可以过。孕妇不可以跨过牵马的绳索。孕妇不能出现在接亲队伍前，不能进洞房，到办喜事的人家家中不能摸新东西。孕妇不能出现在开秧门那天去插秧的人面前。怀孕期间，孕妇不能吃狗肉。生孩子的时候，男性不能进产房，外人不可以进家。生产时产生的污物、污水，一定要倒到猪圈中，然后用粪草埋起来。孩子出生后，要让其喝点茶，或是吃点蜂蜜，此举是希望孩子以后肠胃好、身体健康。孩子出生后，从外面进来的第一个客人，称为"客头"，无论"客头"是男女老少，主人家都要请之吃一碗元宵（或是汤圆）和一个鸡蛋。由于民间认为婴儿今后的脾气秉性和能力成就可能都会与"客头"相仿，所以比较忌讳乞丐、残障等人士误入成为"客头"。怀孕的妇女不能来乳汁已分泌的婴母旁边，若婴母乳汁还未分泌，则可以来，这是为了防止孕妇和腹中胎儿抢走婴母的乳汁。产妇月子期间不能吃葱、姜、蒜一类的东西，主要是满月时要去本主庙，忌这类东西。产妇出房门要戴斗笠。产妇月子期间不能洗脚和身子，以前产妇月子期间还不能换衣服、鞋子。产妇母子月子中的衣物行李由姐妹、姑嫂等最亲的同辈女性来清洗，据说从此家中就比以前干净。孩子落地后，满月之前不穿衣服，仅用抱被裹着。婴儿满月之日，要给其穿上一套新衣服，为其理发剃去胎毛，村民认为此举是为了让孩子干净一些，再戴顶帽子。然后，家人要备上猪脑壳等荤素供品去本主庙供神，敬奉本主和子孙娘娘。既是向本主汇报新添人口，也是祈求本主能够保佑婴孩健康平安成长。每年春节大年初五本主会那天，本主庙里有热闹的乡戏表演和念经拜佛活动，而从去年春节至今年春节期间有婴儿降生的家庭，都要在那天带着烟、糖果、瓜子、红糖水、饮料、酒等到本主庙给现场的所有人品尝。到当年的六月二十五火把节的时候，去年火把节至今出生了婴儿的人家，要负责参与火把节承头的事宜，组织竖火把的所有事情。晚上点火把的时候，还要在竖火把的地方传烟敬酒。孩子满月时，请奶娘、接生婆、亲戚朋友过来吃顿饭。亲戚们一般会送来十个以上的鸡蛋，一套衣服，五斤大米，猪脚、猪骨等贺礼。当亲戚们来到家里时，主人要在接礼后，首先招待一碗饵丝或面条，而后再请亲戚们入席吃八大碗。满月这天当晚应由在座长者为婴儿取名字。有的小孩长大后，若是身体不太好，就去认一门干亲，另取一个名字，这叫"借名"。对于婴儿降临的生之礼俗，李绚金的日志中记录比较详尽。

　　婴儿降生后当即煮一锅荷包蛋米酒和糖汤圆，先敬祖宗，然后分送家中和族中亲朋好友的长辈，称为"送汤圆"。产后在大门上挂一个甑底，插上一双筷子，上挂一小瓶，有的在产房门外张贴符咒，再插上一枝"中桃刺"用来避邪，满月后连同月中所吃的所有蛋壳（一个不落）丢到大门外。产后第一个进门者称"客头"，据传婴儿的性格和智慧都和客头相似，因而主人要好好接待客头，如传烟递酒，敬吃汤圆等，客头也会说一些吉利话，如长命富贵、有福有寿、长大考大学等。婴儿穿的第一件衣称狗皮衣，寓意婴儿像狗一样易养大。

产妇坐月子期间，娘家和亲戚朋友都要送"祝生礼"，有的叫送"宗米"。娘家送前猪腿2只，大米10斤，糯米粉1盆，宝宝服2套，抱被1床，盖头1幅，披风1块。亲戚送大米1盆、猪腿或三叉骨1架，宝宝服、花布、毛线、娃娃架等，疏一些的亲朋则送鸡蛋10～20个，大米1盆。产妇家则以汤圆和八大碗招待。石龙送祝生礼，日期不定在一日，今天张家送，明天李家送，一直延伸至满月。这样做，产妇家很麻烦，但有一大好处，即产妇每天每顿都能吃到新鲜的猪腿等物，产妇家不必为产妇的营养奔忙。

婴儿满月那天，给婴儿剃头洗澡，产妇也把衣物被褥等请姑妇姐妹全部清洗，这样之后，产妇和婴儿可以到产房外活动，到此，产期很多禁忌都告解除。月满这天，产妇家备三牲酒礼、香火纸烛，到本主庙"告旺马神"，向本主报喜，祈求本主护佑婴儿健康成长，日后成才。晚上备三五桌酒席，供请亲戚朋友、客头、奶妈等吃饭，称"满月客"。婴儿满月后可到村里农家休闲，凡到一家，这家须送一碗米和一个鸡蛋给婴儿。

婴儿出生后，在请"满月客"时，一般由家族长者或有知识的人取名，方式有祖孙连名，有出生时以同堂代数命名，有以梦兆命名，降生地命名，有以花木命名，或以体重、排行、派字、贱物命名，有的以时代特征命名。以贱物命名的，如张匡弟，男，35岁，在家务农，"匡"白语意即狗，称匡弟无别名。以出生地命名的，如姜路宝，男，56 岁，现务农，因在路上生。张路福，女，50 岁，务农，因在路上生。姜剑忠，男，17 岁，务农，因在剑川生。另外，如剑鹏、昆生则是因在剑川、昆明出生。以树木命名的，如李梅花，女，52 岁，务农；张绣花，女，32 岁，教师；香菊，女，15 岁，务农；花兰，女，14 岁，读初一。以叔伯同辈连名，如李绚金有四个儿子，大儿张四德儿名益中，二儿四全儿名益民，三儿四春儿名益华，四儿四聪儿名益敏。

婴儿父母在春节本主会(初一至初五) 的初五日，备烟 1～2 条，酒和茶（苦、甜两种）、糖果瓜子等到会敬给人们，因是会期人员众多，非常热闹。火把节时，婴儿的父亲负责竖火把，当然每年都有好几个婴儿出世，在石龙只竖两棵火把，都是由婴儿父亲们联合起来竖。在火把边，婴儿父母备烟、酒、糖果、瓜子、泡豆等分敬给全体人。第二天早上，婴儿父亲们带着烟酒到 60 岁以上的村民家中敬烟敬酒，老人们说些吉利话，如清吉平安、长大成才等。至此，出生礼仪才告结束。①

在石龙，死的礼俗方面，也同样存在一系列的规程和仪式，甚至在某种程度上说还需更为严格地遵循，具有更突出的稳定性，很少发生变化。

石龙传统丧葬仪礼中，追求"寿终正寝"，忌讳病人死在楼上。当病人垂危时，就要将病人搬到中堂内。病人弥留之际，咽气之前，亲人要为其"接气"。所谓"接气"，就是准备下七粒米，一些糖和盐，一点银子，用冥纸包好放在他的舌下。用意是死了也不让死者饿着肚子，以前的说法是"忌讳空腹见阎王"。"接气"当然也有生命之气在后代中续接下去、代代相沿的含义。

人一死，就要为其沐浴更衣，清洁身体。若亡者为男性，要为其剃

---

① 引自云南大学聘请的村民日志记录员李绚金 2004 年 9 月 29 日所记日志。见董秀团主编：《石龙新语——剑川县沙溪镇石龙村白族村民日记》，中国社会科学出版社 2009 年版，第 145—146 页。

头，为死者剃头需由已婚的人来完成，以示死者清清白白，否则阎王就不接收。若逝者蓄有胡须的话，胡须是不能刮去的，因为那是高寿的象征。若亡者为女性，为其梳发。除此以外，全身都要清洗干净。就连指甲也要剪去，而且每只手、每只脚剪下来的指甲都要用冥纸包好，不同的手、脚要分开来包，包成四包，不能混乱，不然死者投胎时手脚就会有问题。

身体洗净后，就要给死者穿寿衣，数量上不低于五件，因为害怕到了阴间会有鬼来抢其衣物。而且在每件衣服的衣角上都要用香烧个洞，证明衣服是死者自己穿破的。穿了两件衣服后一定要穿一件红色的衣服，这也有说法：红色的衣服代表的是死者的皮肤，当他在阴间被剥去红色衣服之上的衣服时，一看到红色衣服就证明他已经脱光。衣服穿好之后，尸体放入棺材之前，家人要给死者吃在阳间的最后一顿饭。吃的菜有四盘，分别是猪肝、猪骨、肥肉、鱼，要让小儿子和大儿子跪着，用左手使柳枝做成的筷子夹起各类菜肴放在死者嘴边，表示让其吃饱了再走。然后就是入棺，要保证死人睡在棺材的正中间。将修剪下的手脚指甲四包分左右按位置放入棺中。装棺时，忌有金属物品，铁纽扣、金、银等都要取走，毛制料的衣服、帽子、裤子等也不能放进棺内。为了防止死者尸体在里面晃动，还要在棺材里塞进死者生前穿过的衣服。盖棺要由家族里比较老的人来盖，盖棺者一边钉棺材一边还要向前来接死者的黑白无常求情，替亡者说好话。若为女性死者，要等"丧主"即娘家人过来为其装棺。

死者辞世后，家人要到沙溪甸头村请地师即风水先生为发丧"瞧日子"，发丧的日子定好以后，家里就会请洞经会的人来吃斋饭，同时做三天会。目的是为死者赎罪，子女们向死者念报恩经。洞经会法事的法坛设在楼上。牌位上写"太乙寻声救苦天尊青玄九阳上帝"，供在中间，前摆香炉灯蜡、甘蓝一盘、斋饭一碗、干果水果四盘，中间放一张八仙桌，古乐队分坐两边。鼓响三通，由会长张灿兴宣读"荐拔开坛文"，尔后开始坛经，内容是《太乙经》，为亡者忏悔，祈求超升净界。

在出丧前一天的下午，要举行"悬白"仪式。

悬白是把孝幡等悬挂起，在法师的指导下，孝子跪一群，孝女跪一群，在巷口安放桌椅，上放洗脸用具，如脸盆毛巾等，在法师念经后，由师爷喊口令，在法师指导下，用梳子毛巾表示洗漱，这叫做悬白。①

在当天日落以前，孝子们要去路上招魂，把死者的魂招到祖宗那里。这天的晚饭叫作"炊祖宗饭"，八大碗做好后，孝子要跪在死人前用左手喂死者吃饭。接下来的时间就是守夜，死者的儿女们在灵堂下守着死者。在死者死去的七天内，儿女们吃饭不能在桌子上吃，坐不能坐板凳，也不能睡在床上，否则就是没有规矩。石龙民间认为，人死了三天以内是要回来的，所以要准备好他喜欢吃的饭菜，家人也要等待他的归来。死者的床，在100天以内也是不动的，还要整理干净让他回来睡。

招魂回来之后，当天晚上，举行"堂祭"仪式。念完佛经后，要请本村三名有知识有文化的人写三篇祭文祭奠死者，祭文内容主要赞颂死者的优良品德和一生功劳，祭文可通过朗诵或吟唱的方式让生者聆听。

堂祭分为内外中三堂，在灵前安放桌子隔开内外，在内堂抬一桌八大碗由孝子用左手拿筷子，在每碗菜上夹一点，表示给死者吃，而且在每堂都请一先生写一篇祭文，当面宣读，石龙一般请姜伍发、李根繁二人作文。堂祭实际是读祭文，充满文化气氛。②

发丧的当天，洞经会、念佛会的人会来给死者念经，以求神让死者在阴间走得一帆风顺。发丧时，孝子孝女穿白布衣服，腰间扎细绳（石龙村将其称为"孝带"，用麻皮编制而成），孝女头发上还要扎一根这种细绳。孝孙也是身穿白布衣服，但三代孝孙头上是戴白布孝帽一顶，四代孝孙头上是戴红布孝帽一顶（戴红帽即表示死者是四代同堂，高寿离世）。时辰到了以后，发丧队伍就出发前往墓地。发丧队伍主要由死者的亲人、亲戚

---

① 引自云南大学聘请的村民日志记录员李绚金 2013 年 2 月 9 日所记日志。
② 引自云南大学聘请的村民日志记录员李绚金 2013 年 2 月 9 日所记日志。

和朋友组成。队伍排列顺序为，孝女走在最前，孝子走在后，八人抬棺走在后，最后是亲戚朋友。棺材上要放置花纸扎的冥轿一顶，纸扎的引路童男童女一对。冥轿一般是自己做，以前还要扎白马一匹。一名男性亲戚要手持一棵纸扎的钱树，孝子手持孝杖，孝杖用竹子制作，外包白纸。孝孙（男性）手抬一个引路幡。一路上要撒纸钱，遇到桥还要多撒。孝子还要在桥上磕头，喊三遍死者的名字，然后才能接着走，因为传说死人自己是过不了桥的，所以需要引导。当队伍走到宽敞的地方的时候，女人就要提前返回了。此时，子女们要跪成一条直线，让棺材从他们的身上抬过去。然后，喊着死者的名字，逆时针转三圈，意为告诉死者："你过了一世，即将离开阳世，这三圈转完后，你就上路去阴间了。"之后就是入土。入土的时间是由地师来算的，一般集中在下午四五点钟。入土前，死者的一个亲生儿子要在墓坑前倒着行走几步，然后背对墓坑蹲下，抓起一把黄土撒进墓坑，这一行为称作"引土"。如死者没有儿子，则由招赘在家的女婿来行此礼仪。入土时，与死者属相相冲的亲人要回避，除了将棺木缓缓放入墓坑之外，还要在墓坑中埋上风水罐一瓶（里面装清水）、五子五香一瓶（主要装一些中药材，"子"指儿子，"香"指女儿，在石龙村人看来，此举主要为图吉利，即希望后代要兴旺，香火不断）。入土后，亲人即离开墓地返回家中。

入土后的第二天，死者的家人要在早上带着鱼肉去新坟前祭拜。这样的祭拜活动要连续进行三天。以后的一个星期，家人要带着香、灯、蜡烛去本主庙，呼喊死者姓名，请城隍本主为死者托生。以后的二十一天和一百天时，也要去本主庙做同样的事情。家里的儿媳妇在亡者入土后的七天里，每天都要去坟前看一下，因为以前人们认为七天内人并没有死，只是休克了而已。所以七天之内如果亡者叫喊起来，还可以将他挖出来。孝子孝女守孝三年，三年之中，过年时家里不能贴红对子和门神，死者去世当年还要贴白对联。死者去世三周年这天，所有戴孝的亲人都要去墓地，把孝服烧掉，称为"脱孝"，表示孝期已满。

若为非正常死亡，部分程序有变动。在石龙村，死者的年龄要在四十岁以上，家人才能为其做法事，而死者若无子女，引路幡、轿子、钱树、孝杖等物品都不能使用。此外，若是发生意外死在家外的，不能将其抬回来，只能在外搭建棚子设灵堂，所有的程序都只能在外面完成。当然，丧宴可以设在家中。

不论是诞生还是死亡的禁忌和规约，至今依然是石龙村民俗文化系统和民俗生活的重要组成部分，绝大多数内容在村民中仍然得到有效传承，体现了村民对生死问题的看重。特别是丧葬方面的仪礼民俗，因对死亡的重视以及丧礼作为悼念亡者之外一种"给人看"的集体行为操演，社群仪礼的内在规范性让绝大多数的村民不会去改变或者僭越传统。

第二方面，生死观和相关习俗中体现的立足现实与理想情怀的统一。

从前面所述可以看到，石龙村的诞生和丧葬相关习俗中，有很多是立足现实需求和实际状况做出调适的结果。诞生礼仪中非常典型的便是送宗米习俗。以前，石龙的宗米客，并不固定在同一天，亲戚朋友可以在小孩出生后的一月内选择不同的时间到新生儿家中送宗米，因为送的是新鲜的猪肉、排骨之类，如果同一天送去，产妇一时吃不完又不易保存，而选择不同的时间去送，则在最大程度上保证产妇在这个月中经常性地吃到新鲜肉类，又不造成浪费，为新生儿家庭分担了经济负担。随着社会发展，人们认为不同时间送，要经常性地招待来客也有不便之处，于是有的就定在同一天送宗米，这样，如果每家每户各自再送肉类吃食，必然出现扎堆浪费现象，因而村民也就与时俱进，将送肉类改成了送钱。如此一来，就灵活方便得多，让新生儿家庭自己去掌握吃食的购买，还可以集中在一天招待来者。这一习俗的存在和变化，自然也都是立足于现实生活需求的。

> 张益民的儿子出生在本月，今天他家请宗米客，据统计送宗米的有85家（包括明涧哨5家）。今天（男女即夫妻的亲属帮忙烧饭）早饭后由张益民的叔伯兄妹帮助端汤圆（大凡送宗米的户都先敬一碗汤圆），85大碗汤圆，分散端到全村，其实是一负担。张益民利用他的

堂兄妹读初中的几个人，因而特选星期六，利用三名初中生端汤圆，还有四娘四娟、三娘四卓等特别加强晚饭菜蔬的烹制，热烈欢迎亲朋们光临。送宗米过去石龙的风俗，亲戚有的送猪脚有的送三叉骨，而这些礼品没有固定的时间。有的早上送，有的晚上送，孕妇可以全月随时都可吃到新鲜猪肉，不足的是，今天来几个，明天来几个主人忙得不可开交，而现成为一天送，那鲜肉数量太多，一下吃不完，冬天好说，夏天就成问题，现在改为送现款，30 元起。30 元、40 元、50 元、100 元由主人任意安排给孕妇吃。产妇可以天天顿顿都吃到新鲜肉。①

在"客头"习俗中，既有现实的基点，又怀着美好的期望，一方面相信现实中出现的第一位客人其秉性行为会影响到婴儿，另一方面，为了让婴儿能够成长得更好，有的可能会有意识地邀请和安排自己中意的人选充当客头。给婴儿穿的第一件衣服被称为"狗皮衣"，似乎也有异曲同工之处。一方面是观察到现实中狗具有易于生养的特点和顽强的生命力，另一方面同样是对婴儿成长过程中规避风险的一种考虑和期待。

在丧葬习俗中也是如此，常常是现实和理想双重映射的结果。给死者"接气"，向死者敬献在阳间的最后一餐饭，出殡前的悬白堂祭，出殡过程中孝子孝女搭桥铺路，概莫能外。以堂祭来说，既兼顾死者生平和经历，又要缅怀过去、展望未来，对死者一生中的成就等进行概括。当然也不乏对死者的优点或成就的一种放大或者稍微的夸张。在丧葬仪礼中，充满了一种生死相依相续的思想，丧礼既勾连着现实过往，也触伸向未来和他界。

从某种意义上说，生与死是不同的，但生与死又是相连相依和具有相似性的。就像仪式理论中的"阈限"那样，生与死都是一道阀门，连接着不同的人生阶段和生命历程。正因如此，生和死就具有了一种共性，它们都是既联系现实又超越现实和指向理想层面的。这样的连接，让生与死的问题之间远不是横亘鸿沟，相反，在人的生命体验中融入了一种绵延续接的力量。

---

① 引自云南大学聘请的村民日志记录员李绚金 2012 年 11 月 10 日所记日志。

（三）在人神共居中构筑和谐的信仰世界

和大部分白族地区的情况相似，石龙村的民间信仰亦呈现出一种多元共生的景象。在石龙，我们不但可以看到白族特有的本土信仰形式，同时也可以感受到外来的宗教信仰在这里产生的重大影响。不仅如此，原始宗教信仰的痕迹在这里也能清晰可见，这些不同的宗教信仰形式之间不但不互相排斥，而且还能相互吸收融合，共同构筑了一套石龙村所特有的民间信仰体系。村民们信仰的是一种融儒、道、佛和本土宗教本主信仰以及原始崇拜为一体的混合信仰形态。

在这里，人神共居成为特质鲜明的信仰图景，进而又形成了多元和谐的精神世界。一个并不算太大的村寨中，宗教活动场所的丰富性却在这里尽展无遗。村中主要宗教活动场所就有本主庙、观音寺、关圣宫、山神土地庙等。这是真正意义上人神共居的一幅图景。如果将眼界稍微扩大，那么周围石宝山上的诸多寺庙也是石龙村大的信仰场域的组成部分，如此看来，这个村寨自身本就是一个人神共居的和谐世界。

人神共居和信仰和谐还体现于不同的宗教信仰形式在这里都能被整合于本主崇拜的旗帜下，虽然并不能说将其他的信仰归属于本主崇拜，但

本主会时祭本主的供品

是，信仰的各种具体活动和场景却完全可以在本主庙或对本主的信仰中得到较大的统一。在一年的宗教活动中，大年初五本主会是比较隆重的。石龙人认为本主大黑天神爱听戏，于是，在每年农历正月初二到初六，村民都在本主庙的戏台上演出乡戏

为本主贺寿。初五这天，村民家家户户备好供品到本主庙中祭拜本主。在春节期间的乡戏表演中，洞经会的师傅同时也是乡戏的戏老师，洞经会中的成员很多是乡戏的伴奏人员，而在戏台上紧锣密鼓进行乡戏演出的同时，念佛会不时在本主庙中念经拜佛，村民也不断端着供品进出本主庙祭拜本主，这一幕幕，会让人产生时空交错的感觉，所有不同的信仰，在这里达到了最大程度的和谐，在本主庙中上演着多元信仰共同谱写的和谐乐章。

从本主崇拜这一颇具白族特色的信仰身上，也可看出人神共居和谐引领下所构筑起来的民俗文化体系。置身于村中本主庙内的本主，可以说要为村民的大事小事操着心，每一个村民个体都是本主的子民，本主又焉能高高在上、置身事外？所以，白族的本主是最具烟火气息、最有世俗生活色彩的神灵。

前面已经叙述了石龙村本主大黑天神的故事，故事中的大黑天神本主毅然决然吞下瘟疫毒药拯救人类的原因很简单，就是认识到了人间的百姓其实是善良的，而得知这一点也很简单，就是这个妇女对待丈夫前妻所生的孩子比自己的亲生孩子还要好。这个故事中体现的是一些世俗生活的情景，但是这恰恰是大黑天神本主拯救百姓的前提，如此看来，大黑天神并不是在多么激烈的冲突中展开自己英雄救民的行为，而是以一种更为隐忍却又接地气的方式在展示自己英雄的一面。这一点，或许结合大黑天神神祇形象来源加以考虑就会更加明了。根据傅光宇等学者的研究，大黑天神吞瘟丹情节来源于印度，在印度神话中，诸天神与恶神搅乱海时搅出一团足以毁灭三界的剧毒，湿婆在此危急之际毅然吞下毒液，其颈项被剧毒烧成青黑色，故有"青项"之名。[1] 古印度神话中，湿婆将众神搅乳海产生的剧毒吞下的行为具有强烈的震撼力，因为这发生于俯瞰一切的众神争夺宇宙世界掌控之权这一重大事件的背景下，自然而然地该行为已经被赋予

---

① 傅光宇：《云南民族文学与东南亚》，云南大学出版社1999年版，第145页。

了最神圣和崇高的价值意义。相较之下，大黑天神吞瘟丹的行为虽然也是为了拯救人间黎民百姓，但事件发生的契机却显得十分的世俗化和烟火气，这让大黑天神的拯救行为多了几分温情少了几分悲壮。在村民的心目中，或许从来都不是将本主视为高不可攀让人仰视的存在，而是就如生活在身边的一个保护者而已。所以，本主的家也就是本主庙常常和村中的民居毗邻而建，有的本主庙置于村寨中央身处民居的包围之中，本主庙的外观、体量、规模也通常和民居相似。正因如此，村民大事小事都到本主庙向大黑天神祷告的行为显得那么自然而然，有什么问题都去跟本主说吧。笔者在石龙调查以及翻阅村民日志的时候，发现村中有一个现象，只要村民做了不好的梦，或是夜里听见奇怪的声音之类，都会跑到本主庙中祭拜，初时我总觉得石龙村民到本主庙祭拜的频率太高，有时会觉得那么小的事情怎么也要想到去找本主？但是现在想来，这正是石龙村民内心深处最大程度地依赖本主的一种表现。

最大程度地信仰和依赖本主，但石龙村民的信仰体系不仅仅只有本主的一元存在。甚至在本主庙中，除了供奉大黑天神，还供奉着牛神、猪神、白马将军、田公地母、子孙娘娘、文武判官、财神等神灵，这不也是以本主崇拜为核心的信仰体系多元和谐共存的一种表现吗？

从信仰场所、仪式活动、信仰组织等各个方面来说，都可看到石龙村民信仰世界的多元共存图景，这幅图景丰富多彩，却又和谐共容。石龙的信仰包含了佛、道、儒、本主、原始宗教等不同信仰体系，但是这些信仰体系之间并非水火不容，而是和平共处，从容地任由村民来选择。所以，念佛会的会员，表面看来应该是笃信佛教的成员，但是石龙村念佛会的大量活动却是在本主庙中进行的。有的村民，既是念佛会的会员，同时又加入了洞经会，村中洞经会的负责人之一张定坤又时常强调说他们是儒教。家中大事小事也常常到本主庙中求拜本主，若是买得大牲畜之类的，则肯定会到山神庙中求山神老爷把住路口，不让大牲畜走丢。从这些都可看出多元信仰体系之间的交融。总之，尽管石龙村的宗教场所有多个，相互的归属也还算明确，但当这些场所以及所供奉的神灵被统一于石龙村这个场域中的时候，所有的划分和区别似乎都不存在了，神灵就是从各个方面护佑村民的人，如此而已，又何必问其出处？

如此多元驳杂的信仰体系，却不仅没有引起相互之间的隔阂和交战，而是共存互容，相得益彰，这样的图景不由得让我们深思，到底是出于什么样的原因而最终形成这种局面？在笔者看来，不论是石龙村，还是大多数的白族村寨，在这一点上是共同的，所以我在这里会将对此的思考上升到整个白族性格和白族文化的高度。白族是一个崇尚平和的民族，当然据史书记载，白族先民在南诏以前不乏尚武好斗的一面，但是在佛教、儒家思想等多方面因素的影响下，逐渐向平和转变。加上白族文化是一种具有开放包容和兼收并蓄特质的文化，在历史上，白族很早就与汉文化之间有交流，而且从来没有停止过对汉文化的吸收和借鉴，但白族文化并未因此而被消解，相反，却在吸收强者的过程中不断地壮大了自我，至今仍保有民族性和独立品格。或许正是由于白族文化的这种开放性，以及白族民众性格中的平和性，使得白族的大多数地区在宗教信仰的选择上有了更多的包容，所以，从村民的视角出发，是哪一种信仰体系并不重要，是哪一派别的神灵也不重要，重要的是这些神灵是我所信奉的，我相信能给我带来保护和福祉的，而当我越相信这一点，那么我的内心世界也就越平和，信仰冲突和派系斗争在这种平和中完全得以消解。我以为，石龙村民正是在白族文化的影响之下，在自己心灵的感召之下，在现实生活的需要之下，在长期发展的选择之下，构筑起了自己的多元信仰世界，达到了内心精神世界的平和。

二、我之为我：一样的与不一样的白族山民

作为白族的一员，我也常常在思考：白族到底是一个怎样的民族？有

277

时候，有别的民族的朋友会问：你们白族最大的特点是什么，你们跟汉族有什么不一样？有时候，会听到汉族朋友说：你们白族是我们云南少数民族中文化水平最高的民族了，甚至比我们汉族还高。有时候，又听到来自白族同胞的抱怨：我们白族的文化自己不珍惜，我们白族人没有别的少数民族那么团结，有时候还自己拆自己的台，等等。所以我自己也一直在思考白族的民族性的问题。

（一）一样的白族：平和包容的民族性格

总的来说，我认为白族的民族性是以平和包容为最突出特质的。我所接触的白族民众大多具有这个特点。

据史书记载，在佛教传入之前，白族先民的性格中不乏好斗凶猛的一面，而佛教传入后，在其影响之下，白族先民的性格逐渐向平和善良一面转化。明张澍《荡山寺记》碑曰："（白蛮）其俗事佛而尚释。段氏有国，用僧为相，或已任而出家，故大理佛法最盛，而僧之拔萃者亦多。收附之初，因见其地多浮图，人皆善良，故有征无战，其梵宇缁流，悉获安堵。"[①]正因普遍受到佛教的影响，其教义教理、提倡的思想观念对维持白族社会的稳定及当地民风的淳朴起到了一定作用。至今，平和、温儒仍是白族民族性格的一个重要特点，这不能说与当地千百年来信奉佛教所带来的潜移默化毫无关系。

白族民间歌谣中有一种反义歌，大本曲中也有"反曲"，其特点都是正话反说。比如流传在剑川地区的反义歌《竹叶重来石头轻》：

　　信不信来问一声，

　　竹叶重来石头轻，

---

① 刘景毛、文明元、王珏等点校：《新纂云南通志五》，云南人民出版社 2007 年版，第494 页。

　　蚊子抬着大撬杆，

　　扛到瓦房顶。

　　虎皮猫猫去耕地，

　　水牛捉鼠好本领，

　　两只公鸡学马叫，

　　马啄马相争。①

　　有学者从反义歌中看到了白族民族性格中隐忍超脱的一面，并认为此种反义歌的形成或与佛教的影响有关。"反义歌这种特殊的艺术形成在其他民族的民歌里并不多见（也许是笔者寡闻），这是否与白族的民族性格有关呢？白族性格平和，能够忍辱负重、洞明世事而又不乏幽默。这种性格的形成和佛教不无关系。……佛教产生的前提，或者说佛教的人生观、世界观，是把'现世'、把人生看成'苦海'，所谓'苦海无边，回头是岸'。'现世'既然是苦海，那么一切荒谬、悖理、颠倒、苦痛都是情理之中了。我佛慈悲，惟有拈花一笑而已。"②

　　白族文化深受汉文化影响，甚至是一种主动地吸收，于此，一般亦被认为是白族民族性格和白族文化的开放包容所致。早在南诏时期，这种文化上的"仿唐性"③已经非常明显，这也奠定了白族文化总体上的"仿汉性"特征。

　　白族的本主崇拜亦最大程度地体现着白族平和包容的民族性格和文化特点。这不仅在于白族绝大多数地区的本主崇拜往往和佛教、道教、巫教的东西相互融合并存，更在于本主崇拜本身就是一个开放包容的信仰系统，其中的神灵谱系就是最好的例证，本主的来源非常多样，既可以是帝

---

①　中国民间文学集成全国编辑委员会，《中国歌谣集成·云南卷》编辑委员会编：《中国歌谣集成·云南卷·上卷》，中国 ISBN 中心 2003 年版，第 143 页。

②　赵定甲：《怪诞：白族反义歌美学特征》，载赵寅松主编《白族研究百年》（三），民族出版社 2008 年版，第 45 页。

③　参见禹弛：《南诏文化的特点及其在云南历史上的地位》，载杨仲录、张福三、张楠主编《南诏文化论》，云南人民出版社 1991 年版，第 8 页。

王将相、民族英雄，还可以是大石、龙等，甚至是一些外民族的历史人物、敌军将领均可进入本主的行列。下关的将军洞供奉着天宝之战时率兵攻打南诏战败的将领李宓，这种独特的现象是其他的宗教信仰中所罕见的。

当我在石龙进行多年的田野调查并接触了大量村民之后，我认为石龙的白族和所有的白族一样，同样具有平和包容的最大特点。

在石龙村，流传着一些谚语，也可体现出村民上述的民族性格。如"做事太认真也未必能得好"，"太过认真也未必考中状元"，"施肥比不上让地休息一段时间"。这几句俗语，都是在强调要尊重规律和有所节制，也不要过于执着或者说偏执，这其中是非常鲜明地体现了石龙人的平和、守成、持中的观念的，并不是说做人做事就不认真，可是太过认真了反倒过犹不及了，就像最简单的一个道理，急功近利地给土地施肥以求更多收成，倒不如让土地也休养生息一段时间。在这里，充分表达了石龙人既认真行事，但是又绝不过激和冒进的态度，在相对平缓的节奏中来自然而然地完成该完成的事情，那便是最好的一种状态。

从做人方面，流传的谚语则有"敬饭得饭吃，敬衣得衣穿"，"钱财如粪土，仁义值千金"，"为人莫做亏心事，半夜敲门心不惊"。这几句谚语同样体现了前述石龙人平和包容的性格特点。一个人，饭也好、衣也罢，都是有得吃、有得穿就够了，不需要追求太多，而且有得吃穿的前提是必须要尊重和珍视饭和衣，只有你敬它爱它，它也才会伴你左右，满足你的生活需求。所以，人生的目的绝对不是追求过于奢华的物质享受，也不是要积累多少财富，而是在平淡的生活中体会到平和冲淡之美。钱财只是身外之物，人和人之间的情感，人内心的感受和体验才是最可珍贵的，所以，如果一个人能够做到不强求，遵从于自己的内心，能够保有最起码的善良本质，那么他就能够安贫乐道、内心平和而又愉悦满足。这种超脱物欲的心态自然也是以平和冲淡为基底支撑的。

石龙人的平和包容还体现于与其他民族的相处中。与其他民族的相处，主要涉及汉族、彝族和傈僳族。

汉族是我国主体民族，剑川是白族人口比例最高的县，县域人口中白族的比例在90%以上。但是，从所处的外部大环境而言，仍然是以汉族为主体的。以第六次人口普查数据而言，大理白族自治州，汉族人口所占比例为50.69%，超过州内各少数民族，并且，与第五次人口普查时相比，汉族人口的增幅要大于州内各少数民族。而白族人口所占比例为32.18%。引用这些数据，意在说明，剑川县的白族所处大的环境仍是以汉族为主体的，这与白族千百年来一直对汉文化保有仰慕心态并主动吸收汉文化是相互印证的。我的老师段炳昌教授指出了民族文化交流融合遵循的几条基本规律，其中就有："其一，社会经济发展水平高的民族文化影响或改变着社会经济发展水平相对较低的民族文化。甚至，社会经济发展水平高的民族在被落后的民族以武力征服之后，在文化上仍然以强劲的力量改变或同化着征服者。其二，人口多的民族的文化影响或支配着人口少的民族的文化。这种情况主要发生在居住于相同或相近区域内的几个民族的文化交流融合中。"① 从白族与汉族交往的历史情况而言，无论是从心态上还是从实际的行动中，都是以汉文化为自己的标杆。南诏时期，曾派子弟到成都学习，历时50余年，学成数千。《资治通鉴云南事迹》说道："十三年十二月，……初，韦皋在西川，开清溪道以通群蛮，使由蜀入贡。又选群蛮子弟聚之成都，教以书数，欲以慰悦羁縻之，业成则去，复以他子弟继之。如是五十年，群蛮子弟学于成都者殆以千数……"② 南诏掠得唐西泸令郑回，却让他担任包括异牟寻在内的皇族子弟的老师，还任命其为清平官。大理国时期，汉文化对白族文化的影响依然存在。尽管"宋挥玉斧"，却不能完全斩断文化的交流。元代设云南行省，首任平章政事赛典赤始建学校，兴儒学，《元史》中记载他"创建

---

① 段炳昌：《简论民族审美文化交流融合的一般性原理》，载《思想战线》2002年第1期。

② （宋）司马光撰，胡三省音注：《资治通鉴云南事迹》，见方国瑜主编：《云南史料丛刊》第一卷，徐文德、木芹纂录校订，云南大学出版社1998年版，第640页。

孔子庙，明伦堂，购经史，授学田，由是文风稍兴"。① 郭松年《大理行记》讲到大理"宫室楼观、言语书数以至冠婚丧祭之礼，干戈战阵之法，虽不尽善尽美，其规模服色，动作云为，略本于汉，自今观之，犹有故国遗风焉"②。反映了汉文化在当地的深远影响。明代大规模移民则使汉文化开始全方位输入云南地区。移民政策使得云南的汉族人口超过了少数民族人口，内地的许多汉族劳动人民、商人和知识分子也不断来到洱海地区。当时许多著名文人如徐霞客、杨慎等曾旅游或流寓大理，也为汉文化在当地的影响做出了贡献。袁丕钧《滇南文化论》中说杨升庵："逮嘉靖以后，慎以议大礼，谪戍永昌，居滇中者盖三十年。士大夫多从之游，而滇之文化遂骎骎与江南北地相颉颃。"③ 洪武十五年（公元1382年），明朝军队刚平定云南，朱元璋即下谕云南"府、州、县学校，宜加兴举，本处有司，选保民间儒士堪为师范者，举充学官，教养子弟，使知礼义，以美风俗"④。由于对教育的重视和读书习经风气的形成，大理白族地区在明代涌现了大量文人学士。正德《云南志》卷三大理府风俗记载："郡中汉、僰人，少工商而多士类，悦其经史，隆重师友，开科之年，举子恒胜它郡。"⑤ 至明嘉靖、万历年间，更是"科甲繁盛"，文人辈出。这些习汉书、读汉文的白族知识分子对汉文化在白族地区的进一步传播起到了桥梁作用。所有这些奠定了此后白族文化中具有浓郁汉文化气息的基础。天启《滇志》卷三十《羁縻志》第十二说："白人，迤西诸郡强半有之。习俗与华人不甚远。上者能读书。"⑥ 康熙《大理府志》卷十二"风俗"

① （明）宋濂等撰：《元史》卷一百二十五列传第十二《赛典赤赡思丁》，中华书局1976年版，第3065页。

② （元）郭松年：《大理行记》，王叔武校注本，云南民族出版社1986年版，第20页。

③ 袁丕钧：《滇南文化论》，云南开智公司民国十三年铅印本，第9页。

④ 张紞：《云南机务钞黄》，中华书局1985年版，第14页。

⑤ （明）周季凤纂修：正德《云南志》，云南大学历史系向云南人民图书馆传钞范氏天一阁藏嘉靖廿三年刻本，第6页。

⑥ （明）刘文征撰，古永继校点：《滇志》，云南教育出版社1991年版，第998页。

亦说白族"俗与汉人等。"① 谢肇淛《滇略》卷四"俗略"中说："衣冠礼法，言语可尚。大率类建业，二百年来，熏陶渐染，彬彬文献，与中州埒矣！"② 清朝时期，乾隆《赵州志》说："白人，颇读书，习礼教，通仕籍，与汉人无异。"③ 由于白族文化是以一种开放包容的心态在主动接纳着汉文化，所以，这样的文化其涵化的过程显得并没有那么惊心动魄，急遽直转的惊惶和强制断裂的剧痛都在最大限度内被消解和隐藏，似乎一切都是自然而然、顺理成章。白族就是这样接受着汉文化的影响，又将之融入自己的文化血脉，成为自身的有机组成部分。所以，在与汉族的相处中，白族时常会以一种较低的姿态去面对，以一种强大的包容力去化解汉文化的强势输出。在石龙，虽然村民们并不是时常性地直接去接触汉族群体，但由于处在对汉文化整体倾慕与主动吸收的背景和态势中，自然会受到不少汉文化的影响，具体的表现前面也有述及，兹不再赘。

白族的节俗系统较好地体现了此种本民族原生文化和外来汉族文化的相融。白族比较看重的节日主要有春节、立春、元宵节、二月初八、清明节、立夏节、端午节、火把节、七月半、中秋节、冬至节。这其中，大多是受汉文化节日系统影响而产生或流行的节日，只有二月初八、火把节等具有较突出的本土色彩。二月初八虽具有本土色彩，石龙村民是将之作为求子祈子的重要法会来操办，但是这个节日追根溯源又与佛教相关。当然，即便是汉族的节日，石龙白族人民在接受之后仍然予以之本土化的改造，比如春节，除了传统的祭灶、扫尘、辞年、年夜饭、守岁、开年、拜年等节俗之外，本主会祭拜酬神、唱乡戏等内容也纳入了春节的活动当中。此外，立春也是汉族传统的节气和节日，但石龙村民表现出的对于立春的特别强调和相关禁忌的恪守，给我留下了尤为深刻的印象。石龙有"没有过立春，新的一年就还没有真正开始，立春是来年的春天"的说法。

---

① 杨世钰、赵寅松主编：《大理丛书·方志篇》卷四，民族出版社 2007 年版，第 113 页。

② （明）谢肇淛纂：《滇略》，云南图书馆藏云南大学历史系抄本，第 67 页。

③ 杨世钰、赵寅松主编：《大理丛书·方志篇》卷一，民族出版社 2007 年版，第 27 页。

村民们有的把立春看得和正月初一同样重要，有的则认为"一年之中立春最大，比正月初一还大"，因而立春那天，家家户户都要举行开门、关门仪式，说吉利话，放鞭炮，全民休息，不做农活，不上山，不动刀，不能乱洒水，不能打骂吵闹，不能打烂碗盆，做事情、放电视等都要小声些，女人在家中不能大声说话，12岁以上的女性不能进外人家的大门。过去近二十年中，有不少年的春节我们是在石龙度过，也有好几次遇上了立春节日，这样的时候，我们女性要么是待在调查研究基地的工作站，要么就是在村中道路上闲逛，是不会踏进村民家中的。有一年，为了要去拍立春开门、关门等仪式过程，我们是在大年三十之前进入了张瑞鹏家，参与了他家在年三十的祭祀和关门仪式，所以被视为是"自家人"，才得以免除了立春日女性不能进入别人家中的禁忌。总体上看，石龙白族的节俗系统就是汉、白文化的谐奏和辉映，体现了白族传统文化系统在形成和发展的过程中一直在吸取汉文化，并将其作为自身的有机组成部分。

与彝族、傈僳族之相处，则主要是基于地缘和行政划分所带来的紧密关联。三个民族同属一个行政村，来往和交流自然必不可少。前面已述，石龙村的彝族和傈僳族都是在20世纪50年代以后才逐渐从其他地方搬迁至此。彝族、傈僳族喜居高山，加之来到的时间较晚，盆地中实际已无可占之地，所以就居住于石龙村周山上。事实上，彝族、傈僳族居于村周山上，对石龙村还是有一定影响，比如村民日志中就曾多次记录了彝族村民砍伐了水源树的问题，这让白族村民颇为头疼。由于生计方式的不同，彝族、傈僳族放牧的牛羊还经常闯入山下白族居民种植的农作物中造成损害，白族村民有时候也觉得不堪其扰。但是，从彝族、傈僳族迁居于此的时候开始，石龙的白族并没有出面干涉过，在彝族、傈僳族进入后，白族村民也是自然而然地接纳了他们，然后在长期的相处中不断磨合。白族村民对彝族、傈僳族的评价也总体上是比较客观和理性的，这些都体现了与别的民族相处过程中白族民族性格中的平和包容。反而言之，彝族和傈僳族对白族的评价中也是基本认可此种白族民族性格中的平和包容特质。或许这与石龙的白族本身也是从别地搬迁至此有一定关系，村中的口述史中几无例外地讲述着石龙村的来源是石宝山做会前来寻找被风吹来的经幡的人发现了这块小盆地，然后才有了搬迁至此，石龙村由此发端。既然自己的祖先也历经了搬迁开拓垦殖的

傈僳族民居

过程，别的民族来的时候，他们容易感同身受，也更倾向于敞开心扉予以接纳。当然，笔者认为，从更高的层面来看，这还是与整个白族民族性格和文化系统中开放包容之态势和发展机制的形成不无关系。

石龙人的平和包容，亦体现于自己内部和谐生活和民俗氛围的建立。

石龙的民俗文化系统从整体上看是一种和谐运行的状态。石龙是一个山区村落，其自然地理的资源相比于坝区白族而言是相对贫弱的，衣食住行、物质生产、民俗都围绕着基本满足村民的需求这一生存哲学和生活目标，没有太丰富的资源，气候比较苦寒，但是人们的理想也就是吃饱穿暖即可，没有发展出太过于宏大的理想目标。这在其精神民俗的层面体现得比较突出。前面已从石龙人宗教信仰的多元共容图景中展示了石龙村民内心精神世界的平和。也从石龙念佛会、洞经会为主的民间组织和平共处共同构建村落民俗生活的平衡协调中看到了石龙人的生存智慧。这些都是石龙白族精神层面民俗包容和谐的体现。此外，在石龙村的民间口述故事中，我们发现劝化世人、以善为本的民间故事特别多，比如两兄弟分家型故事，我们在村中搜集到了总共15则异文。该故事类型的主要内容都是围绕兄弟分家而展开，又总是说狠心的哥哥在分家的过程中欺负年幼的弟弟，但弟弟却因祸得福，最后获得了幸福的结局，而没良心的哥哥在最后

也总是得到一定的报应。两兄弟分家的故事，其结尾总是反映了善良的民众惩恶扬善的美好愿望，哥哥和弟弟不同的结局也正是为了满足民众的这一心理需求。在一些地方的两兄弟分家故事中，说的是哥哥受到弟弟的欺负，家产被弟弟所占，弟弟成为狡猾人的代名词，在一些地方民众的观念中，认为年长的哥哥是老实的，而弟弟则是狡猾的，所以就出现了弟弟在分家中欺负哥哥的情节。但是，在石龙村流传的两兄弟分家故事中，所有的故事都说是弟弟善良，哥哥贪婪，弟弟受到哥哥的排斥和欺负。两兄弟分家型故事将哥哥的恶和弟弟的善相对立，可能与一些民族和地区历史上曾经实行幼子继承制有一定的关系。在历史上，我国北方的一些游牧民族，以及南方的景颇族、傈僳族、怒族、苗族等均曾有过幼子继承制。白族地区广泛流传的《九隆神话》中，说到一妇人因触水中沉木而怀孕，生下 10 个儿子。沉木化为龙来索要儿子，其中 9 个儿子均吓跑，只有最小的儿子不害怕还坐到龙背上，后来这个最小的儿子就当了王。这其中，其实也隐含着幼子继承的内容。一般认为，实行幼子继承制的民族，主要是与婚姻的形态、婚前的性自由等风俗有关，男性为了保证财产为自己的亲生儿子继承，所以要采用幼子继承的模式。而在白族地区，过去恰恰也有婚前乃至婚后的特殊场合一定程度的性自由现象，如绕三灵、石宝山歌会这样的特殊场合中的会情人、野合等。而石龙村地处石宝山腹地，每年的石宝山歌会期间石龙村民就是主角，联系这些情况来看，即使石龙村历史上没有明确的实行过幼子继承制，但村民对幼子也就是弟弟的肯定及对哥哥的否定可能却有着深层的心理缘由。但是，笔者认为，此种长兄凶恶、幼弟良善二元对立情况在石龙此类故事中的普遍出现，还与石龙白族整体上的弱者心态有关。因为哥哥是年长的人，在父母去世后，哥哥在年幼的弟弟面前显然是一个权威，有着很大的优势，而石龙的白族，从自然资源、社会经济发展等角度而言，或是在与汉族或坝区白族的相处中，实际上都是相对势弱的，在石龙村民的内心或许也存在着这样的弱者情结，这又与石龙白族民族性格中平和包容的特质完全契合。当然，石龙白族村民的示弱，并不是要换取别人的怜悯，但是，事实上，石龙的白族村民以一种平和之心在接受着自己的境遇，也在坚持和努力中将生活继续下去，不论是在获取自然资源的过程中还是与别的民族的相处中，首先想到的是有所节制，以最大的努力换取一种相对平衡的互动，就算有时候示弱，也能够在相对弱小的情况下换来长期的和谐发展，况且石龙的白族村民还是比较容易在现有的生活状态和情景下获得满足感，有时候也能苦中寻乐，我觉得这方面，白族调的丰富和流行，乡戏的娱神和自娱中忘却外界纷扰都是典型例子。在相对贫苦的生活中，人们通过白族调来获得娱乐和调节。乡戏也是如此，我初到石龙参加春节乡戏活动时，对一事感触颇深。那就是乡戏持续的时间较长，一般是大年初二开始，过去要唱七八天，现在也要到初六才结束。在这几天中，每天从早到晚，本主庙的戏台上那些演员们总是一丝不苟、卖力地进行演唱。有时候，观众比较多，我自然也觉得台上的表演者是因有观众的应和而比较开心所以能如此卖力，可是，绝大多数的时候，台下却没有几个观众，除却几个上了年纪的老人，就是一群跑来跑去嬉闹的孩子，而且孩子们显然对于台下临时来售卖的零食的兴趣要大于台上的表演。这时，我会以一种惯常之心来推测，认为台上的演员们是不是会有些难过呢？他们会不会也就草草了事应付完成？因为都没有观众。可是，我发现自己错了，台上的每一个演员一如既往地认真表演，没有打丝毫折扣，显然，他们对于台下有没有观众是不做要求的，或许作为表演者，内心对于观众的认可还是怀着某种期盼，但是演员们并不要求一定要从观众那里得到回应，至少演员们不会因为缺乏观众而让表演受到影响。当我们去询问缘由的时候，演员和村民们都表示，因为唱戏是唱给本主听的，只要本主高兴了，村民也就高兴了，所以即使台下没有一个观众，演员们依然会全情出演，而且当他们在做这件事的时候，内心是愉悦的，他们认为自己做的是有功之事，是为自己、为家人也是为全村积德祈福的大好事。原来最重要的观众一直端坐庙宇，以他独有的姿态注视着村民的表演。

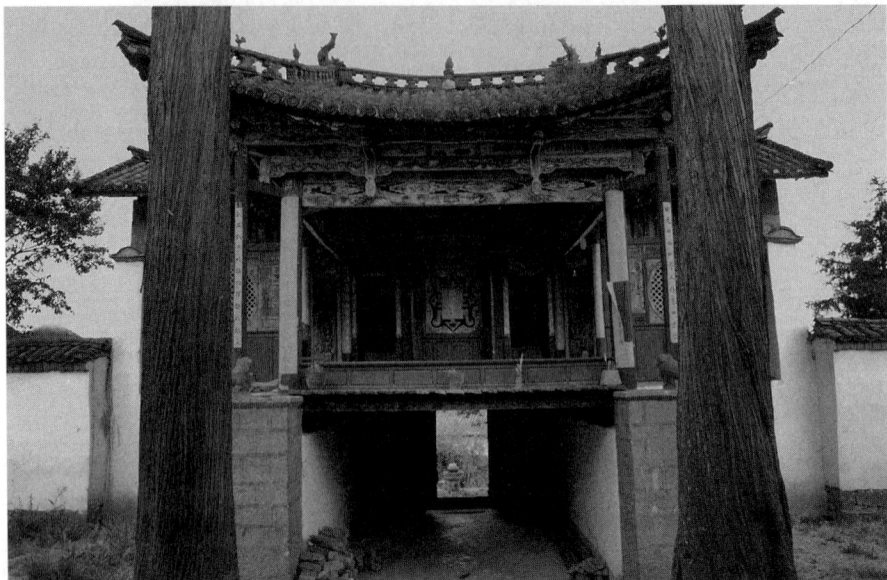

本主庙中的戏台

　　正是因为演员们内心都知道这一场又一场的表演，不光是演给人看，更重要的是演给本主看，唱给本主听，所以在整个过程中大家都显得非常认真，不会有丝毫的懈怠和不敬。即使台下观众极少，但面对本主唱戏的演员们也都尽心尽力地表演，因为他们知道本主老爷还坐在那儿注视着他们。从这一点上来说，石龙乡戏表演受观众影响的程度较小，演员与观众的互动和交流也不像职业演出、日常演出那样多。当然，如果观众多，且能够报以认可的笑声的话，台上的演员也会更加卖力。戏老师张定坤说：

　　　　唱戏的时候，看的人多，当然演员的兴致会高一些，但看的人少，唱戏也不能随便。因为唱戏不是为了活着的人，是为了本主，就算一个看的人都没有，也要唱。古人说过一句话，叫"三斋不如一戏"，意思就是做三次会还不如唱一台戏，所以我们既然唱就一定要认真地唱。当然，唱戏的花费也要比做会要多。①

---

①　2007 年 2 月 21 日晚访问戏师傅张定坤，访谈人：董秀团、段铃玲、杨珏。

　　在石龙人看来，大黑天神是一个非常人性化的神灵，他不仅心眼好，关心他所管辖地区的人和事，还爱听戏看戏。于是，在每年农历正月初五大黑天神生日的前后这一段时间，村民都会进行一系列的祭祀活动来为本主庆贺，其中的重头戏是大年初二到初六在本主庙中的戏台上演出的乡戏，这样做的话就能让本主高兴，来年整个村子就能风调雨顺、清吉平安。很多村民说："老人说，我们的本主就是爱好听戏看戏了，别的地方的耍狮耍龙那样他都不喜欢。如果唱戏给他听，他就会喜欢，就会保佑我们一年都风调雨顺，清吉平安。"据说，有一年，村民们在大黑天神本主会的时候，没有唱戏，反而是搞了耍狮子和荡秋千一类的活动，所以惹怒本主了，本主就给了村民惩罚，当年村子里的人事就很不顺利，生病的人特别多。村民们认为如果没有人承头举办当年乡戏，只要在正月初五本主会的时候给本主做会、念经，本主一样也会理解村民，也会高兴，这一年整个村子也会顺利的。但是要是有人应承下来要唱戏了，所有的参与者都要认真对待，因为在村民看来如果答应了的事不好好地做，还吊儿郎当的，那样本主就会生气，还会降怒给村民。而且戏神也会不高兴，可能会附在人身上。村中就流传着一个老郎神附身的故事。说过去有一个叫李玉禄的村民去唱戏，却不认真唱，将之

张定坤

唱乡戏

当成应付和开玩笑的事，就遇着老郎神上身，他将擀面的面板放在菜园子中，睡在上面，嘴里还叫着"咕咚咕咚咚锵咚锵"，就像疯了一样。后来大家重新到他家立老郎神牌位，烧香叩头祭拜，又将老郎神送走，他才清醒过来。

从乡戏表演的例子中，我们亦可看到村民沉浸于自己构建的民俗文化系统中从而又建立起各方和谐的状况，这种和谐不光是人与人之间，也存在于人神之间，或者说是整个的民俗文化系统之间。

石龙人的民俗文化系统遵循着包容和谐的宗旨进而达到一种稳定运行的状态，其民俗文化系统中没有大的冲突性文化因子的存在，各方各面或许来源不同，或许原有冲突，但是在村民平和包容民族性格的引领下，已经形成了相对和谐运行的民俗文化系统。自然不能说这种民俗文化系统是完美的，但是它确实与石龙人的民族性格和生活节律是合拍的，这也就是为何笔者总是在接触石龙人和石龙村的时候感受到一种平和安静冲淡氛围的原因所在。这样的气质由内而外，奠定了石龙村从人到俗渗透和体现出的基本特质，也让外界与之交往的过程中很容易把握到这种特质。

（二）不一样的山民：更加突出的朴实与内敛

石龙村民的民族性格和文化特点整体上与白族文化系统的呈现具有一致性，都是一种平和包容。但是，在"一样的白族"的前提下，石龙村民的身上又体现出与其他白族地区特别是坝区居民的不同之处，那就是相较而言，石龙村民显得更加地朴实和内敛。

首先我会从个人的经验感受中去描绘石龙村民的朴实。自从 2004 年选定石龙为云南大学的调查研究基地之后，每年到石龙村两三次于我而言就是再平常不过的事了。在这样的持续接触中，我与石龙村民也越来越熟识。在石龙调查的日子，有时我们会在调查研究基地工作站中自己煮饭，有时我们会选择到村民家中搭伙就餐。有一次，我们是在基地中自己煮饭的。一天清晨，调查组员刚刚起床开始洗漱，就听到有人来敲我们基地的大门，我赶忙走过去打开了大门，心中还在疑惑到底是谁，发生了什么事。打开门后，发现是村中的李定鸿老人手里拿着一把青菜，说是刚从地里采摘回来要送给我们尝尝。老人是霸王鞭的著名传承人，也是比较熟悉传统文化的长者，所以我们曾有数次到老人家里叨扰访问。但是，没想到老人会这样记挂着我们。后来，此类事情发生得越来越多，有时是这个老人送来了一罐土蜂蜜，有时是那个老人送来了一袋干地参，又或是这个老人送来了一袋自家刚收的白芸豆，总之，他们都想让我们参与到自家收获的喜悦中来。又记得在一个晚上，调查结束后，吃了晚饭，我们和几个村民在基地中闲聊访谈，村民李志兴一定要回家把自己的一个木茶盘端到基地送给我，他说：董老师你这个人值得交，今天你要是不收这个茶盘，我就不再交你这个朋友。还有好几次，有师生前往石龙村调查，村民姜伍发总是让他们带点腊肉、蜂蜜等土特产到昆明给我们。

已经数不清我们在多少村民的家中吃过饭，甚至村民李福元的父母就多次对我们说过："就算家里没人，你们也可以自己进来做饭吃之类的，千万不要客气。""我们就是最喜欢朱刚那样的，他来了我们没在家，他也自己进厨房做吃的。这样才是一家人嘛！"石龙的松茸是村民创收的重要物产，很多村民采到松茸，自己都舍不得食用。可是，村民张吉昌要请调查组员吃饭，嫌自己妻子四娟采回的松茸太少，还去买了松茸回来给我们品尝美味。

我也记得李绚金在日志中记录下的心声，老人表示为了传承和保存民族文化的资料，一定要克服年老体弱和身体病痛的诸多困难，帮助我们把日志记录下去。老人康健时，总是勤勤恳恳坚持每天的日志记录。去世前几年，几乎每年都要住一两次院，于是就曾和我面谈过村民日志的记录问题，老人说自己年纪大了，身体也不太好，建议我们换一位日志记录员，可是我内心早已认定了老人，所以每次老人提起，我总是将话题带开，不愿去更多触碰这个问题，当时的我实际上是内心不愿意接受老人真的有一天会离开我们这个事实！而老人得知我的心意后也表示只要能拿得动笔，就会为云南大学记录下去，一直到记不了的那一天。事实上，老人最终实现了自己的承诺，老人于2013年5月4日辞世，日志一直记到了2013年4月25日，后面几日卧床不起才放下了手中的笔。后来，我拿到了老人去世前的日志，记录到4月25日，可是后面的几天日志都已经在每一页纸的纸头上写好了年月日的公历和农历、星期几、属相等，我看到这些未完成的日志时心里久久不能释怀。

村民以一种敞开的心扉对待着每一个外来者，当然也包括我们。当我们稍稍有所回报时，他们也毫不迟疑地表达着对我们的认可。比如，村中有人到昆明住院，我带着礼品前往探望，事后村民通过别人转达了内心对我的谢意。虽然从没有当面说出口，但是内敛害羞的他还是想要传达自己内心的感激。每次到石龙，见到的很多老大妈喜欢拉着我的手问长问短，还会说："你怎么好长时间没来了？""你的小孩怎么样了？"不止一次听到张吉昌、李繁昌等村民说，每到寒暑假，就会有村中的老爷爷老奶奶去问他们："董老师什么时候来？""今年董老师怎么还没来？"当我听到这些的时候，我觉得我所做的并没有给村民带来任何直接的当下的利益，所以他们对我的这种情感只是因为他们实在是更加保有一种淳朴之心而已。同样，其他的调查者、我们调查组中的学生，只要到了这里，都会受到村民热情的接待，从来没有被拒之门外的现象，所以，村民的这样一种态度并不是偶然的伪装，也不是针对某些个体的一种特例，而实在是发自内心的一种平和的接纳。这难道还不足以体现石龙人的朴实吗？

石龙人的性格中除了朴实还有内敛隐忍的一面。

通过村民日志可以发现，日志中的石龙村民多数都是恪守伦理孝道，在与他人的交往中也总是宽容忍让，认可大事化小、小事化无，偶尔出现一两个性格比较强硬霸道者，多数村民会敬而远之。

> ×××是石龙一霸，看哪一个不顺眼就出手打人，石龙被他打的男女至少有20人，然而人们敢怒不敢言。他多次进派出所，但依然哪个不顺眼不论老少非打不可。例如有一次张四春问他的儿子买着二苗兰花，只是一般绿兰，而张四春负责售玉米种籽，农民按田地多少购买籽种，村委负责记录，按所需及时供应籽种，而×××未登记所需数字，但他强行要一包玉米籽种，张四春说这是按登记供应，一板一眼，你未登记现在拿去，那原来登记的农户怎么办。但说理有什么用，他借口他儿子的兰花卖得太便宜，于是大打张四春，当时我在场，说有话好说，不要打，他说与我何干，于是打了我的头两拳，把我打昏掉。我已年近70，退休在家，他公开扬言我如果报案他在家等着，他将放火烧毁我家。地方恶霸是惹不起的，为此也就不了了之。①

这里的记录中，由于当事人之一张四春是记录人李绚金的儿子，所以可能有人会觉得李绚金所记有失偏颇，可能×××并没有那么霸道难缠。那么，从另一方面来说，就算×××在村中确实是比较霸道凶狠的个别人，而李绚金和家人对其霸道言行采取的态度是"惹不起，躲得起"，是一种敬而远之，这也同样体现的是绝大多数村民的处世哲学，不是以武力或者强力去实现自己的威望和声誉，而更多是通过一种比较折中隐忍的方式达到平衡和谐的建立。

再言之，在石龙村，什么样的人会赢得村民的尊重，赢得认可和威望呢？这里笔者想再度借用陈泳超提出的民俗精英的概念，并讨论一下石龙

---

① 引自云南大学聘请的村民日志记录员李绚金2007年2月9日所记日志。

村中民俗精英的产生过程，以此来反观石龙人心目中理想人格的样态。

在村民的眼中，张耀彩就是说到石龙村的历史的时候不能不提及的一位民俗精英。在石龙村，说到张耀彩，几乎无人不知，无人不晓。而且对于他的事迹，村民都津津乐道，可以说，他在石龙村的历史上是一个有威望并颇具传奇性的人物。张耀彩，男，白族，生卒年不详。据村民口头回忆和依照张家谱系进行推算，他大约生活于清末年间。因为他的孙子张炳坤是1924年出生的，已于2007年11月逝世。张耀彩原名张全贵，耀彩是他在海云居吃长斋时取的名字。他具有较高的文化水平，曾经进京赶考，并力倡修建了村中的一些庙宇、路桥，还办了村里的宣善坛。

石龙这个村名的产生就与他有关。

据传很早以前，石宝山举行法会，有一天狂风大作，把会幡吹走。人们看到会幡向西南方向飘去，于是法师派人跟踪会幡去向，要把它取回来。当僧人翻过一小山（大约1.5公里），看到会幡挂在一棵树上，即现在水库西北方公路边，李寿喜家前面，叫做黄旗坪的地方。（那里的田部分被水库淹没，现可见有15亩左右。）展现在眼前的是一个四面高山环抱有山有水的一个小坝子，只有石宝山大佛地菁是唯一通道，原始森林覆盖平整的一块处女地。现在已有可耕田地20040亩。因之，这里取名曰"挂纸坪"，后人又改为"蕨市坪"，正名是"挂纸坪"。后来大致是清末，张炳坤的祖父张耀彩（庭贵）有次到沙溪做客，挂礼时有个先生把"蕨市坪"写成"绝世坪"，他和这位先生争论，最后认为是受了奇耻大辱，回家后改名为石龙。当然现在白族地区仍俗称"挂纸坪"。人们在世代耕作和建住房等生活中，发现从村东始至村尾（即小本主庙始——现在石龙小学止）地下有一大致宽5米，厚薄不一的砂土带贯穿整个村子，时隐时现，很像一条龙，据此改名石龙。相传张耀彩小时曾到沙溪江长坪（现叫北龙）投师读书，吃饭时煎两个鸡蛋摆在盘子里，有人在旁就摆出给人看，人去又收藏，反复多次，虽是寒酸，但用心良苦。成人后曾到海云居当居士，同时也曾在宝相寺参加建设，现木刻高为阜（人名）联上有他修的字样。总之他是本村知名人士，给石龙取了一个好名字。①

一村一寨的名字，关乎村落集体。张耀彩能够以一己之力将村名更改，这件事本身就说明了其在村中的地位与声望。如果不是在村民心目中有着莫大的权威和声誉，这更改村名之事估计不会轻而易举，即使更名的初衷是为了村寨和村民的利益和发展。

不仅村名的更改与他有关，村中的很多历史大事也都与张耀彩的主持、组织和参与有关。

一件事是村中本主庙的合二为一。据张金鸿、董佳兴等老人说，石龙村中原来有一南一北两个本主庙，现在的公厕以西的人家是一个本主庙，在神后箐一带，即今村西二队上山走 800 米左右可到达的一个小山包。那边的人家少，势力小。河这边的人的庙就在今天的本主庙的位置，东边则人家多，势力大。河两边的人经常会为本主庙的事情吵闹，也会经常打架，东边的经常欺负西边的人，有时西边的人路过，东边的人就要他们磕头等等。后来经村中一个较有威望的人张耀彩主持，将两个本主庙合而为一，村中人的矛盾也就逐渐消退了。我们现在已经无从知晓当时村东与村西的冲突争斗是自然地理分野的结果还是另有原因，但是正如一山难容二虎，一村出现两座本主庙本身也是这个村寨文化内聚力不够的表现，在白族的村寨中，一般一村一本主庙，也有周围几个相关的村子共同供奉一座本主庙和一位本主的情况，但是很少听说一村奉二位本主。当然，既然有此种分歧的存在，那么也就意味着其改变不会是一件轻而易举的事。但是，这一合和的事件同样因为有了一个双方村民都信服的人的促成，因而得到了圆满解决。信仰的问题关乎重大，本主庙的合并实际上是石龙村民内心精神世界上的内聚和统一的一种象征。

---

① 引自云南大学聘请的村民日志记录员李绚金 2005 年 3 月 7 日所记日志。见董秀团主编：《石龙新语——剑川县沙溪镇石龙村白族村民日记》，中国社会科学出版社 2009 年版，第 266—267 页。

在张耀彩的倡导下，村里曾在现水库东南的出水口处山上修了一座文笔塔，据说，因为当时常常无风不雨，风不调雨不顺，于是张耀彩建议修塔制邪，此后就风调雨顺了。在张耀彩手里还修了一座文龙桥，文笔塔和文龙桥都在1958年修水库时毁掉了，后来20世纪80年代又重修。

在清光绪年间，由张耀彩等人成立兴办了石龙村的宣善堂，宣善堂平常的一项重要活动就是宣讲"圣谕"。当时沙溪设有"宣善总堂"，下设二十四分堂，石龙宣善堂就是其中之一。每逢初一、十五，村中就会搭棚子由张耀彩、张仁耀、李灿根、李四龙等人讲经说法讲圣谕，在村寨的文化教化方面发挥了重要影响。

第二个要提到的民俗精英和权威人士是张士元。张士元，男，白族，1911年生于石龙村，1981年去世。幼年读私塾，具有很高的语文水平，擅作对联，毛笔楷书写得潇洒隽秀，在石龙村德高望重。村里发生任何红白喜事，均由他出面应酬，负责组织管理。

张士元生前对石龙村所做的最大贡献，就是在他二三十岁的时候组织筹建了石龙村的洞经会。石龙洞经会的前身是约在清光绪年间由张耀彩等人成立兴办的宣善堂。在20世纪30年代末40年代初的时候，由张士元开始掌管村中的宣善堂，张士元学过洞经音乐，也会咏经，于是就成立了洞经会，由他任第一任会长，宣善堂的成员转入洞经会，宣善堂解散。洞经会成立后，张士元将诵、曲、弹奏教给成员们，而洞经会系统的一套程序仪式是民国时期村中人到羊岑新松学过来的。那时洞经会主要做的有两件事，一是讲圣谕，二是有人家做白事就去帮忙。

从下面这段记述中，可看出以张士元为代表的民俗精英身上所具备的突出的文化特质：

> 如洞经会于某年某日成立，这仅是时间概念而已，事实上不管哪一种文化的成熟，需要有早期的知识积存，"水到渠成"必须有"冰冻三尺非一日之寒"作为前提。就说石龙洞经会的确立，要有三个方面的人员组成。先说经师，他必须对"儒、释、道"经典经书有

底蕴，有对经书和唱腔的熟通，这就要求有渊博知识的人担任。张士元书法绝伦，学识渊博，对经书的唱腔已有精准掌握。二是文书，在坛经中有多种文书书写，在经师的指导下可照本宣科，但没有一定的文化知识是做不到的。以上经师和文书非有"十年寒窗"是不行的。好在他们不耻下问。借书买书从而才有经师和文书的资格。在山村具有如是的条件何其艰难！有了经师文书，还不是万事齐备，还有一个重要的东风那就是古乐队。如只有经师上坛念经，文书写字当然不是完整的洞经会。说来也稀奇，没有名师指点，但石龙不少男青年出于爱好，施展他们的天才，不要小看田舍郎，他们长期耳濡目染，他们一听，口中一念，就会拉弹，无形中掌握了不少古乐。有了经师、文书，又有可观的古乐队，这也就是 1951 年"石龙洞经"会挂牌成立的渊源了。①

新中国成立后，洞经会一度被视为封建迷信，其活动趋于停滞。直到大约 1976、1977 年的时候村民李根贵的母亲李应珍去世，他们想找些人来超度一下，加之张士元等人的积极筹措，洞经会的活动开始慢慢恢复。现在看到的洞经会的经书少部分是当时洞经会成员保存下来没被没收的，大部分则是从海云居抄回来的。恢复洞经会活动以后，张士元继续担任会长，直到 1981 年去世为止。1981 年张士元去世以后由张佑吉任会长，1999 年由张士元之子张灿兴继任会长至今。

张士元还是现在村民可以追溯出来的石龙村最早的戏老师，在以往的乡戏活动中承担着重任。我们已经说过石龙村有每年春节本主会前后搬演乡戏的传统，在每年乡戏的组织过程中，戏老师或称戏师傅是一个关键角色。

每年春节前几个月，戏老师就要出面，看当年是否有主动要求承头的

---

① 引自云南大学聘请的村民日志记录员李绚金 2005 年 3 月 7 日所记日志。见董秀团主编：《石龙新语——剑川县沙溪镇石龙村白族村民日记》，中国社会科学出版社 2009 年版，第 269 页。

人家，如果要多人要求承头，则还需要戏老师来选定。当确定了让哪户人家承办后，还要在戏老师的带领下做一个戏神的牌位，据说戏神就是唐太宗，他在游天宫的时候学会了唱戏，所以就把他立为了唱戏人的祖宗。①戏神牌位用红纸折起来裱成信封状，上书"敕封大唐天子老郎神之神位"字样，再用两柱香将之支撑起来，插在升斗里，升里要放石龙人说的五谷即荞、谷、蚕豆、大麦、小麦中的一种。当年由哪家承头，这个牌位从农历十一月开始，就供奉在这家中堂楼上供祖先牌位的供桌上，每天要素馔供奉，承头人从立牌位那天起也就要吃素，一直到唱完财神卸装后才能开荤。参加立牌位的人要在戏老师的带领下向戏神牌位叩头，唱戏的人还要喝鸡血酒。到了开始唱戏的初二那天早上，戏老师带领演员、"长命班子"及村民再把牌位接到本主庙中的戏台上供起来。一直到唱戏结束扫台之后由戏老师带领众人烧掉戏神牌位。这个过程中，戏老师在每一个环节都是核心人物。初二开台必须要唱开台戏"跳财神"，其中，财神约定俗成由当年承头之人扮演，在跳财神这场戏中还有一个非常重要的庙祝又称"丁公"的角色，则按惯例都是由戏老师扮演。每年初五本主会这天，必有庆贺仪式戏"打加官"和"出赐福"。这两场戏中的赐福天官和加官同样是由戏老师来扮演的。唱戏期间，戏老师还要负责蹲在戏台后部给演员们提戏提词，原因是石龙的演员们都是从村民中产生，每年也是在春节前一个月左右选晚上的时间由戏老师召集众人到当年的承头人家或者承头人的亲属家中进行排练，但时间少，加之不是职业性的，所以很多演员对台词是没法记住的，因而就需要戏老师提戏。每天的戏都要持续六七个小时，一个人从头到尾提戏肯定吃不消，所以每场戏中，会由这两到三位戏老师轮流交换着提戏。这些戏老师无疑是乡戏活动中的权威，村民也认为他们就是最懂戏的人。

此外，每年初五本主会为了给本主拜寿，必演拜寿戏《双挂印》，因

---

① 2007 年 2 月 19 日访问张定坤，访谈人：董秀团、段铃玲、杨珏。

该剧讲的是明朝大臣公孙一家的曲折遭遇，其中有公孙珍和娘子尹素贞向父亲公孙义拜寿之情节。公孙义过寿，太白金星奉旨下凡赐给公孙义三棵灵芝草，公孙家将其一送皇帝，其一送文武大臣，另一留在公孙府，太师贾国卓未得灵芝，怀恨在心，千方百计地加害于公孙家。由于其中有拜寿情节，且整个剧的发展都是围绕着拜寿中的灵芝草而引发开来，所以石龙村民认为这是一出很好的应景戏，既然初五是本主生日，那当然也要唱拜寿戏来给本主拜寿。

整个唱戏的过程中，都体现了戏老师的重要性，在春节乡戏的组织和表演过程中，戏老师绝对是不可缺少的人物。

此外，在石龙村，还有张汝太、张佑吉、张金鸿、李定鸿、李绚金、张灿兴、张定坤、张国用等人算是村民心目中公认比较有威望的人。其中的很多人，或者在村中的民间组织中担任组织之责，或者传统知识比较丰富，能主持村中的红白二事，也就是说民俗精英的产生绝大多数都是在参与和组织村寨公共大事的过程中所体现出来的一种软性力量。当一些突发的状况发生时，也可能成为戏老师这样的民俗精英构建自己软性权威的契机。比如说，有个例子是发生在戏老师张定坤身上的。

前述石龙春节乡戏活动最热闹的初五本主会这天，要唱拜寿戏《双挂印》。比较有意思的是，近年来，拜寿戏《双挂印》中的公孙义一角逐渐成为戏老师之一张定坤的专属角色。据张定坤说，以前村里有个传统，60岁以上的人才能唱《双挂印》中的公孙义一角，因为戏中有公孙义接受儿孙拜寿的情节，年轻者不适宜扮演。有一年，张金鸿唱公孙珍，他的父亲唱公孙义，没想到那一年他父亲去世了，村民就害怕，认为唱公孙义别人给你拜寿反而会折寿，之后就没有人敢唱公孙义一角。再后来，张明亮的父亲张俊宝被点名唱公孙义，头一天晚上，张明亮四兄弟哭着不让父亲去唱，张俊宝就没唱成。当时张定坤才50多岁，见没人唱，他就站出来说："我来唱！"此后，一直由他扮演公孙义这个角色。

在这个事情中，不难看出张定坤对于自己的胆量还是颇为自得的，此

张定坤扮演公孙义

种情感在其表述中溢于言表，在我们对他进行访问和他讲述该事件的过程中，他也并没有刻意去掩饰此种自豪。实际上，他体现的是戏老师在出现突发状况之后的一种承担，既然拜寿戏必须要唱下去，那么总要有人来出演，别人不愿，那么自然戏老师要担负起此责。或许，戏老师的权威也就在这样的软性建构中逐渐凸显和明晰起来。

如果说上面提到的很多权威人士主要是通过村寨集体大事的组织和参与在建立自己的权威，那么，李绚金之所以被石龙村民认可为权威，则主要与其个人生活经历中"公家人"和文化人的身份有关。笔者在这里想要引用李绚金自己在日志中记录的一段长文来说明这个问题。

今天是张四堂丧事收礼，悬白堂祭。张四堂属聋痴类残疾，因而其儿子认为应该把丧事办热闹一点，不仅讽经念佛，悬白堂祭，还要举行"点主"。别的丧事礼节都很雷同，这里主要把"点主"记一下。特别是我亲身经历，现身说法把"点主"内容仔细记录如下：

先请一个寿高、有德、夫妻完好、子女和孙辈健康，总之是福寿双全的老人，如有官职或是公务人员的更好，因为要托老人的福。以前有几家请我，但我好意推辞了，但这次一是亡者聋痴，一是子女家境困难，于是我不得不出山担任点主官。

点主官要穿"衫子马褂"，我的子女们给我买了四套衫褂（送终之物），但我不喜欢，这次老伴硬逼着我穿，我不愿，但点主就必须穿，我70岁第一次穿长衫马褂觉得很是别扭，但乡规不能违。

前面说过我白活70岁，从未搞过什么点主之类的工作。亡者的儿子也明知我不懂，但他却叫张灿兴来请我。张灿兴就是搞这一行，他是洞经会的头头。他到我家，稍稍休息，话归主题，说是亡者家属请你去点主。我说："这你知道我确实不懂这一行。"他说："我来就是为这个，你是知识分子，一点就通。我把内容书面写给你，你照着办，同时我也在你旁边司礼，可以随时提醒你，你放心，也不能推辞。"于是就这样定了。第二天，他把点主程序写成文字，拿来给我，我一看，问题也不大，于是答应下来。

我身穿长袍马褂，在家等待。下午3点，丧家请古乐队10人，吹吹打打在我大门外放鞭炮，我和老伴、姑娘热情迎接他们的到来，请入座后我家人先敬烟，后敬甜香二样茶，再就是敬请糖果和瓜子。古乐队一面吃喝一面演奏古乐，如此经过半小时。这时丧家总理张福久请大家起步回丧家。一路上演奏古乐，虽下雨雪仍未停演奏。到丧家大门外，丧家鸣炮欢迎。

我小时候记得村里的老人去世，有钱人家到外地请法师做法事，请先生点主。民俗点主官要有一定的社会地位，有寿有福的老人，主人就沾点主官的光，后代繁荣昌盛。而石龙是穷山村，虽有几个知书识字的，却因没有功名而不能当点主官，于是村里有钱人家的老人去世，就到外地请法师（当时本村洞经会尚未成立）做法事，请先生点主。记忆犹新的是桃源的赵先生，不知其身份，凡石龙点主就请他光临。石龙和桃源20里之隔，赵先生每次来石龙，白马银鞍，专人侍候。在点主时龙袍马褂，灵前一片肃然，令人产生一种神秘感。点主官用的笔，最后写完字，点主官向后抛时，很多人争抢，据说抢着的今后就像点主官一样飞黄腾达、前途光明。这是1949年前的故事。

　　解放后摧毁了四大家族和土豪劣绅，在人们的思想里已没有什么"功名"即旧社会的官僚体系，以实际为主，点主官不必是有地位的，例如80年代前专由张汝太点主，他一字不识，但是佛会二师傅（石宝山佛会），同时寿高（80岁去世），还有其二男三女都成器，子孙发旺，人们就来沾寿高和子孙发旺这一吉祥。90年代张汝太去世后，由张佑吉点主，张佑吉少年为躲避兵役（国民党有规定：3个儿抽一人当兵，五个儿抽二个当兵，他家有3个兄弟，要去一个当兵，但当和尚就不抽了），于是到上羊岑出家当和尚。后来他弟佑林被抓当常备队，他回家成家立业。80年代，他已年届古稀，而特别是他掌握了洞经会的法事全过程，他是石龙洞经会的头头，同时他的六女二男个个成才，是村里福寿皆全的老人，因而由他点主。而他于2004年去世。他的去世是石龙宗教界的一大损失。因为他虽然识字不多，但很聪明，一点就明，无师自通。他当和尚阶段掌握了不少法事规律程序和内容，对建立石龙洞经会起了决定性的作用。他去世前多年的经营运转，洞经会已有了几个接班人，如张定坤，男，69岁，张灿兴，男，65岁，张庆荣，男，60岁，张万鸿，男，49岁。这些人可以单独举办法会，但就是无人承头当点主官。推来推去推到我的头上。说真的，张佑吉开始点主时他就要推给我，他的理由是我堂堂大理师范毕业，当了几任小学校长，后来调文保所当会计和馆员，大小是个官。我美言推辞，因为我才半百年纪，谈不上寿字，于是辞了这个"官"。但今年张四堂76岁去世，他是痴聋类人物，他家是石龙典型的困难户，为此我接受了当点主官的邀请。同时我想：洞经会会首张定坤已是69岁，张灿兴已60老几，其他的9人古乐队员，其中李联登69岁，张文坤69岁，最年轻的也有50岁。这些人只要村里需要他们二话不说，几天几夜在灵前做法事，特别是夏天和死尸相处确实是一大困难。但他们为村民服务不计报酬，义务为村民服务。难道他们这样的无私奉献，我就不能支持他们和他们一起为村民作点贡献吗？于是我欣然上任当点主官。①

　　这里，李绚金将此次自己担任点主官的前因后果以及具体过程描述得非常细致。其中有几点需要注意，一是在村中传统民俗里，点主官需要有一定的社会地位，最好是有公职、有文化的长者担任。李绚金之所以被选中，自然也是因为具备了这些基本条件。并且，在村民张灿兴的眼中，李绚金才是真正意义上的"知识分子"，是有文化有知识的人，所以张灿兴才来请他出任点主官。事实上，李绚金的民俗精英身份并不只是通过这一个例子彰显。作为老一辈中文化水平最高的人之一，李绚金对汉文化和白族文化的双重掌握让他拥有着"跨界"的话语资本，所以他既是在外工作的国家体制内的"公家人"，那是有文化、见过世面的象征，同时又是未脱离村寨传统和民俗生活的一个长者，正因如此，民间的民俗活动、仪式请他来主持并无不妥。再加上李绚金虽然具有"公家人"的身份，但他从来对待村民都是谦和温厚，他的妻子和儿女们也都是在村中居住生活，没有脱离乡村生活的场域，因而多数村民都对其心存敬佩。

　　所以，石龙的民俗精英不论是在参与组织和决策集体公共事务的过程中建立起权威，还是经由个人身上的魅力和人格感化着周边的人，有一点都不可否认，那就是他们都是"有文化"的人，他们中的很多个体之所以能够在村寨集体事宜中崭露头角并最终赢得声誉，实际上也与其对"文化的掌控"有关。从这个意义上说，知识和文化就是一种资源，是人们赖以建构起权威的基础。

　　当然还要说的是，为何在石龙，这样的知识和文化能够得到村民的认可而比较顺利地通向权威建构之路径？笔者认为这与石龙村民骨子里的读书习文、仰慕知识系统的特质是分不开的。前面已述，石龙虽然偏居一隅，但是并不妨碍这个白族的村寨发展出了向慕知识和文化的基本特质。

　　连瑞枝讨论了明代正德、嘉靖年间西南社会的一个重要转变，"原来

---

① 引自云南大学聘请的村民日志记录员李绚金 2007 年 2 月 14 日所记日志。

仪式传统转而成为以儒教意识为主导的对乡贤和名宦的崇拜。"①这样的转变在石龙等山乡亦体现出其影响，也让我们能更好地理解为何石龙这样的山乡亦深受汉儒文化的熏陶，保持着白族整体文化特质中崇尚耕读、习书识礼的一面。

转过头来，这种对知识和文化的仰慕成为一个群体所向的时候，实际上也就是它对这个群体的文化特质产生反向塑造的时候。所以，石龙的村民倾向于用传统和知识去解决面对的问题而不是武力和冲撞。这些村落中的民俗精英，在建构自己权威的过程中，都并没有体现出过人的身体力量方面的特点，倒是都有一个基本的共同点，那就是通情达理、内敛容人，所以他们赢得了村民的认可和尊重。

而说到底，在民俗精英的身上，我们看到的是石龙村民对于软性知识和文化力量的看重，这不也是他们自身包容内敛精神气质的一种体现吗？由于此种包容和内敛特质的突出，所以当我们去尝试着把握石龙村文化体系的脉络的时候，看到的也是一种以平和、敦厚、和谐为主的特质。

有时候，内敛的石龙村民甚至给人朴实中带有一些木讷的感觉，这是石龙大多数村民身上体现出来的一种与生俱来的山村乡民的基本性格特点。这里的木讷并非贬义词，而是一种清新的淳朴之气。尤其是，当社会经济高速发展的今天，在外部世界充满喧嚣纷繁的语境下，能够在置身现代化与全球化冲击的过程中还在最大限度上保留着质朴的本性，这无疑就显得更加难能可贵了。

三、对白族文化的认同

前面已述，剑川是全国白族人口所占比例最高的县份。在剑川，你会

---

① 连瑞枝：《明朝统治下的西南人群与历史》，社会科学文献出版社 2020 年版，第 19 页。

感受到比别的白族地区更为深刻和浓厚的白族文化氛围。到了这里，白语的使用频率非常之高，包括政府部门、事业单位在内的很多部门工作人员也都是以白语进行交流。这一点，与大理州内更靠近州府的下关、大理古城、洱海一带是非常不同的。在这些地方，在很多公务的场合，是以汉语为主要语言进行交流的。比如说下关、大理古城的很多汉族居民，是不可能俯就去学习和使用白语的。这也在一定程度上形成了一种汉、白之间的区分。因为，就算白族人使用汉语，其口音往往受到白族话的影响，说出的汉语是具有白族味的汉语。这一点白族人往往不自知，但汉族人却能轻易辨别，而这其中也就存在了一种隐形的区分。事实上，州内这些下关、大理古城的汉族居民在与白族的相处中，或许表现得不明显，但还是会存在一种文化上的优越感。反过来，白族人可能在心理上存着对本民族文化的热爱，但又不时地在汉文化的强势面前体现出一种相对"不如人"的心态。有些地方的白族，所表现出来的对汉文化的认可是非常明显的。比如在喜洲，"喜洲人坚持他们是汉族的后裔。如果有人对此稍有怀疑，他们便很不高兴"①。这里笔者暂不讨论喜洲人到底是否是汉族后裔的问题，但我认为这种认同的取向中，也体现了对于汉文化的主动靠拢和对原本文化的某种离弃。而在剑川，这种区分就在白族文化的占据主体和更为整体化的呈现中被消解了。进入这里，你感受到的是白族文化一种更为完整的濡染，一种更为纯粹的声音，你也就会不由自主地接受白族文化传统的影响。这也是很多大理的白族人认为剑川的白族比大理市的白族更为"团结"的原因，这里的团结意思是更倾向于在本民族和本乡本土的人群间进行交往。当然，笔者在这里的意思并不是说靠近州府的白族就没有强烈的对白族文化的认同感，但事实上，这里的白族体现出受汉文化影响的更明显痕迹。而在剑川，则更为容易和明显地体现出白族文化作为"地方性知识"

---

① 许烺光：《祖荫下：中国乡村的亲属，人格与社会流动》，台北南天书局 2001 年版，第17 页。

在当地强大的维系能力，也更加能够让身处这里的白族民众感受到自身传统文化的潜移默化和耳濡目染。这也是剑川被公认为是白族传统文化保存得较好的地区的原因之一。

由于处于剑川文献名邦重视传统文化的大环境中，所以石龙村也更加深受白族传统文化的浸润和熏陶。加之石龙的自然地理在剑川县也算是得天独厚，与石宝山之间有天然的密切联系，而石宝山本身也是石窟艺术、歌会文化、宗教信仰的核心场所之一，被群山环绕的石龙，依托自然地理获得了相对独立的文化屏障，也有了让传统文化和"地方性知识"更加自由生长、传承沿袭的基础。所以，前面我们的种种描述中，都可看到石龙村在生产生计、衣食住行、节日仪式、口头传统、多元信仰等诸多方面都独具特色，地处山乡的一个村落，却能够让种种丰富多样的白族传统文化得以最大限度地传承和发展，让我们为之惊叹。

在这里，笔者想通过石龙村民口头流传的民间故事资源来看其对于白族文化的认同。

在石龙村，流传着丰富的民间口传故事。这些口传故事，既有鲜明的村寨和地域特色，比如关于村寨历史和周围的地理、景观的；也有超越村寨和区域范围，指向整个白族群体和文化的，比如说所有白族共同持有的那些习俗传说、民族历史人物传说等。

前者，主要是围绕本村落历史、环境和周围标志性地域展开讲述的题材。包括石龙村的来历、石龙村村名的来历、是谁先到石龙村的、石龙村关帝庙的故事、石宝山的来历等故事内容。这些关于石龙村本身或关于石宝山这一与石龙村有着别的村落不可比拟的亲缘性的山岳的故事，可以说是石龙村的特有资源，某种程度上也是村落口述史的一部分，或许对于其他地区或其他村落而言，这样的叙事无关紧要，但其对于石龙村村民自身的意义却尤为重大。当然，每个地方的这一类民间故事，都反映了当地最富特色的本土文化内涵，都是村落共同记忆和共享传统的载体。甚至，在某种程度上，这样的民间故事对于本村村民而言其作用不亚于神话、史诗等体裁的"根谱"性质。

后者，指的是那些在石龙村流传，同时也在石龙之外的白族地区流传的传统民间故事，包括了石宝山歌会的来历、三弦的来历、火把节的故事、大黑天神的故事、跳霸王鞭的来历、老人为什么要参加念佛会、鲁班的故事以及一系列的龙故事等。这一类的故事，讲述的内容多数是白族各地都存在的文化现象或传统习俗，解释传统节日、习俗和文化事象的来历。石龙村的这一类民间故事，从内容上来说，既有与大理其他地区白族的讲述有差异的，也有很多是与大理其他地区的白族在讲述上存在一致性和共性的。前者比如石宝山歌会的来历、三弦的来历、跳霸王鞭的来历、老人为什么要参加念佛会等，在其他地区的白族民众中也有其他的解释。后者比如火把节的故事、本主大黑天神的故事、鲁班的故事、关于龙的故事，大理白族各地讲述内容多有一致或重叠的地方，如普遍将大黑天神与吞瘟丹母题相联系，将火把节的来源与火烧松明楼故事相联系等。关于鲁班的故事和龙的故事，尽管在其他地方和其他民族中也存在，但石龙的鲁班故事和龙故事往往体现出白族同类故事的特点，诸如鲁班造木人，以及医龙病、与龙打老友结富甲、斗龙的情节，都是颇富白族特色的叙述。无论如何，这些民间故事的题材和内容是大理白族民众共有的一种资源，不管是哪个村寨、哪个地方的白族，都会流传着这方面的民间故事，都用自己的方式在叙说着他们对这些白族民众共同拥有的传统的理解。

后一类的题材，超越石龙村本土叙述，属于白族传统和本土性的题材内容，是所有的白族民众都可能会涉及的一块领地。从另一个角度来说，这也恰恰是石龙村民受整体性的民族传统熏陶的体现。

还有一点需要指出，不管是前者还是后者，在石龙村都体现出主要由男性特别是中老年男性掌握相关叙事的情况。关于村落来源、历史的口述史资源，基本由中老年男性来讲述，而女性和年轻男性几乎没有人能够讲述这一类的故事传说。这表明，男性较之女性更多关注村落的历史，也更注重对村落口述史的运用、传承和讲述，而这样的口述史资源，恰恰从某种程度上说又是村落权威的象征，谁拥有这些资源，谁就是村落的智者和表征。这些关于村落历史的故事，同时也是年龄和经验的象征，只有经过了时间洗礼的长者，才有条件和资格知晓这些源自远古的知识。那些为整个民族群体所共享的历史故事，如火把节与《火烧松明楼》的故事、大黑天神的故事、白王的故事，同样是深谙本民族历史的男性长者的独特资源。这一方面与男性更注重与外界的联系和交往，故而也更加容易被纳入此种超越村寨和地域的交往事件或者历史传统中有关；另一方面，是由于这样的故事往往隐藏着超越村寨和区域的民族共有历史和传统，又由此而生发出民族整体的文化认同意识。

我们可再进一步以《火烧松明楼》的传说来阐述石龙村民对于白族文化的认同。那么，这里需要首先阐明该传说与白族文化的关联性。

《火烧松明楼》传说讲述南诏统一六诏的过程，并被附会于火把节的起源，在白族民间流传广泛且具有深远影响。由于火把节是汉藏语系藏缅语族彝语支多个民族的共同节日，包括石龙村的彝族也要过火把节，所以对这个节日传说的讨论在石龙的文化认同话题框架下具有特殊的意义。大理白族的火把节是每年农历六月二十五日，届时，白族地区的村村寨寨都要扎火把、点火把欢度此节，石龙村也不例外。而石龙彝族是在六月二十四日过火把节。

我们先引石龙村中流传较广的一则火把节的传说：

> 火把节不是为了庆贺五谷丰登，而是另有缘由。大理的白王登上了皇位，他没有儿子，只生了几个女儿，其中一个女儿叫三妹，又叫白姐圣妃，很是聪明。白王良心不好，他先将女儿们嫁给了有钱人，之后又想害女婿们好霸占他们的家产。三妹对白王说："爹，不要把我许配给富商，我要自己找个人嫁。"白王不同意，于是，有一天，三妹偷了父亲的一箱金子，走出了大理城。她见到一头很大的水牛躺在路边，就对水牛说："你这头水牛长得真丑呀，我从来没见过像你这么丑的牛，你躺在这儿是想让我骑吗？"水牛点头说道："嗯！"三

妹骑到了牛背上，牛就站了起来。她对牛说："你把我驮到哪家我就做哪家的媳妇。"水牛把她驮到了洱源，走到一个很窄的巷子里，牛把角弯下去一点儿就走了进去。天已经黑了，牛走进一个院子，蹲在院中。三妹问牛："你要让我做这家的媳妇吗？"牛回答："嗯。"三妹于是就走进这家，打开这扇门看看，又打开另一扇门看看。等她再出来的时候，牛已经不见了。她又打开了一扇门，看见一个老奶奶在一盆昏暗的火旁烤火，三妹问道："大妈，您没有伴吗？"老奶奶答："我有一个伴的，就是我儿子。他去砍柴养活我，现在去卖柴了，还没有回来。"三妹说："我来做您的儿媳妇好吗？"老奶奶的眼睛有点儿看不清，她抬头看了看三妹，说："你是皇帝家的姑娘，我不要。我儿子养我都养不起，再娶来你这样一个人，怎么养得起？"三妹怎么劝说，老奶奶就是不答应。这时，老奶奶的儿子卖柴回来了，三妹说："你的柴卖了没有？"他回答："卖了。"三妹又道："我今天来做你的媳妇。"樵郎不同意，说："我连养我妈都养不起，再养你就更养不起了。"三妹说："你不用担心，我偷了我爹的一箱金子，可以够我们吃几年了。"樵郎说："你拿出来给我看看。"三妹将金子拿出来，这是一箱金豆子。樵郎说："这不是金子吧，我去砍柴的地方有很多这样的东西，这是石头。"三妹说："这就是金子，你说你砍柴的地方有，那你明天领我去看看。"第二天，他们借了一匹马，到了樵郎砍柴的地方，真的看到了一大堆的金子，原来这是上天专门变给白姐圣妃的。金子很多，他们拿了一些，拿不完，还挂了一些在马上。后来又买了几匹马去驮金子，驮回来的金子装了满满一间屋子。樵郎说："我们要请你父亲来吃一顿饭，否则就不合道理了。你父亲虽然是皇帝，但钱还没有我们多。"三妹说："不能让我父亲知道，他的心最毒，他盖了一间松明楼，专门害他的女婿。"樵郎坚持要请，于是把白王请来吃烧鸡、烧鸭。吃完后，白王去逛，看到了一屋子的金子，感叹说："我当皇帝，但钱财加起来也不及女儿钱财的零头啊！"于是，他对女婿说："六月二十五日，你一定要去我那儿吃饭。"三妹知道了这件事，嘱咐丈夫："父亲只请你，我不能去，你要带上三根细香，要是你在那边出了事，就点起香，我就会到你旁边了。再戴上一个金镯头。"到了那天，白王把女婿们请到了松明楼上，女婿们都喝醉了。三妹在家中，到了半夜三更的时候，她爬到高处往大理城方向一看，只见大理城中已是火光冲天了，原来女婿们已经被白王烧死了，樵郎的三根细香也没来得及点。三妹去找丈夫的尸体，用双手去挖，挖得双手都是血。樵郎戴着金镯头，所以三妹找到了樵郎的尸体。因白王太霸道，在各地点兵，所以上天不容他，后来白王逃到了缅甸。所以，我们现在过火把节竖火把是为了纪念白姐圣妃的丈夫被烧死。我们用凤仙花包手指甲是为了纪念白姐去挖他的丈夫时手指头挖出了血。①

我们再来看村中流传的火把节传说的几则异文，异文一是：

据说，南诏国的国王觉得女婿们比自己的儿子能干，于是设下一计，在农历六月二十五日这天，把女婿请来家中吃饭。聪明的三公主知道父亲没安好心，在丈夫临行前硬是在他的手上戴了一个铜镯头。国王命人用松树和明子搭成一座亭子，六月二十五日那天，全家在亭子里最高的一层吃饭，国王灌醉了女婿，然后偷偷下了亭子，让人点燃了亭子，把所有女婿都烧死了。其他女婿的尸体都认不出了，只有三公主凭借铜镯头认出了丈夫的尸体。后来，六月二十五日大家点火把纪念他们，就成了火把节。火把节这天，人们要把手指甲染成红色，表示三公主挖丈夫尸体的时候手指都挖出了血。②

异文二是：

以前大理国王没有儿子，只有三个女儿。国王怕三个姑爷篡位，

---

① 讲述人：李定鸿，讲述时间：2004年7月25日，讲述地点：李定鸿家，采录人：董秀团、段铃玲、赵春旺。

② 讲述人：张定坤，讲述时间：2008年7月25日，讲述地点：本主庙，采录人：董秀团。

就起了歹心想杀死他们。三女儿厉害一点儿，让丈夫戴了一个金镯子。国王让三个姑爷到一个房里，自己跑掉，然后一把火烧死了他们。女儿们去找丈夫的尸骨，却只有三女儿凭金手镯认出了丈夫的尸骨。为了纪念这三个被烧死的姑爷，人们就在六月二十五日他们被烧死那天过火把节。①

异文三是：

大理国国王有几个儿子、几个女儿，国王建了一座明楼，请他的几个女婿来赴宴，三女儿知道她父亲请他们过去是要烧死几个女婿，就给她的丈夫戴了一个铁手镯。后来明楼被烧，几个女婿被烧死，尸体烧焦认不出，只有三女儿靠铁手镯认出了她的丈夫。几个女儿挖废墟找尸骨时，手指都挖得流血了，所以现在过火把节有染手指甲的习俗。火把节立火把就是庆贺火烧明楼，因为火烧明楼那年庄稼长得很好，人们过火把节庆贺五谷丰登。②

异文四是：

南诏国时，国王有三个女儿。在六月二十五日这天，他把三个女婿叫到皇宫中好酒好肉招待他们。三女儿较聪明，在丈夫临走前对他说："爹爹请你们吃饭，凶多吉少。"还让丈夫把铁手镯戴在左手。三个女婿被请上松明楼，发现被请的只有他们三个人，在他们上楼后，楼梯也被撤掉了。此时大火烧了起来，他们想要逃跑，但却苦于没有楼梯，于是三人被活活烧死。三女儿凭借手镯找到了丈夫尸骨。那一年，五谷丰登，后来就在这天过火把节。③

异文五是：

---

① 讲述人：李福四，讲述时间：2016 年 8 月 1 日，讲述地点：李福四家，采录人：昂晋、苏苑琴、李志兴。
② 讲述人：张灿兴，讲述时间：2016 年 8 月 2 日，讲述地点：张灿兴家，采录人：赵晓婷、卞宇田、宋妮妮、张宇。
③ 讲述人：张福友，讲述时间：2017 年 8 月 2 日，讲述地点：张福友家，采录人：董秀团、段淑洁、和丹清、王玉洁、杜娟、李志兴。

　　大理国王有五个女儿，五个女婿是虫子变成的，粮食成熟以前他们就会把粮食都吃了，很多人就饿死了。国王把五个女婿请来在明楼摆酒席，吃到一半的时候国王就走了，国王让人点火把五个女婿烧死，虫子就没有了。为了庆祝五个女婿的死去，百姓过上好日子，每年人们都会过火把节。①

　　在前述几则石龙村流传的故事中，尽管在不同的异文中，该核心情节展开的原因、涉的主角可能并不太一样，但几则故事的共同点是都有火烧松明楼的核心情节。

　　此外，笔者在这里再引用大理喜洲金圭寺的大本曲艺人董学飞根据民间传说编唱的相关曲词：

　　（引）六月火把照人间，奉请五诏祭祖先，不知是谁设下套，松明楼焚五诏君。（白）唐天宝年间，南诏并吞五诏，是白族史上的一件大事。洱海地区部落林立，各姓分散，大不相统，后逐步形成六诏，有一段历史传说的故事。各位听我道来哪！（唱平板）

　　　夫汪武捞亮过加（汉译：六月底到要过节），

　　　历史故典谱新章（汉译：历史典故谱新章），

　　　民间至古今传说（汉译：民间自古传到今），

　　　谈美德留芳（汉译：谈美德留芳）。

　　　夫汪武捞立火嘴（汉译：六月底到立火把），

　　　颂扬柏洁事一桩（汉译：颂扬柏洁事一桩），

　　　历史根源一件事（汉译：历史根源一件事），

　　　千年历史光（汉译：千年历史光）。

　　　双灯六诏捞等闲（汉译：说的是六诏之前），

　　　大理部落如散沙（汉译：大理部落如散沙），

---

① 讲述人：张庆长，讲述时间：2016年7月31日，讲述地点：张庆长家，采录人：赵晓婷、卞宇田、宋妮妮、张宇。

各姓分散不相统（汉译：各姓分散不相统），

各姓霸一方（汉译：各姓霸一方）。

恨后逐步成六诏（汉译：后来逐步成六诏），

六诏各王据一方（汉译：六诏王各据一方），

人民各归各其主（汉译：人民们各归其主），

各保各江山（汉译：各保各江山）。

约在唐开年元内（汉译：约在唐开元年内），

蒙舍诏王条件佳（汉译：蒙舍诏王条件佳），

皮罗阁势力强大（汉译：皮罗阁势力强大），

想统一归他（汉译：想统一各诏）。

他在巍山垅圩寺（汉译：他在巍山垅圩寺），

设下了圈套一桩（汉译：设下了一个圈套），

搭起一座松明楼（汉译：搭起一座松明楼），

请五王宴欢（汉译：请五王赴宴）。

正在因入热闹处（汉译：正在吃到热闹处），

笙歌宴舞很喜欢（汉译：笙歌宴舞很喜欢），

阿只好宅数坑约（汉译：忽然房屋起了火），

干五王数相（汉译：把五王烧死）。

柏洁去找奔博尼（汉译：柏洁去找她丈夫），

尼格伙认期朵三（汉译：认不出来谁是谁），

丈夫手戴金手镯（汉译：丈夫手戴金手镯），

到处去找翻（汉译：到处去找翻）。

手丈树之烧烂号（汉译：一双手都被烧烂），

手指头嫫挖期双，（汉译：手指头都挖出血），

最后以金镯为证（汉译：最后以金镯为证），

认出丈夫他（汉译：认出了丈夫）。

皮罗发兵征五诏（汉译：皮罗发兵征五诏），

柏洁誓死抵抗他（汉译：柏洁誓死抵抗他），

最后柏洁跳洱河（汉译：最后柏洁跳洱河），

洁白事一桩（汉译：洁白事一桩）。

这是历史的显照（汉译：这是历史的显照），

人民为了纪念她（汉译：人民为了纪念她），

夫汪武捞立火脊（汉译：六月底到立火把），

颂扬历史光（汉译：颂扬历史光）。

女尼手捞毋加庆（汉译：女子手染凤仙花），

代表手树挖期血（汉译：代表双手挖出血），

一年一度龙船会（汉译：一年一度龙船会），

人民崇拜她（汉译：人民崇拜她）①。

董学飞的唱词同样也是围绕着火烧松明楼和纪念柏洁夫人的核心母题而创编的。石龙村多则异文和洱海边的大本曲艺人身处不同的白族地区和村寨，但是在面对火把节传说的传统口述资源时，关注的核心内容却是具有稳定性和一致性的，这说明他们都是受着整体的白族文化系统的影响。

进而言之，火烧松明楼的核心母题正是白族火把节传说的特色，也是白族火把节起源传说与其他民族的火把节传说非常不同的地方。比如彝族对火把节起源的解释就多与人间的英雄与天上的大力士比赛摔跤一事相联系，人间英雄战胜了天上的大力士，天王发怒，撒下无数害虫吃人间的庄稼，百姓为了保护庄稼，点燃火把烧死害虫，因此形成了火把节。纳西族则说玉皇大帝嫉妒人间百姓的美好生活想要烧光人间，为了瞒过玉帝人们点燃火把让玉帝认为人间已经被烧毁。

石龙村的火把节传说，与白族地区总体情况一致，以火烧松明楼核心母题作为叙事的重点，并且在叙述这一故事的时候，也是与大理其他地区的白族一样，将故事与白王、南诏王或者大理国国王相联系，与本族重大

---

① 董学飞编于 2016 年夏。董学飞于 2019 年 7 月 9 日通过微信转此资料给董秀团。

的"历史事件"相结合，尽管火烧松明楼的故事并不等同于历史本身，但将故事发生背景与本族重大"历史"相联系这一点从本质上却具有相似的意图和功能。当然，与大理其他地区流传的故事是将火烧松明楼与南诏统一各诏亦即六诏归一的史实相勾连不同，石龙村的故事将文本中发生关系的两方从各诏诏主变换成了翁婿关系，似乎少了一些历史和政治的烟云，多了一些世俗生活场景的气息。在石龙的民俗中，至今仍保留火把节邀嫁出的女儿携婿回娘家的习俗，但又严格谨遵不能在六月二十五日火把节正日这天回娘家的传统。或许这正是石龙村地处山区，有自己相对隔闭的生存空间，因而一方面受到白族整体传统文化的熏陶，但又体现出远离政治中心的倾向的一种表达。

综上，石龙村流传的火把节传说的个案，可让我们窥见石龙口述资源中所体现出来的那种置身于白族传统文化体系并深受其影响、对白族文化传统保持高度认同的取向。这样的浸染是无形的，但又是具有强大的力量的，这是在本民族文化资源和地方性知识的共享中实现的对文化系统内各群体、各因子的一种规约和整合。白族的各个县份、各个村寨或许各有特色，并非是均质化的存在，但是，在白族传统文化这一整体格局之下，各自特色的存在并不会对整体共享传统资源的持续性力量产生太大影响。

结　语

在这个部分，笔者想要回应我们在开头所提出的问题，讨论本书从三个向度交互的视角对石龙村进行梳理和观照所具有的价值，并对此种三向视野下呈现的石龙生活世界图景进行概括和总结。

一、三个向度视野的价值

在本书的开头，我们提出了审视石龙村民俗生活世界的三个向度。我本人作为大理洱海边的白族但并非石龙人的向度，石龙村日志记录员的向度，石龙普通村民的向度。

这样的三个向度的多重审视，目的无他，就是为我们看待同一对象、同一事物提供多一种视角、多一个思路、多一份可能性而已。而这也是我们加深对石龙及其他传统村寨认识的一个途径，在多元化和多向度的审视中，力求更接近此种"地方性知识"中所蕴含的深厚意义。在此，笔者不敢说我的笔下呈现的石龙便是最客观、最准确、最真实的，况且，从某种意义上说，本就不存在这样的真实和客观，不存在所谓的权威和标准，但是，三个向度的审视至少会带领我们看到石龙这个村子及其村民生活世界更为多样的存在方式。如此，我们都只是在相互凝视和多向互动中建构起与对象的认知而已，但是我们却能够在多重视野的观照和交互变化的视角中更接近我们笔下试图呈现的那个生活世界的美丽图景。

作为文化人类学三大方法论原则之一的"文化相对论"早已为更合理

审视、理解和阐释"异文化"提供了理性支撑，而对异文化的此种理解和包容是实践文化多样性和多元化格局的重要基础。随着现代化和全球化浪潮的日益深入，经济一体化和文化的趋同性更加明显，但是，与此同时，保持不同地区、族群的传统文化，并构建文化的多样性发展格局却越来越成为人们的共识。文化的多样性发展和多元化呈现对于人类整体来说具有重要意义，可以为人类在面对未来挑战的时候拥有更多的选择和应对提供强有力的支撑。人类的经验获得和知识积累具体路径各不相同，不同地区和族群多元文化图景的存在具有自身的逻辑机理，这也是"地方性知识"可贵和值得珍视的原因之一。因而，人类在面对外部世界的过程中，本身就存在着多样的选择和多种的可能性，不能想象如果人类的知识和文化系统完全趋同，人类在面对变化多端又蕴含着无限可能性的外部世界的时候会是多么的贫乏和无力。然而，文化的多样性图景和丰富的价值如果不为人们所认识，并且在被认识的同时不断地被实践和展现，那么，所有的一切也只不过是空想而已。

正是因为怀着这样的想法，我非常希望能够将石龙村作为"这一个"的个案与所有的人分享，走进石龙，感受石龙，理解石龙，阐释石龙。作为"这一个"，石龙村民生活世界的所有呈现，是特有的"地方性知识"的体现，更是人类文化多样性图景中不可或缺的一环。其实，在石龙村民生活世界图景的自身中，已然蕴含着此种多样性和多元化的逻辑，所以，我更愿意从不同的角度来呈现这一研究对象，让石龙村民的生活世界在不同角度的显影中得到更为立体的呈现。这就是本书采用三个向度视野观照石龙村民生活世界的用意所在。

二、三向视野下石龙生活世界的图景概括

一个村寨村民的生活世界是在村民的"生活过程"和"实践行为"本

身当中展开的，这从一定程度上说是一种"自运行"的状态，在其展开和实践的过程中，会因受到不同因素的影响而发生某种变化，但从整体上看，此种实践的过程是自在自为的，是必然会呈现的，而无关其最终以何种面目出现。所以生活世界本身就是存在于那里。但是，由于生活世界的呈现和实践会受到时空、场景、人物诸因素的影响而在必然中生发着偶然，再加上这个本身即存在的生活世界是需要人去看、听、感受才被"显现"，因而实践本身如何被显影就成为一个问题，不同的人群、不同的立场看待原本"固定"和"同一"地存在于那里的生活世界的时候，自然，相应的解读也就有了诸多的不同。所以，任何一个个体所感受到的东西都是其所身处或者面对的"生活世界"显影的一部分，任何个体都会对此"生活世界"的显影发挥作用，当然，或许某些解读是会导向更多的误解的，这种误读甚至会让人们距离生活世界原本的图景越来越远，不能企及其真实。然而，若是没有解读，生活世界又如何得以在人们的心目中得到显影并且逐渐清晰起来？正是因为如此，即使是有偏差甚至误读，也无法阻止人们试图去阐释的步伐。而我们现在做的，恰恰是以尽可能显影一个原本存在的生活世界图景为最大目标。所以，本书选择三个向度视野来审视石龙村民的生活世界。或许三个向度远远不够，每一个个体眼中和心中看到、体会到的都有所差异，但是毕竟我们面对的对象又是一致的，因而我们还是会有着一种希望，在这不同的显影中逐渐更加完整地去勾勒出那幅原本自在的生活世界的图景。

（一）文化传统的自运行

文化传承的脉络与传统保持着较高的一致性和契合度，文化传统的自运行力量在持续发挥作用，这是石龙村的生活世界给予我们的第一个感受。

每个民族的文化在长期的运行中会形成一个相对自足的系统。在文化

318

系统内部存在一种自身的逻辑和发展的惯性。文化系统由各种文化因子组成，当内部的文化因子没有发生变化的时候，文化系统的自运行力量和传承发展的惯性就比较突出。当内部的文化因子发生这样或那样的变化的时候，文化系统自然也会随之发生变化，但是，变化的巨与微则会以文化因子变化的程度以及因子与因子之间结合、重组的程度而定。导致文化系统发生变化的另一个重要原因是，与外部其他文化系统之间的交流和相互影响。当与其他民族或者其他的文化系统发生接触和交流时，文化系统之间的文化因子可能就会产生相互的接触、影响、重组、涵化等过程，使得文化系统内部的自运行发生改变。当然，这样的变化其巨与微也是由两者接触的深度、广度以及发生影响和重组的不同情况而定的。文化系统自身存在相对闭合的一面，因而文化系统与文化系统之间存在着无形的屏障，但是这种屏障并不是严格的边界，也不是铜墙铁壁，因而，当文化系统与文化系统之间发生接触和交流时，文化因子之间的接触与交流也就不可避免。当时间久远的长期接触发生时，这种交流和影响发生得相对平缓，但是，当时间较短冲击却来势凶猛的时候，接触和交流就会变得比较急遽。

石龙的文化系统就体现了文化传统自运行力量相对突出的现象，文化系统内部自身惯性和传承力量的延续性和一致性比较明显。

笔者将从两个方面来说这个问题。

从文化系统自身的闭合性而言。石龙村的文化系统正是得益于自然地理环境而拥有了一道天然的屏障。对此前面已有阐述，群山环抱，远离市镇中心，最近的村子离石龙也有数公里，这也超出了可以顺畅进行日常密切交流的一个范围。因而，石龙与周围各地包括沙溪之间的交流从来并未阻隔，但也从来不是水乳交融。前面所述比较明显的区隔意识就是明证。由此，纵观其文化传承发展，并没有出现明显断裂或者跃迁的情况，自足性和连贯性较为突出。以村民参加石宝山歌会而言，虽然一度政府不允许民众对歌集会、山林野合，但其实私下的参与却从未断绝。再如对本主的崇拜，在"破四旧"、民间信仰被视为封建迷信的年代，村民对本主的信仰事实上也并未消失。更不用说其他层面的文化因子，基本是按照文化系统自身的运行状况在有限度的变化中传承和发展。

从文化系统与外部系统的交流而言。石龙村的文化系统与外部文化系统并非没有交流，但是自身内部的延续性和与外界的交流相比仍要显得更为突出。除了与国家的大政方针保持一致并被卷入其中之外，并没有更大的历史事件或者文化冲突的事例发生。如果我们稍微把眼界放大，从整个白族的文化变化脉络和发展历程中来看石龙，仍可发现此种特点的存在。笔者认为，白族的文化从产生至今还是出现了一些特殊的历史时段使得其文化传统发生了较大变化。在此，笔者不拟追溯远古时期白族文化的初始发生，目前学界比较认同的是，白族作为一个相对稳定的共同体是在南诏后期逐渐形成的，在南诏和大理国时期，白族是作为主体民族存在的。尤中指出："南诏统治时期，国王虽然是滇西蒙舍（今巍山彝族自治县）的彝族，而在政治上，尤其是文化方面起主导作用的都是白族。白族是南诏的主体民族。"[①]到大理国时期，白族封建主为统治者。此时期，白族作为主体民族的地位进一步得到巩固。元代，忽必烈灭大理国，然而由于蒙古兵进入大理国境内时，遭到白、彝等族的强烈反抗，同时，边疆地区以傣族为主的各民族又一时难以征服，故元朝统治者采取了拉拢白、彝等族中已投降的贵族的政策，加上元朝享国日短，还没有能够以强有力的方式将征服地纳入中央王权的控制之下，因此，丧国之后的白族在文化、心理上承受的震荡并不是想象的那么大。然而，明代以降，这种情况发生了变化。由于移民屯田等措施，白族地区的主体民族由白族变成了汉族，在汉文化强势输入的背景下，白族知识分子身上汉文化的烙印开始大量凸显。白族文化中至此被打上了鲜明的汉文化印记。白族文化出现了一个转型期。这样的文化转型自然是剧烈和阵痛的，但石龙村却由于自身的特殊情况，转型被淡化了。前面已述，石龙的历史，多数村民的口述史中将之

---

① 尤中：《中国西南民族史》，云南人民出版社 1985 年版，第 239 页。

追溯至明代，李绚金则认为可前溯至元。无论如何，还没有证据显示石龙村民早于元明就在此生息繁衍。这里的历史脉络似乎从一开始就是从元明才开始显现。由此，对于其历史与南诏大理国勾连的人群来说所经历的转型之痛在这里却不存在。所以，石龙的白族的文化系统中没有显现此种比较明显的文化转型的痕迹。到了中华人民共和国成立后，被纳入国家统一格局中的石龙白族，与别的白族村落一样，面临的问题主要是在各民族平等团结的大背景中对国家主流意识形态的适应。在这个过程中，对中华民族共同体意识的认同和靠拢总体上是顺畅的、自然而然的。直到改革开放后，石龙也和其他地区和其他民族一样，面对的是现代化和全球化浪潮的冲击，传统的文化发生变化，传承成为重要问题，文化系统与民俗生活的关系也与过去相比大有不同，但是，石龙的白族文化总体上没有经历大的断裂式冲撞，文化的根基和脉络还是在持续和平缓中得以传递承续，很多文化现象在这里也没有丢失，虽然出现变化是必然的，但并不是不可承受的巨变跃迁。也就是说，就白族文化的整个格局而言，明清的转型期可谓是非常大的一种变化，但是这个时期的转型还无法从石龙村的文化图景中去获得印证。此后石龙村所面临的这些冲击，则或者更关乎自己村落，或者与更大范围中的群体一样是所有少数民族群体皆要面对的问题，但并不会让其文化传统发生巨变断裂。

从石龙村文化系统的内部，以及石龙村文化系统与外部文化系统之间的交流来看，都说明了石龙村文化传统内在惯性和承传力量的相对延续和统一。

（二）吸纳外来文化的同时坚守自身传统

在外界冲击的境况下，出现发展变化的同时坚守着自身独特的文化气质，这是石龙村的生活世界给予我们的另一个感受。

石龙村的文化系统在遵循着较强的自运行力量的同时，并不是与外界没有任何的交流。但是在这种交流中，吸收外部文化并没有让石龙的文化被同化，反而让她的文化传统更加丰满。这些交流的重要时刻，笔者拟通过一些个案来进行论述。

一个例子便是春节唱乡戏习俗。

石龙村至今流传着春节期间搬演乡戏的习俗。大年初二开始，一直到初六结束，以前则时间更长，要持续八九天。每天从早到晚在本主庙中戏台上演出，初二和初五因有仪式戏而尤显热闹。在乡戏表演的身上，较好地体现了石龙文化接受外来影响并将之融为自我的一部分的发展机理。石龙村的乡戏，应属滇戏，所唱剧目多滇剧剧目，唱腔亦多滇剧声腔，规程上也多遵循滇戏体制。从源头上来说，这是一种外来文化。

因缺乏确切的证据，石龙村乡戏演唱的确切源起时间还有待进一步考证。绝大多数的村民都说，很早以前就唱了，古辈子就唱了，已经说不清是从什么时候开始唱的了。据《剑川县志》的记载，在清代道光年间，滇剧传入剑川，但当时多为外地戏班到此演唱，本土戏班尚未形成，而石龙位居石宝山腹地，乡戏产生时间当还更晚一些。据张金鸿老人讲述，本主庙的大殿、二殿和原来的戏台是清朝时期就修建的，后来，戏台被毁，大约于 1984、1985 年的时候重新修建。2014 年村民又再次维修戏台。所以，村中唱乡戏也可能是从清朝末年约清光绪时期开始的。"文化大革命"中，村中的乡戏演唱活动一度停止，"文化大革命"结束后，在张士元的组织下唱戏活动又重新恢复起来。重新恢复的最初几年，戏台还没有重修起来，当时是搭建临时的木头戏台唱戏，这样唱了三四年，后来又重修了戏台。① 据李定鸿老人讲，石龙村的先民从鹤庆搬来就已经有唱乡戏的传统，清朝时张正东（张兴旺的岳父）向剑川城里专门唱戏的段姓人家，也就是当时唱滇戏很有名的一个叫小燕飞的人专门学习，回来之后又传授给村中的人，包括张士元的哥哥。后来张士元的哥哥又在村中教唱戏，于是滇戏

---

① 2004 年 7 月 25 日访问张金鸿，访谈人：董秀团等。

得以一代一代相传，张士元也是向哥哥学的。① 张瑞鹏也说民国时期石龙就开始唱戏了。从石龙乡戏传承的情况来看，现在活跃在乡戏活动中的最老一辈，能清晰地说出自己的师承，学自何处何人，但再往上追溯，却都不甚清楚了，而目前戏老师中最年长的张定坤 1938 年生，2005 年去世的张金鸿 1935 年出生，他们都是在小时候就看到父辈参与乡戏，如此看来，在新中国成立前石龙乡戏已经流传。村中的知识分子李绚金老人等也同意这种说法，只不过，李绚金访问李德富老人后认为石龙的乡戏在 1940 年以前虽然有，但是还未形成一个戏班子，因为当时唱戏的伴奏人员还需到外面请。以下是李绚金对乡戏的历史所做的一番梳理：

> 据说石龙的乡戏起源很早，但没有文字记载，也只能说是传言。但有一人，从其身上可找到一些线索。李玉才……出生于 1946 年。考证石龙乡戏起源，为何先从李玉才身世说起？原来李玉才和他的父亲李长生是戏班子的核心人物。1940 年以前石龙唱乡戏必须到外地请钹手、鼓手、二胡手，因石龙不会。从这里我们可以看出所谓石龙乡戏其实仅仅是一个雏形，谈不上戏班子。鉴于这种情况，由李长生、李泽中、张仁厚、董富恒等 9 个爱好者自发捐资请剑川甸南狮河村一个老者来当师傅，在李长生家专门传诵鼓钹、二胡演奏技艺。李长生原向董富恒的父亲学了一些二胡知识，他一看一听就会，经名师点拨，天才毕露，二胡技艺已达"余音绕梁、三日不绝"的程度，而李泽忠学钹，张仁厚学鼓也逐渐精通技巧，再加上张向乾学识渊深，会当戏师和画脸谱，石龙的才子们无师自通，生旦净丑各角色都有适合的人担任。至此石龙的戏班子已具规模，春节只要租一副衣箱，就可单独出演，后来购置了衣箱，可以随时出演。成为全县现存较为完整的戏班。

---

① 2007 年 2 月 20 日访问李定鸿，访谈人：董秀团等。这里村民说法有些不一致，李定鸿老人说张士元是跟其兄学戏，而张灿兴则说父亲张士元可能是跟张士元的伯父学的。

　　1944 年前后石龙真的有戏班子，在全县已有小名气，但主要演员非职业化。当时马登西宅（即现在的马登镇）新建一戏台，需要镇台，即第一次在台上跳财神，今后才能启用。经马登人多方活动，最后请沙溪寺登镇的一个演员跳财神，请石龙的"长命班"即乐队到马登"镇台"，万事齐备，这时乐师即二胡手李长生双脚瘫痪，病倒在床，怎么办呢？最后决定用滑杆把李长生抬到马登，李长生到马登先去温泉洗澡治病，说来也是一大奇事，经泡洗后，双脚大有转机，几次后竟能登台伴奏，最后圆满完成任务。现在石龙 60 岁以上的都说"抬滑杆进去，自己走回来"，说的就是这件事。

　　李长生回家后病好，但因夫人每次生育都出事，于是讨了第二房张来秀，结婚后一年就生下独儿子李玉才。李玉才于 1998 年去世，享年 52 岁，即他生于 1946 年，照此推算，石龙的戏班子形成于 1940～1945 年。因为没有文字记载，有人说石龙戏班子早就有了，但如果真的如此，李泽中等 4 人为何自掏腰包请师学艺呢？虽然没有文字记载，但 60 岁以上的人包括笔者本人亲眼目睹李玉才和他父亲李长生的经历过程，因此可以肯定石龙村的戏班子形成于 1940～1945 年，2005 年依然活着的张定鸿、张金鸿、李茂生、张定坤、李庆生、李绚金等有文化知识的人可为证。

　　上述资料由李德富（男 76 岁，现常住宝相寺）今天在观音庙提供。旁听的有赵春旺、刘洪正、李定鸿、张俊宝。据李德富介绍，石龙戏班第一次出外是到马登西宅，时间 1944 年，当时马登镇镇长是施布云，他亲自到沙溪和石龙雇请戏班子人员。当时李德富在剑川公安局常备队当兵，他不时出差马登因而亲眼见和亲耳闻。[1]

从上述口述史可以看出，在 1940 年前石龙虽然没有完整的戏班子，

---

[1]　引自云南大学聘请的村民日志记录员李绚金 2005 年 2 月 13 日所记日志。见董秀团主编：《石龙新语——剑川县沙溪镇石龙村白族村民日记》，中国社会科学出版社 2009 年版，第 253—254 页。

但是已有演戏活动，只是要去外面请伴奏的"长命班子"。

那么，这样一个外来的文化，为何在几十年后却成为了石龙村民最乐于去遵守的村寨传统呢？笔者认为，这其中，最重要的原因就是石龙村民将这一外来文化融入到了本土的本主信仰体系，将乡戏与本主崇拜结合，赋予了乡戏被村民接受的最核心动力。石龙的乡戏是一种与本主崇拜这一宗教信仰紧密关联的活动，是艺术活动与宗教仪式的叠合。石龙乡戏并不是一种单纯的艺术表演，而是与民众的宗教信仰相关的仪式过程，乡戏演出的目的是为了娱神祈福，村民相信这样的行为会得到本主神灵的护佑，为整个村落和全体村民带来福祉。举行一次乡戏活动，就如同经历了一次严肃而神圣的仪式，特别是"跳财神""打加官""出赐福"等内容和开台、扫台等仪式，不能出现丝毫差错，每一个动作、唱腔和唱词均与全村的平安和幸福相关联。2009年春节乡戏由李丽琴家承头，李丽琴的丈夫李兴成扮演财神。李兴成的情况比较特殊，他是宾川人，与李丽琴结婚后在宾川和石龙两边都安了家，再加上他常年在外从事雕塑行业，具有一定的经济实力，对石龙的公共事务也比较热心，因而得到了村民的支持。我记得当时李兴成非常重视此事，演出前一直比较紧张，他当时年纪较轻，加之不是石龙村长大的人，觉得自己经验不足，所以在立戏神牌位时就请戏师傅将财神的台词写下来，在演唱前背了很多天。所以说，石龙春节的乡戏活动，与其说是艺术展演，勿宁说是宗教仪式。在活动中，体现了艺术与仪式的交融和嵌合。正是因为石龙村民将外来的滇戏表演与原有的本主崇拜结合共存，给本主赋予了看戏

李兴成

听戏的爱好，便让这每年一度的展演具有了一种神圣性，从一种自我娱乐上升到了酬神敬神。

从乡戏的例子，我们看到了石龙村的文化系统在传承自我的过程中，也吸纳着外界的文化因子，又将之整合为自我文化的有机组成部分。现在到石龙，村民会为村寨的乡戏能够长期保留而自豪。而事实上，在剑川各地，以前有滇戏搬演的地方，绝大多数已经未能保有此种传统。村中的戏老师自豪地告诉我，当别的地方新修了戏台需要唱"震台戏"的时候，周围各村各寨都没有能完成的，最后还是到石龙请村民去为他们完成的"震台戏"。

洞经会也是外来文化本土化之一例。从洞经会这一民间组织的产生来说，石龙的洞经会源于宣善堂，以宣讲上谕为己任，在剑川各地设有分坛，因而追根溯源，洞经会的前身就是一种极为典型的外来文化。洞经会谈经演奏的也主要是一些道教的内容。但是，这一外来文化，逐渐与村寨的传统文化和民俗融为一体，时至今日，村中凡有丧葬仪礼，必然要请洞经会谈经和施行相关的仪式。火把节等重大节日，洞经会也必会到场演奏。凡是村中大小会期，洞经会就和念佛会一起做会念经，为村民求安，为村寨祈福。凡此种种，都说明洞经会已经成为石龙村民俗文化系统中不可或缺的一环，扮演着重要的角色。当然，洞经会在石龙的存在和文化传承，并不是一个特例，所有的白族地区都有洞经会的忙碌身影，介入当地村寨核心的民俗文化系统，已经成为洞经会发展的一种路径。而这，也从更广的层面说明了石龙村与别的白族地区一样，在吸纳外来文化的过程中，存在化为我用的机制，能够让外来文化与原有传统达成融合，最终又共同成为一种新的传统。

20世纪80年代以后，石龙村和我国所有的地方一样，进入了新的发展时期。此时所面临的最大的外部冲击和改变就是现代化和全球化浪潮的日益深入。外部生活方式的变化、媒体的飞速发展，这些都对石龙人的生活造成了很大的冲击。包括白族调、霸王鞭这些传统的民俗在内，其功能和形式也都发生了不少的变化。传统民间艺术的展演化倾向越来越突出。很多年轻一代也已经在一定程度上脱离了传统生活的乡村语境，在城市中获得新的发展。但是，石龙村却在接受这些外部力量和改变的同时，仍在坚守着传统。结合国家和政府各级部门对非遗的保护等工作的开展，石龙村在适应中尽力保存和传承着传统的文化。比如近年来在村中开展的"土风计划"，也做了不少工作，培训了不少村民，让大家都尽可能多地参与到白族调、霸王鞭、乡戏等传统民俗的传承当中。一些民间歌手或者艺人争取到了各级非遗传承人的称号，并在践行着自己的传承责任。有的村民原本只是传统文化的爱好者，现在，在外界的影响下变成了传承者。张吉昌就是一个例子。他原本对白族调也有爱好，却从未在人前表演过，后来，由于石龙村的白族调在非遗保护的大背景下地位和关注度越来越高，加之新媒体的发展，村民人手一部手机，几乎人人都用上了微信，歌手们加入多个以民歌交流为主要内容的微信群，张吉昌慢慢地在微信群中与人学唱、对唱，到现在，已经和歌王李根繁和另一位女歌手张太英等人录制了自己的白族调DVD，还经常受邀到兰坪等地演唱。他还很不好意思地说，自己现在也是小有名气的民间歌手了。所以，笔者想在这里说的是，一方面，外界的飞速发展让少数民族的传统文化包括石龙村在内遭遇了前所未有的挑战，但与此同时，传统文化在发生着改变的同时，也获得了新的发展的机遇和生命力，那些我们原本以为在现代化和全球化冲击下会悄然消失的传统，不仅没有消失，而且还与外界新的语境一起形成了新的传统，这样，过往与未来之间便在当下得到了一种勾连，我们的传统就像一条延续的河流，奔腾不息，尽管有弯道，尽管河流的每一段都有不同的风景，却一直是那一条从远古流至今日的河。

（三）求同存异与"美美与共"

费孝通曾就处理不同文化之间的关系提出"各美其美，美人之美，美美与共，天下大同"的十六字"箴言"。从某种程度上说，石龙村正是以自己的方式在践行着求同存异的发展路径，在开放包容中实践着美美与共的大同之道。

石龙的求同存异和开放包容，既体现于村寨内部，也体现于与外部文化的交流融合当中。从村寨内部来说，儒、释、道、本主、巫的多元一体信仰状态就是最好的例子，这些信仰元素之间相融共处，丝毫没有殊死的争斗，确实是达到了一种你中有我、我中有你的状态。从人的相处的角度来说，村中的本主庙合二为一，村中口述史里几个家族、几个姓氏之间有利益的区分，但当面对更大的群体差异的时候，这些就都隐退于后，作为一个村寨利益共同体和文化共同体的石龙整体得以最大化地显现。与村中彝族和傈僳族的相处同样如此，尽管大家都看到差异的存在，但是这又有什么关系呢？火把节，彝族和白族过的时间和过节的方式都可以不一样，但是并不妨碍彝族到白族这里参与节日，也不妨碍白族到彝族家中做客。生活习惯和生产方式乃至于民俗体系的不同，并不影响着几个民族的和谐相处。小的冲突和摩擦在大的格局中显得那么微不足道。所以，当我们去石龙访问村民的时候，不论是其中的哪个民族，都会承认石龙村总体上的团结和谐氛围和格局。石龙人与沙溪人的相处中亦是如此。对于石龙人来说，由于山区和坝区的区分，导致长期以来石龙人在沙溪人面前似乎是低人一等的心态，经常受到沙溪人的嘲笑和讥讽，但是，石龙人并没有放大这种内心被轻视的感受，而是在包容中接受着这一切。石龙水库的存在，让石龙高山之水在此蓄存，又被疏泄到沙溪坝子灌溉万亩良田，且不说石龙人是否心甘情愿，在这样的既成事实中，石龙人并未获得什么实际的利益。所以，从这个意义上说，石龙人也是在一种包容心态下接受着这一切的，反过来说，这样的接受何尝又不是对他们的包容之心的一种最好的诠释呢？当面对更宏大的外部格局的时候，石龙人同样可以秉持此种包容之心，所以他们对于中华民族共同体意识的认同和践行也具备了更坚实的基础。

因为能够求同存异，因为能够开放包容，所以，石龙人在接受着自身的同时，也会更容易接受别人。石龙人在相信自己的文化的时候，也不会拒绝别人的文化，由此，在每一个个体的身上，散发着平和包容之心，体现着朴实温和的特质，外来者到了这里的时候，不说宾至如归，至少在这里你首先感受到的是一种被接受的包容。没有隔墙，没有抗拒，没有拒人于千里之外，每一张朴实的笑脸上已经写出了他们对外界的宽容。所以，我们所看到的从村民的实践行为中展现出来的生活世界，是一幅"美美与共"和谐美好的画卷。总体上说，其民俗文化按照传统的惯性运行发展，其生活世界呈现出包容和谐的基本特质。

三、白族文化选择之路的何去何从

笔者将石龙村视为白族社会代表性村寨中的"这一个"，这一社区与喜洲或者洱海坝子的白族村寨，甚至是剑川坝子的白族村寨有着较大的不同。如果仅从白族文化传统本身来说，我认为在以喜洲为代表的村寨和另外的坝区白族村寨中，白族文化系统中容纳了大量的汉文化因子，而石龙村的文化系统虽也有汉文化因子，但其中所保留的白族传统文化因子和元素相对更加突出。

似乎在对白族文化的界定和认知中，汉文化已经成为不能缺少的参照维度。那么，此种参照体系存在的原因以及存在的价值到底如何呢？对这个问题的回答也可以帮助我们更好地理解白族文化。

在白族的发展历程中，与彝族、纳西族、藏族、傣族等诸多少数民族在不同的历史阶段发生着密切的交往和联系。但是，相对而言，对白族文化的形成和影响最为巨大的仍是汉族以及汉文化。这与中国各民族大格局中长期存在的"汉与非汉"的二元并置视角是分不开的，汉族被视为与少数民族并置的另一端，在历史的发展过程中确实体现出更为充分的主体责任和主导角色。因而，任何一个中国少数民族的发展过程中都少不了与"汉"的参照对比。少数民族是在与"汉"的参照对比和互动中逐渐确立起对自我的认知的。白族亦是如此，或者说白族更加突出地体现了这一点。

也正因如此，所以，有学者认为当下的各民族精英为了要建构起所谓的本民族传统，可能会有意识地突出和强化那些"非汉"特质，用以指向本族独特民族性的彰显。这与对本族文化中受汉族文化因素的认可形成了一种反向趋势。然而白族文化的情况似乎稍有不同。不论是南诏大理国时期的统治阶级，还是白族的知识分子，其对汉文化的向慕和主动吸收似乎从来都不会加以掩饰。也无论白族的文化精英是否愿意，那些被标榜的白族文化的特质却总是显得不太能被轻易捕捉，有些民族的心路历程被卷入历史的洪流当中，难以辨认。比如，侯冲认为那本白文写就的古书《白古通记》其"成书的目的在于阐明白族'心史'"，《白古通记》"表达的是民族的心灵的历程，表达的是民族危机时所必须保持的'气节'，在亡国时潜存在民族心灵深处的悲痛情感以及为保存云南地方故土文化而进行的'夷夏之辨'"①。但是，这样的本族心史的记录和表述并非明晰可见，很多时候，还需要学者的解读才显影出来，甚至也存在有人并不认同此种解读的情况。

因而，相较于那些有意彰显民族特性的少数民族，白族传统文化的特质一直以来似乎都不是那么突出。这也是学者们觉得很难去概括提炼出白族文化特质的重要原因。段炳昌认为南诏大理国具有土巫儒、释、道融汇化合为一体的文化趋向和多元复合性文化特质。"南诏大理国土巫释儒道融汇化合为一体的文化趋向和多元复合性文化特质，在各种艺术形态中表现得十分生动形象而又完满充足，形成了南诏大理国特有的土巫佛儒道汇融的复合性审美文化特征。"②由于南诏大理国文化为整个白族文化奠定了

---

① 侯冲：《白族心史——〈白古通记〉研究》，云南人民出版社2011年版，第75页。
② 张文勋主编：《滇文化与民族审美》，云南大学出版社1992年版，第154页。

发展的基础，在很多方面甚至影响并规约着白族文化后来的发展路径，所以南诏大理国文化的特质某种程度上亦可视为是白族文化的特质。杨政业论及大理宗教文化时也谈到了类似的观点："自从唐宋以来，大理地区区域文化是一种多元、混融复合型文化。"①笔者以为，此种多元混融确实可以作为白族文化的特质，但是，多元混融这一特质的概括何尝不包含着没有其他更为突出的特质的一种无奈呢！当然，从另一个角度而言，这恰恰又蕴含着白族文化的生存智慧和生存哲学。其实历史的发展路径都是具有某种相似性的，自我的包裹并不能带来对本我的一种保护，就算不愿面对，就算不愿接受，但外来的冲击说来就来，并不是愿不愿意就可以进行选择的。有的文化系统，可能会以一种自我防御的方式试图建立起阻隔外来冲击的屏障，然而，这样的努力有多明显，最终的徒劳感就会有多强烈，由此而受到的反震也会更为突出。白族文化的生存智慧就在于，能够比较理性地面对外部更为强势的文化，甚至不惜放低姿态去主动迎合，与其束手无策，不如敞开胸怀去感受、去辨别、去考量，在冷静和理性中最大程度地发挥自我选择的能量，主动去吸收强势文化中的精华或者说能够为我所用的部分，再适时地将之化为己用，经过吸收和消化，变成自己的一个部分。而在这样的过程中，因为有着更为成熟的思考，因而也会常常进行与自己原有文化的比对，从而激发起对自我原有文化的重新认识，甚至是一种珍视情感的回归和反弹。事实亦是如此，长期以来白族主动吸收汉文化养分的过程中，并没有淹没自身，相反，白族文化得到了长足的发展。

正如今天，当我们置身于非遗保护的语境之中，如果还在一味纠缠和执着于文化是否在变、是否足够"原生态"、是否保持了"本真"，那么最终实际上也不会寻找到想要的答案，因为上述的问题在某种程度上而言并非讨论的必备前提。正如刘大先所言："任何一种文化传播想要达到无简

---

① 杨政业：《论大理宗教的多元混融性》，《大理文化》1992 年第 5 期。

化、不扭曲的'原生态'都是不可能完成的任务。""设想某种文化有本质性的东西存在，而那种本质似乎是固定不变的，这本身是一种幻觉。"①变将会是一种常态，我们更需要思考的是如何在变中延续传统。白族文化的发展之路，对今天很多民族文化的传承、保护和发展问题都会存在着一种启示的价值。

还需强调，笔者并不是要无视民族原有传统，更不认为在变迁历程中可以漠视这些传统，相反，我认为我们应该以一种更为理性的态度去面对自己的传统以及异文化，以一种更为清晰的认知去探索何去何从问题中的某种平衡。这或许将会是很多少数民族共同面对的话题，我在石龙村生活世界的图景中看到了某种通往未来之路的可能性，也希望更多的人能分享这一生活世界图景的丰富和壮阔。

---

① 刘大先：《民族民间文化的承与传》，《人民政协报》2020 年 10 月 19 日。

参考文献

一、著作

《白族简史》编写组编:《白族简史》,云南人民出版社 1988 年版。

陈泳超:《背过身去的大娘娘:地方民间传说生息的动力学研究》,北京大学出版社 2015 年版。

陈垣:《明季滇黔佛教考》,河北教育出版社 2000 年版。

大理白族自治州文化局编:《白族民间歌谣集成》,云南民族出版社 1997 年版。

大理市文化局编:《白族本主神话》,中国民间文艺出版社 1988 年版。

董秀团主编:《石龙新语——剑川县沙溪镇石龙村白族村民日记》,中国社会科学出版社 2009 年版。

董秀团、朱刚、段铃玲编著:《野有蔓草——大理石龙民间故事集》,商务印书馆 2019 年版。

董秀团:《石龙白族乡戏》,云南人民出版社 2009 年版。

董秀团主编:《剑川名村古寨》,云南民族出版社 2012 年版。

段炳昌:《天南风雅——一个小地方的大创作》,云南民族出版社 2012 年版。

段炳昌:《南诏大理国的流风遗韵——穿越白族民俗长廊》,云南民族出版社 1999 年版。

方国瑜主编:《云南史料丛刊》,徐文德、木芹篡录校订,云南大学出版社 1998 年版。

傅光宇:《云南民族文学与东南亚》,云南大学出版社 1999 年版。

高丙中:《民俗文化与民俗生活》,中国社会科学出版社 1984 年版。

(元)郭松年:《大理行记》,王叔武校注本,云南民族出版社 1986 年版。

何明主编:《仪式中的艺术》,社会科学文献出版社 2011 年版。

侯冲:《白族心史——〈白古通记〉研究》,云南人民出版社 2011 年版。

姜彬主编:《中国民间文化》1995 年第 1 集(总第 17 集),学林出版社 1995 年版。

李亦园:《李亦园自选集》,上海教育出版社 2002 年版。

连瑞枝:《明朝统治下的西南人群与历史》,社会科学文献出版社 2020 年版。

连瑞枝:《隐藏的祖先——妙香国的传说和社会》,生活·读书·新知三联书店,

2007 年版。

梁永佳：《地域的等级——一个大理村镇的仪式与文化》，社会科学文献出版社 2005 年版。

刘景毛、文明元、王珏等点校：《新纂云南通志》，云南人民出版社 2007 年版。

（明）刘文征撰，古永继校点：《滇志》，云南教育出版社 1991 年版。

陆家瑞主编：《剑川县民族宗教志》，云南民族出版社 2002 年版。

[印] 毗耶娑著，金克木、赵国华、席必庄译：《摩诃婆罗多》，中国社会科学出版社 2005 年版。

沈海梅：《中间地带——西南中国的社会性别、族性与认同》，商务印书馆 2012 年版。

宋伯胤编著：《剑川石窟》，文物出版社 1958 年版。

（明）宋濂等撰：《元史》，中华书局 1976 年版。

孙秋云主编：《文化人类学教程》，民族出版社 2004 年版。

田素庆：《"原生态"的幻象——作为国家非物质文化遗产的剑川石宝山歌会研究》，中国社会科学出版社 2015 年版。

王明达：《南诏大理国观音图像学研究》，云南人民出版社 2011 年版。

王明达：《离人和神最近的地方》，云南大学出版社 2006 年版。

王明珂：《反思史学与史学反思》，上海人民出版社 2016 年版。

（明）谢肇淛纂：《滇略》，云南图书馆藏云南大学历史系抄本。

许烺光：《祖荫下：中国乡村的亲属，人格与社会流动》，台北南天书局 2001 年版。

杨世钰、赵寅松主编：《大理丛书·方志篇》，民族出版社 2007 年版。

杨晓勤：《石龙村》，光明日报出版社 2012 年版。

杨晓勤：《口头诗学视阈下的白曲研究》，中国社会科学出版社 2015 年版。

杨政业：《白族本主文化》，云南人民出版社 1994 年版。

杨仲录、张福三、张楠主编：《南诏文化论》，云南人民出版社 1991 年版。

叶舒宪：《高唐神女与维纳斯》，北京：中国社会科学出版社 1997 年版。

尤中：《中国西南民族史》，云南人民出版社 1985 年版。

于锦绣、于静：《灵物与灵物崇拜新说》，宗教文化出版社 2006 年版。

袁丕钧：《滇南文化论》，云南开智公司民国十三年铅印本。

云南省剑川县志编纂委员会：《剑川县志》，云南民族出版社 1999 年版。

张翠霞：《神坛女人：大理白族"莲池会"女性研究》，中央民族大学出版社 2015 年版。

张统：《云南机务钞黄》，中华书局 1985 年版。

张文，陈瑞鸿主编：《石宝山传统白曲集锦》，云南民族出版社 2005 年版。

张文勋主编：《滇文化与民族审美》，云南大学出版社 1992 年版。

张笑主编：《剑川县艺文志》，云南民族出版社 2010 年版。

张玉安、陈岗龙主编：《东方民间文学比较研究》，北京大学出版社 2003 年版。

赵敏，廖迪生主编：《云贵高原的"坝子社会"——历史人类学视野下的西南边疆》，云南大学出版社 2015 年版。

赵一平：《白族语黄氏女对〈金刚经〉研究》，云南人民出版社 2016 年版。

赵寅松主编：《白族研究百年》（三），民族出版社 2008 年版。

郑筱筠：《佛教与云南民族文学》，新华出版社 2001 年版。

中国民间文学集成全国编辑委员会，《中国歌谣集成·云南卷》编辑委员会编：《中国歌谣集成·云南卷》，中国 ISBN 中心 2003 年版。

（明）周季凤纂修：正德《云南志》，云南大学历史系向云南人民图书馆传钞范氏天一阁藏嘉靖廿三年刻本。

朱刚：《作为交流的口头艺术实践——剑川白族石宝山歌会研究》，中国社会科学出版社 2015 年版。

二、论文

丁丙：《剑川石钟山石窟造像缘起蠡测》，《民族艺术研究》2002 年第 6 期。

董秀团：《村落民间叙事的焦点及意义表达——以大理剑川石龙村为例》，《思想战线》2014 年第 1 期。

段炳昌：《简论民族审美文化交流融合的一般性原理》，《思想战线》2002 年第 1 期。

何明：《文化持有者的"单音位"文化撰写模式——"村民日志"的民族志实验意义》，《民族研究》2006 年第 5 期。

李亦园：《族群关系脉络的反思——序王明珂〈羌在汉藏之间〉》，《广西民族学院学报》2004 年第 1 期。

刘大先：《民族民间文化的承与传》，《人民政协报》，2020 年 10 月 19 日"学术·深度"版。

羊雪芳：《剑川石宝山歌会的历史文化内涵及其社会意义》，《民族艺术研究》2003 年第 3 期。

杨晓勤：《论白族民歌中的"重词轻曲"现象》，《民族文学研究》2021 年第 1 期。

杨政业：《论大理宗教的多元混融性》，《大理文化》1992 年第 5 期。

赵橹：《白族"山花体"的渊源及其发展》，《民族文学研究》1993 年第 3 期。

郑筱筠、赵伯乐、牛军：《佛教与白族龙文化》，《思想战线》2001 年第 2 期。

后　记

　　二十年，足够让青春远逝，我业已从当年的学生成长为一名资历不算浅的中年教师。在一些过往的记忆逐渐淡化和模糊的同时，心目当中关于石龙的图像却越来越清晰可感，石龙村民生活世界中那跳动的脉搏也越来越强劲有力。一张张生动的面孔反复在眼前闪现，与他们相处和交往的细节也在脑海中跃然而出。原来，石龙早已经成为我心目中当之无愧的第二个家乡，石龙的村民早已经成为我永远不会忘却的朋友和亲人。

　　我想，这是一种无法言说的缘分吧！

　　自然，为了这已经融入我的人生历程和学术生命的缘分，必须要感谢成就了此种缘分的种种人和事。感谢云南大学，感谢我能够参与到云南大学民族学学科建设白族调查研究基地子项目的建设工作当中，感谢在这个过程中曾经给予该项目和我个人支持的所有单位、部门、领导、师长、同事、朋友、学生。该项目的总负责人何明教授，一直支持我的工作并给予最大的包容。还有我的导师段炳昌教授，从项目开始之初就为项目的开展费心奔忙，并一直关心项目的进展。如果没有导师的鼓励和支持，我也不会投入石龙调查点的建设中，也就不会有这段因工作而产生的与石龙的缘分。杨文辉老师有几年和我共同负责石龙调查点的工作，我们之间工作配合良好，相处融洽。2018年以来，宋红娟老师接替我承担石龙调查点的相关工作，也给了我很大的支持。最应该感谢的还是石龙村的每一个鲜活的个体，是你们以毫无保留的姿态接纳了我们，让我们参与和融入你们的生活世界。李绚金、张瑞鹏、张吉昌、张海珠为村民日志的记录付出了辛勤劳动，特别是李绚金老师，对项目的支持和帮助尤其令我难忘。张瑞鹏同时承担了基地的日常管理工作。李福元、李繁昌在影像记录方面也给予了项目大力支持。但是，在这里，我没有办法再一一去提及内心深深感谢的每一个人的姓名，因为，这个名单实在是太长太长。还有一个重要的原因，本书的呈现是我和石龙二十年接触后的一个结果，在这个过程中，田野调查的次数几乎已经没办法数清，每一次调查所涉及的团队成员也屡有变化，很多人都陪伴着我一起成长，也在调查的过程中贡献了自己的力量，有的参与者及其调查报告的成果已经在不同的途径中得到发表或出版，还有许多次的调查和报告却还没有发表和出版的机会，但是这些都构成了我们后来所有工作和取得的成果的基础。所以，实际上我更愿意把此书看作是所有和我一起田野调查、一起去探寻石龙村民生活世界的人们的共同成果，而非我个人的一项劳动。当然，书中的那些感受和看法更多还是打上了我个人的烙印，我也愿意承担这种个人经验和感受掺杂的判断中所存在的错漏风险。

还要感谢为了此书的出版而给予支持的所有部门和相关人员。何明老师和高志英老师常常给予督促，责任编辑武丛伟老师提出了很好的意见并为书稿质量把关。感谢除笔者之外书中图片的提供者：段铃玲、马滨、张吉昌、张春继、黄静华、杨珏等等。

在这二十年中，我经历了为人妻、为人母的人生。能够无数次地投入与石龙村的拥抱，自然与家人对我的支持分不开。年迈的父母仍在帮忙担负教养小女的责任，年幼的女儿也多次品尝与妈妈分别的滋味，而在这个过程中，丈夫一直全心全意做那个在背后默默支持我的人。人生的幸福也当不过就是这样被默默守候吧！

董秀团

2021 年 5 月

责任编辑：武丛伟

封面设计：林芝玉

图书在版编目（CIP）数据

山中歌者：大理石龙白族村民的生活世界／董秀团 著 .—

北京：人民出版社，2021.11

ISBN 978－7－01－023709－1

I.①山… II.①董… III.①白族－民族历史－研究－大理 IV.① K285.2

中国版本图书馆 CIP 数据核字（2021）第 175721 号

山中歌者：大理石龙白族村民的生活世界

SHANZHONG GEZHE DALI SHILONG BAIZU CUNMIN DE SHENGHUO SHIJIE

董秀团 著

人民出版社 出版发行

（100706 北京市东城区隆福寺街 99 号）

环球东方（北京）印务有限公司印刷 新华书店经销

2021 年 11 月第 1 版 2021 年 11 月北京第 1 次印刷

开本：710 毫米 ×1000 毫米 1/16 印张：21.75

字数：290 千字

ISBN 978－7－01－023709－1 定价：88.00 元

邮购地址 100706 北京市东城区隆福寺街 99 号

人民东方图书销售中心 电话（010）65250042 65289539